Erwin Wexberg

Zur Entwicklung der Individualpsychologie und andere Schriften

Herausgegeben von Gerd Lehmkuhl

Fischer
Taschenbuch
Verlag

Originalausgabe
Veröffentlicht im Fischer Taschenbuch Verlag GmbH,
Frankfurt am Main, April 1991

© 1991 Fischer Taschenbuch Verlag GmbH, Frankfurt am Main
Umschlaggestaltung: Buchholz / Hinsch / Hensinger
Gesamtherstellung: Clausen & Bosse, Leck
Printed in Germany 1991
ISBN 3-596-24619-9

Inhalt

Einführung

1. Individualpsychologische Identitätsfindung früher und heute

Während die Schriften Alfred Adlers noch heute in hohen Auflagen erscheinen, gerieten die Publikationen seiner Schüler weitgehend in Vergessenheit und werden selbst in der individualpsychologischen Fachliteratur nur vereinzelt rezipiert und zur Kenntnis genommen. Dabei begann nach der Trennung von Freud 1911 und mit dem von Adler 1912 gegründeten »Verein für freie psychoanalytische Forschung« eine rege wissenschaftliche Tätigkeit zu theoretischen wie praktischen Fragen der Psychotherapie und Erziehung in Abgrenzung, aber auch kritischer Auseinandersetzung mit der Psychoanalyse. Ab 1912 erschien die Reihe »Schriften des Vereins für freie psychoanalytische Forschung«.

1913 erfolgte die Umbenennung in »Verein für Individualpsychologie«, die Furtmüller damit begründete, daß Freud den Namen »Psychoanalyse« ausschließlich für seine Lehre reserviert betrachtete und sich Adler und seine Anhänger als Gruppe unabhängiger Wissenschaftler verstanden und nicht als eine »abgefallene Sekte« (Handlbauer 1984). Einen ersten Eindruck von der Tätigkeit des »Vereins für Individualpsychologie« gibt der 1914 von Adler und Furtmüller herausgegebene Band »Heilen und Bilden«.

»Der Zweck unserer Veröffentlichung«, so Furtmüller in seinem Geleitwort, »ist es, nicht nur Leser und Zuschauer, sondern vor allem tätige Mitarbeiter für unsere Bemühungen zu gewinnen.« Im ersten Teil des Buches finden sich Arbeiten Alfred Adlers aus den Jahren 1904 bis 1913, die versuchen, »ein geschlossenes Bild der Entwicklung, der von ihm geschaffenen individualpsychologischen Methode« zu geben. »Der zweite Teil zeigt Mitglieder unseres Kreises an der Arbeit, sich mit der Individualpsychologie der mannigfachsten Probleme zu bemächtigen. Wir hoffen, in nicht zu ferner Zeit mit einem bedeutend erweiterten Kreis von Mitarbeitern neuerlich vor die Öffentlichkeit treten zu können« (Furtmüller 1914). Und in seinem Schlußwort begründet Adler die »stattliche Anzahl unserer Mitarbeiter« mit dem »unabweislichen Bedürfnis, Ärzte und Erzieher auf einem gemeinsamen Arbeitsgebiet zu sammeln«.

Die dargestellte frühe Phase individualpsychologischer Identitätsfindung veranschaulicht, daß neben Adler eine Reihe anderer wichtiger Wegbereiter diesen Prozeß aktiv mitprägten. Einer von ihnen war Wexberg, der bereits im Dezember 1910 ein Aufnahmegesuch an die psychoanalytische Vereinigung gestellt hatte, wegen seines jugendlichen Alters aber abgelehnt wurde: »Die Abstimmung über die Aufnahme des Herrn stud. med. Erwin Wexberg wird auf Antrag des Obmannes vorläufig von der Tagesordnung abgesetzt, da sich Stimmen gegen die Aufnahme jüngerer Leute erhoben haben, von denen weder eine positive Leistung vorliegt noch genügend Gewähr, daß sie in der Psychoanalyse schon sicher sind (Federn)« (Nunberg und Federn 1979, 95). Neben Neuer, Freschl, Furtmüller und Sperber ist Wexberg einer der wichtigsten Mitarbeiter Adlers »der ersten Stunde« (Bruder-Bezzel 1983, 1987). Es ist bemerkenswert, daß ihrem theoretischen Einfluß zur Entwicklung der individualpsychologischen Theorie bislang kaum nachgegangen wurde.

In der ersten Auflage von »Heilen und Bilden« findet sich der Beitrag Wexbergs »Rousseau und die Ethik«, in dem er den Versuch unternimmt, »unterstützt von den psychologischen Erfahrungen an Kranken und an Gesunden, eine charakterologische Deutung des Individuums zu geben, die nicht die Möglichkeit, aber die innere Notwendigkeit seines Werkes verständlich machen kann«, und hierzu Rousseaus Biographie in bezug zu seinen kulturkritischen Abhandlungen untersucht. Ausgehend von Rousseaus Kindheitserinnerung, daß er einmal von seinem Erzieher ungerecht gezüchtigt wurde, seiner schwächlichen Konstitution, den vielfältigen frühkindlichen Belastungen (die Mutter starb bei seiner Geburt), interpretiert Wexberg den »Mechanismus der neurotischen Abwehr, der im späteren Leben zu masochistischen Neigungen führen kann«. Schmerz als Lust zu fühlen, wird von Wexberg dabei nicht primär als Perversität verstanden, sondern als Überkompensation und Arrangement im Sinne Adlers. In seinem von Sicherungen, Schüchternheit und Zurückhaltung geprägten Verhalten habe die Angst vor der Frau in der »Unmöglichkeit seiner Wünsche, in der Unerreichbarkeit seines Liebesobjektes groteske Formen« angenommen.

In einer 1930 in der Zeitschrift »Imago« erschienenen Arbeit »Jean Jacques Rousseau« findet Laforgue vom psychoanalytischen Standpunkt zwar eine in weiten Teilen andere Interpretation, es ergeben sich jedoch auch interessante Parallelen zur Sichtweise Wexbergs. Rousseau blieb für Laforgue infolge seines »Verzichtes auf die Männlichkeit notwendigerweise ein affektiver Zurückgebliebener, ein Kind... Deshalb bedurfte es einer barmherzigen Mutter, die sich mit ihm abgab. Ohne ihren Beistand blieb ihm nichts übrig als sich dahinsiechen zu lassen.« Die Gegenüberstellung der beiden Arbeiten zeigt die unterschiedlichen theoretischen Fixierungen der tiefenpsychologischen Schulen:

Freuds Konzept der ödipalen Störung steht Adlers Konzept der prägenitalen, narzißtisch-aggressiven Entwicklungsstörung gegenüber. Dabei hatten die Adlerschen Positionen forschungsgeschichtlich versucht, nach der Entdeckung und »Klärung der ödipalen Konfliktthematik und den Entwicklungsursprüngen der libidinösen Strebungen in der prägenitalen Triebentwicklung« ein Verständnis der Frühphase der individuellen Entwicklung zu leisten (Janus 1986a). Hier finden sich die historischen Wurzeln für die Dichotomisierung der »Heilung durch Einsicht« vs. »Heilung durch Strukturbildung«, d.h. behandlungstechnisch wirksamen Auswirkungen eines Störungskonzeptes, das sich entweder an unbewußten, triebbestimmten Konflikten oder an frühkindlichen Mangelerfahrungen orientiert (Huttanus 1990).

Da inzwischen eine Annäherung der »beiden Dimensionen des psychoanalytischen Umgangs« (Fürstenau 1979) erfolgte und die systematische Erforschung der psychoanalytischen Situation sich »sowohl auf das Verstehen wie auch auf das Erklären« beziehen sollte (Thomä und Kächele 1985), eröffnete die Kritik an der Triebtheorie neue wissenschaftliche Dimensionen. Gerade die Ablehnung der Libidotheorie Freuds durch Adler und seine Schüler wurde ihm als Oberflächlichkeit, als »konformistische und konservative Tendenz« vorgehalten, als eine Verschiebung »von der Theorie und Metatheorie in Richtung auf Praxis und Pragmatismus« (Jacoby 1978).

Während die frühe Theorieentwicklung der Individualpsychologie in kritischer Reflexion der Freudschen Schriften erfolgte, reagierte die

Psychoanalyse mit einer weitgehenden Verleugnung, einem »Zitierverbot«, auf Adlers Werk und die Arbeiten seiner Schüler. Dies führte dazu, daß wichtige individualpsychologische Konzepte wie z. B. »Reaktionsbildung (Sicherheitsprinzip) (Sandler), Ich-Ideal (Persönlichkeitsideal), Narzißmus als Abwehr von Selbsthaß (Kernberg), Urmißtrauen (Minderwertigkeitsgefühl) (Erickson), Urvertrauen (Gemeinschaftsgefühl) (Erickson), narzißtische Wut (Machttrieb) (Kohut)« ohne den Bezug auf die Individualpsychologie Eingang in die Psychoanalyse fanden (Janus 1986a). Ellenberger (1985) spricht von einer »fast unmerklichen Assimilierung individualpsychologischer Konzepte«. Somit trifft auf das Beispiel von Freud und Adler die von Cremerius (1982) getroffene Feststellung zu, daß die Ideen, über die es zur Spaltung kommt, später von der psychoanalytischen Gemeinschaft eingeholt und integriert werden. Andererseits stellten der nicht aufgenommene theoretische Dialog zwischen den Schulen und die mit Nichtbeachtung beantwortete Trennung Adlers von Freud durch die Psychoanalyse ein ernst zu nehmendes Erkenntnishindernis dar, weil die Adlerschen Positionen nicht integriert werden konnten und so zu einer dichotomen Aufteilung in eine präödipale und ödipale Störungsebene führten, mit der Zuordnung einer maternalen bzw. paternalen Beziehungsdimension (Janus 1986b).

Adlers Konzept der neurotischen Entwicklung als einer prägenitalen narzißtisch-aggressiven Entwicklungsstörung verlangte als therapeutische Technik die Ermutigung, aktive Intervention und eine erzieherische Haltung. Nach Janus (1986b) stellen deshalb für Adler Aktivität und Überzeugungskraft des Therapeuten die Wirkfaktoren zur Überwindung der narzißtisch-aggressiven Widerstände dar, um die Beziehungsfähigkeit der Patienten zu verstärken.

Bereits 1912 hatte Wexberg in seinem Artikel »Zwei psychoanalytische Theorien« eine Differenzierung der beiden tiefenpsychologischen Schulrichtungen herausgearbeitet: »An der Spitze der Freudschen und der Adlerschen Theorien steht der Satz: Minderwertige Organe sind (in der Regel, oder häufig) erogene Organe. Oder: Funktionell minderwertige Organe sind affektiv überwertige Organe... Freud erklärt die psychischen Vorgänge von der affektiven, Adler von der funktionellen Seite. Jeder seelische Vorgang kann als affektiv und als funktionell aufgefaßt werden. Daher sind die Theorien Freuds und Adlers notwendige Korrelate zueinander.«

Obwohl Wexberg ausdrücklich vor einer »einseitigen Betonung« im analytischen Vorgehen warnt, konnte eine Annäherung der beiden unterschiedlichen Sichtweisen nicht hergestellt werden. Wie Thomä und Kächele (1985) ausführen, gehen Schulenbildungen innerhalb der Psychoanalyse immer auf vielfältige Unzufriedenheiten und zahlreiche Ursachen zurück, wobei sie von starken Hoffnungen getragen werden, bis sie sich in neuen Einseitigkeiten verfestigen. Daß sich die psychoanalytische Gesellschaft in gewissen Phasen ihrer Entwicklung wie eine Glaubensgemeinschaft verhalten hat, bringt Cremerius (1982) mit einem dogmatisch verstandenen Lehrgebäude in Zusammenhang, das zwangsläufig zu Dissidenten führen mußte: »Freud, der Initiator dessen, was die Psychoanalyse ausmacht, hat auch *damit* angefangen. 1911, als er an den Abenden der Mittwoch-Gesellschaft am 1., 8. und 22. Februar, an denen Adlers neue Theorien diskutiert wurden, unmißverständlich erklärte, daß sie falsch und für die Entwicklung der Psychoanalyse gefährlich seien, wußte er noch, was ein Dissident ist« (Cremerius 1982).

Die sich aus der Spaltung ergebende Polarisierung und Auseinandersetzung mit dem so kreierten »Außenfeind« festigte die Gruppenkohäsion sowie die Identität innerhalb der jeweiligen Gruppe (Rohde-Dachser 1990). Da Freud die psychoanalytische Bewegung durch abweichende theoretische Positionen in Gefahr sah, konnte der Diskurs nicht innerhalb der Gruppe ausgetragen werden, sondern es kam zum Ausschluß, zu Feindbildern, die als Abwehrkonstrukte halfen, »den Individuen und Schulen ihre Binnenstruktur von störenden Einflüssen zu entlasten« (Rohde-Dachser 1990). Gleichzeitig führte die stützende Funktion dieser Feindbilder zu einer Verabsolutierung der eigenen theoretischen Grundlagen und Anschauungen unter bewußter Nichtbeachtung von Ergebnissen der anderen Schulrichtung.

Diese Entwicklung läßt sich auch an Wexbergs Publikationen ablesen: Während er 1914 den »Parallelismus« der Freudschen und Adlerschen Theorien als »geradezu logisch« hervorhebt, kommt es in den nächsten Jahren zu einer immer stärkeren Abgrenzung: »Gewiß ist die Kritik nicht verstummt. Aber nur deshalb, weil auch wir nicht stehen geblieben sind, weil wir neue Positionen besetzt und dadurch neue Gegner gefunden haben« (Wexberg 1928a). Den Kritikern an der Individualpsychologie hält Wexberg vor: »Es geht nicht an, die individualpsychologische Lehre zu deuten, wie man den Traum eines

Patienten deutet, und aus oberflächlichen Assoziationen, wie der zwischen Sadismus und Machtstreben, auf Identität zu schließen. Wir wollen einander ernst nehmen und bei der sachlichen Diskussion tiefenpsychologische Deutungsmethoden beiseite lassen. Die Individualpsychologie möchte nicht in psychoanalytischer Behandlung stehen, so wenig wie umgekehrt« (Wexberg 1928 b).

Für Rohde-Dachser (1990) besitzen Feindbilder, Spaltungen und Abgrenzungen die Funktion, eine eigene Identitätsbalance abzusichern. Sie leitet, auch aus der Entwicklung der psychoanalytischen Gesellschaften nach dem Zweiten Weltkrieg, die Hypothese ab, daß sich »die Psychoanalyse als Institution notorisch in einer solchen Situation befindet und deshalb auch einem permanenten, sozusagen strukturellen Sog unterliegt, ihre stets prekäre Gruppenidentität durch soziale Stereotypenbildung im Sinne der Feindbildkreation zu entlasten«. Dieser Sog entstehe aus der Unvereinbarkeit der unterschiedlichen manifesten und latenten Selbstzuschreibungen der Psychoanalyse als wissenschaftliche Disziplin, Glaubensgemeinschaft und selbstreflexive Praxis (s. a. Beland 1983, Brocher 1985, Cremerius 1982, Ehrmann 1986, Lehmkuhl und Lehmkuhl 1990, Thomä 1977, 1986).

Die von Alfred Adler angeregte Diskussion über Psychoanalyse und Marxismus blieb vor dem Ersten Weltkrieg die einzige theoretische Auseinandersetzung zwischen den Vertretern der beiden psychoanalytischen Richtungen (Reichmayr 1990). In der frühen Phase der Schulbildung konnte eine weitergehende inhaltliche Diskussion wegen der zuvor dargestellten Abgrenzungs- und Machtfragen, die von Beginn an eine bedeutende Rolle spielten, nicht aufgenommen werden.

Im »Roten Wien (1918–1934)« gelang es der Individualpsychologie, eine vielfältige institutionelle Verankerung zu erreichen (Handlbauer 1984). Seit 1919 wurden in den meisten Stadtbezirken insgesamt 28 Erziehungsberatungsstellen gegründet, ein individualpsychologisches Erziehungsheim, Kindergärten und Nachmittagshorte folgten (Titze 1985). In der Zeit der Weltwirtschaftskrise lebten viele Kinder in sozialer Not, und die Schüler waren oft unterernährt, so daß die Arbeit mit ihnen und den Eltern auch aus lebenspraktischen Hilfen bestehen mußte. So lag die von Spiel, Birnbaum und Scharmer initiierte und 1931 eröffnete Versuchsschule in einem der ärmsten Viertel von Wien. Auf dem »Stundenplan« standen sowohl Gruppen- als auch Einzelgespräche und regelmäßige Elternarbeit. Die Klassen wurden in Arbeitsgruppen von fünf bis sieben Schülern aufgeteilt; die gegenseitige Hilfe wurde systematisch gefördert (Ellenberger 1985). In der Zwischenkriegszeit erlangte die Individualpsychologie auch durch diese sozial wirksamen Ansätze internationale Anerkennung; damals erschienen die meisten und wichtigsten Publikationen.

So stellt Lockot (1985) in ihrer »Geschichte der Psychoanalyse und Psychotherapie im Nationalsozialismus« fest: »Die individualpsychologische Gesellschaft hatte eine sehr viel breiter gestreute Mitgliedschaft als die psychoanalytische. Sie zog vor allem im pädagogischen-sozialen Bereich tätige Ärzte, Lehrer, Heimleiter, Erzieher, Beamte des Jugendamtes, Beamte von Fürsorgevereinen und Juristen an.« 1933 bestanden international 36 individualpsychologische Arbeitsgruppen gegenüber nur 14 Untergruppen der Internationalen Psychoanalytischen Gesellschaft (Lockot 1985). Die damaligen Schwerpunkte des praktischen wie wissenschaftlichen Interesses lassen sich in Wexbergs Arbeiten eindrucksvoll ablesen und in ihrer Entwicklung verfolgen (Lehmkuhl 1987).

Die ablehnende Haltung und Gegensätze zwischen den Schulen verfestigten sich bei geringem Austausch zwischen ihnen zunehmend. Bruder-Bezzel (1983) hat den Bruch Adlers mit Freud und seinem Kreis detailliert nachgezeichnet. Sie widerspricht der Ansicht, daß Adlers Theorie in erster Linie aus der Auseinandersetzung mit Freud zu verstehen sei, und weist nach, daß Adler seine eigene Orientierung mitbrachte und diese bereits in seinen frühen Schriften ablesbar ist (Holtz 1981; Skopec 1984). Von 1902 bis 1911 hatte Adler regelmäßig an den Mittwochsgesprächen der »Wiener Psychoanalytischen Vereinigung« teilgenommen, Vorträge gehalten und Diskussionsbeiträge geliefert. In dieser Zeit entwickelte er die Grundlagen seiner eigenen Theorie. Es erschienen u. a. die »Studie über Minderwertigkeit von Organen« (1907), »Das Zärtlichkeitsbedürfnis des Kindes« (1908), »Über die Einheit der Neurosen« (1909) und »Der männliche Protest als Kernproblem der Neurose« (1911). Adler weist dabei jede Psychologie zurück, die mit determinierenden Naturgrößen rechnet und spricht sich zugunsten einer zielgerichteten Psyche aus (Bruder-Bezzel 1983). Folglich kann der Sexualtrieb niemals Ursache neurotischen Verhaltens sein, sondern die Dynamik ergibt sich aus der Angst des Individuums vor Kränkung und Herabsetzung. Die finale Betrachtung menschlichen Handelns rückt in den Vordergrund. Die Person versucht, erlebte Minderwertigkeitsgefühle zu kompensieren.

Die Bedeutung von Einzelerscheinungen erschließt sich für Adler erst dann, wenn man sie in die »Gesamtheit des Seelenlebens« eingebettet betrachtet. Das 1912 erschienene erste Hauptwerk Adlers »Über den nervösen Charakter« faßt bereits die entscheidenden Bausteine seiner Neurosenlehre zusammen: Der Mensch wird als zielgerichtete Ganzheit betrachtet, ist nur im sozialen Kontext verstehbar, aus erlebten Mangellagen strebt er nach Sicherheit und Geborgenheit. Adler entwickelte in dieser Zeit auch seine therapeutische Methode, die darauf aufbaut, daß der Therapeut aus den Teilbewegungen, den Attitüden und den Symptomen heraus in der Lage ist, den unbewußten Lebensplan nachzuvollziehen, einzelne Bereiche miteinander zu vergleichen und auf ihre gemeinsame Linie zurückzuführen (Lehmkuhl et al. 1990). Er verlangt vom Therapeuten »intuitive Einfühlung in das Wesen des Patienten« und erwartet kreative Fähigkeiten, um die Persönlichkeit als Einheit zu verstehen: »Nicht anders als die Kunst verlangt auch die Seelenkunde jenes starke intuitive Erfassen ihres Stoffes, ein Ergreifen und eine Ergriffenheit, die über die Grenzen der Induktion und Reduktion hinausgehen« (Adler 1913).

Adler ging in seinen Vorträgen und öffentlichen Demonstrationen auf die Wirkung der Behandlung ein, »kam mehrmals auf denselben Fall zurück, wobei er zeigen konnte, wie die fortschreitende Behandlungstechnik Fragen beantwortete, die in den vorhergehenden Berichten offengeblieben waren« (Furtmüller 1983). Die therapeutische Aufgabe bestand für ihn darin, »das Verhalten des Patienten zu verstehen und es in Zusammenhang zu bringen mit seinen vergangenen Erfahrungen und den aktuellen Problemen, die ihm das Leben gegenüberstellt«. In seiner analytischen Arbeit half er dem Patienten nachzuvollziehen, »wie die Erlebnisse der frühen Kindheit und des späteren Lebens ihn Schritt für Schritt dazu gebracht hatten, seine aktuelle Haltung einzunehmen« und sie mit ihm durchzuarbeiten, wobei »der Arzt ihm zwar helfen, ihm aber nicht die eigentliche Arbeit abnehmen könne« (Furtmüller 1983).

Mit dem Aufkommen des Austrofaschismus und Nationalsozialismus in Österreich und Deutschland kam es zu einem Niedergang der

Individualpsychologie. Adler hatte bereits Anfang der 30er Jahre die zunehmende Katastrophe geahnt und glaubte, daß die Zukunft der Individualpsychologie in den USA läge. Sein plötzlicher Tod 1937 im Alter von 67 Jahren in Aberdeen verhinderte jedoch eine ausreichende Verbreiterung und Konsolidierung seiner Schule im anglo-amerikanischen Raum. Zwar emigrierte die Mehrzahl seiner Schüler in die USA, wo sie sich nach Adlers Tod kaum behaupten konnten (Titze 1985). Die »Kriegskosten« für die Individualpsychologie bestanden darin, daß es ihr in den USA nicht möglich war, im Rahmen von Kliniken und Institutionen eine vergleichbare existentielle Sicherheit und ein Prestige zu erreichen wie die Psychoanalyse.

Wexberg arbeitete von 1944 an im Camp Beale, Kalifornien, in einer Abteilung für Klinische Psychologie. Gough (1988) beschreibt seine Zusammenarbeit in dieser Zeit mit ihm wie folgt: »Er war ein hervorragender Lehrer, ein freundlicher Mann und einer der zwei oder drei begabtesten Kliniker, an die ich mich erinnern kann.« Wexberg habe jedoch weder direkt über seine Arbeit mit Adler noch über seine eigenen Bücher und Publikationen gesprochen. Obwohl individualpsychologische Begriffe und Gedanken seine klinische Arbeit bestimmten, seien sie als solche nicht zu identifizieren gewesen. So rechnet Titze (1985) Wexberg zu den »Krypto-Adlerianern«, da er nach seiner Emigration in die USA aufhörte, sich öffentlich zur Individualpsychologie zu bekennen. Wie Gough (1988) aus der persönlichen Erfahrung mitteilt, hat Wexberg jedoch nie aufgehört, individualpsychologisch zu arbeiten.

Der weiterhin heftig geführte Schulenstreit führte zu einer Ausgrenzung der Adlerianer. Lediglich die Gruppen in New York und Chicago sorgten für eine Fortführung individualpsychologischer Theorie und Praxis. Insbesondere Dreikurs versuchte, Adlersche Prinzipien zu systematisieren und eine stärkere Anwendung im pädagogischen Bereich und in der Erziehung zu erreichen. Diese »kognitive Wende« führte einerseits zur Vereinfachung und Vernachlässigung wichtiger tiefenpsychologischer Ergebnisse Adlers und erschwerte nach dem Krieg Neubeginn und Identitätsfindung der Individualpsychologie als tiefenpsychologische Schule; andererseits hätte sie ohne diese Ausrichtung kaum überlebt.

Nach dem Zweiten Weltkrieg konnte sich die Individualpsychologie nur allmählich und über verschiedene Zwischenschritte als eigene psychotherapeutische Schule in der Bundesrepublik etablieren. Dieser Neubeginn war von heftigen und inhaltlich kontrovers geführten Diskussionen begleitet. Die aus den USA kommenden Gastdozenten wie Dreikurs, Grunwald und Ackerknecht vertraten eine kognitiv geprägte, an dem »späten Adler« orientierte Bewußtseinspsychologie, die Russel Jacoby (1978) als »Oberflächenpsychologie« kennzeichnete. Eine noch von Adler und Künkel ausgebildete Individualpsychologin berichtete, wie sie tief deprimiert und entsetzt nach einem von Dreikurs abgehaltenen Seminar feststellte, daß die für sie wichtigen tiefenpsychologischen Erkenntnisse Adlers durch eine kognitive, finalistische Betrachtung völlig verdrängt worden waren (Lehmkuhl und Lehmkuhl 1990).

Die Polarisierung zwischen frühen Konzepten Adlers und ihrer kognitiven Umformulierung und Reduzierung in den USA trat auf dem 13. Internationalen Kongreß in München 1976 zum erstenmal offen zutage. Die weitere theoretische Entwicklung im deutschsprachigen Raum wurde zunehmend von einer neuen Definition ihrer tiefenpsychologischen Identität geprägt (Schmidt 1987). Hierbei hatten Institute, die wieder einen festen Rahmen für die theoretische und praktische Arbeit darstellten, die seit 1980 jährlich durchgeführten Delmenhorster Fortbildungstage für Individualpsychologie und die seit 1976 wieder erscheinende »Zeitschrift für Individualpsychologie« einen entscheidenden Anteil. Als Schmidt auf dem 16. Internationalen Kongreß für Individualpsychologie in Montreal über »neuere Entwicklungen der Individualpsychologie im deutschsprachigen Raum« berichtete, ging er ausführlich auf das individualpsychologische Verständnis von Regression, Übertragung, Gegenübertragung, Widerstand und den analytischen Prozeß ein. Die Feststellung Schmidts, »die Individualpsychologie ist eine tiefenpsychologische Schule in der Tradition der Psychoanalyse«, bezieht sich neben der hier skizzierten historischen Ableitung auf die Situation, daß sich viele europäische Individualpsychologen zum Kreis derer zählen, die ebenso von Adler wie von Freud lernen, aber auch beide kritisieren und ihre Ansätze weiterführen wollen (Huttanus 1986).

2. Wexbergs Beitrag zur individualpsychologischen Theorieentwicklung

In Wexbergs Biographie spiegelt sich die Geschichte der Individualpsychologie in ihrer Abgrenzung von der Psychoanalyse und Entwicklung zu einer eigenen Schule wider. 1881 geboren, studiert er Medizin und läßt sich zum Psychiater ausbilden. Er schließt sich früh dem Kreis Adlers an und gilt als der »Sammler und Systematiker« unter den Individualpsychologen, verfaßt 1928 das erste Lehrbuch der Individualpsychologie (Wexberg 1928c), gibt 1926 das zweibändige »Handbuch der Individualpsychologie« (Wexberg 1926a) heraus. Wexberg mußte in die USA emigrieren, wo er sich nicht mehr öffentlich zur Individualpsychologie bekannte, da er Einschränkungen seiner Arbeit befürchtete.

Die Identitätsfindung des Kreises um Adler erfolgte durch eine Art »Modeling«. Es ging Adler wie Freud hauptsächlich darum, für ihre junge Wissenschaft eine solide Basis zu schaffen und Mitarbeiter entsprechend ihrem Vorbild und ihren theoretischen Anschauungen auszubilden (Lehmkuhl et al. 1990). Hierbei war Adler die Reinheit der Lehre stets weniger wichtig als die Breite und Wirklichkeitsnähe der »erstrebten Menschenkenntnis« (Wiegand 1990). Er verweilte nie lange bei seinen theoretischen Gedankengängen und zog es vor, »durch Tatsachen zu veranschaulichen, was er meinte« (Furtmüller 1983).

Durch Adlers Lehrmethode wurde seinen Schülern deshalb früh deutlich, »wie sich seine Methode in der Praxis bewährte, was viel mehr wert war als jede theoretische Methodologie. Andererseits wurde ihnen auch klar, wie eng viele der Einzelheiten seiner Methoden mit seiner Persönlichkeit verknüpft waren, so daß kein anderer Nervenarzt die Adlersche Methode durch Nachahmung all ihrer Einzelheiten übernehmen hätte können. Was er tun konnte und mußte, war, aufgrund der allgemeinen Prinzipien seine eigene individuelle Methode auszuarbeiten, wobei ihm Adlers persönliches Verfahren als erhebendes und richtungsweisendes Beispiel vor Augen stand. Dieser Umstand, die Unmöglichkeit einer schablonenhaften Verfahrensweise, erleichterte auch den Kampf gegen die Gefahr des Sektierertums in der Gruppe« (Furtmüller 1983).

Aus diesen Gründen wurde andererseits eine systematische Zusammenfassung und Darstellung Adlerscher Gedanken schon bald vermißt. Dem damaligen allgemeinen Bedürfnis nach Systematisierung und Übersicht der theoretischen Grundlagen und praxeologischen Vorgehensweise der Individualpsychologie kam Wexberg wiederholt in seinen Arbeiten und Büchern nach. Darüber hinaus hielt er die Individualpsychologie für eine wichtige wissenschaftliche Methode, die es zu systematisieren galt: »Sie hat als wissenschaftliche Doktrin den Forderungen einer berechtigten Erkenntnistheorie angemessen zu sein. Ihre biologischen Grundlagen erfordern eine eindeutige Stellungnahme zu den biologischen Problemen unserer Zeit. In der Lehre von den minderwertigen Organen hat sie eine biologische und anatomisch-pathologische Grundlage geschaffen, hat neue Fragen aufgeworfen und manche einer Lösung nähergebracht. Das Leib-Seele-Problem hat durch sie eine durchaus neue und haltbare Erweiterung gefunden, der zufolge der innige Zusammenhang von Organwertigkeit und Beeinflussung des Seelenlebens in ein schärferes Licht rückt« (Wexberg 1926a).

In seinem Handbuchartikel »Die psychologische Struktur der Neurose« arbeitet Wexberg (1926b) heraus, daß ein neurotisches Symptom nur aus der ganzen Persönlichkeit verständlich wird. Die individuelle Bedeutung des Symptoms sei erst im Zusammenhang mit dem »individuellen Erleben dieses Patienten« zu verstehen. Wird der Begriff der Psychogenie weiterentwickelt, so Wexberg, dann bedeutet dies, daß »wir ihn an die Stelle des klinischen Krankheitsbegriffes setzen, daß wir also die Neurosen nicht mehr als Krankheit, sondern als eine Besonderheit des seelischen Verhaltens betrachten. Das ätiologisch-konditionale Denken der Pathologie ist demnach aus der Betrachtung der Neurose auszuschalten.« Auch wenn die Persönlichkeit als zielgerichtet aufzufassen ist und dem teleologischen Denken für das Verständnis neurotischer Symptome eine zentrale Bedeutung zukommt, nimmt die Affektivität als »psychophysisches neutrales Grenzgebiet, das gleichzeitig psychologisch-final und – wenigstens der grundsätzlichen Möglichkeit nach – physiologisch-kausal bestimmbar ist«, eine besondere Stellung ein. Die zentrale Rolle der Angst läßt sich bis in die frühesten kindlichen Entwicklungsphasen zurückverfolgen. Das primäre Erlebnis der Ur-Angst wird als unmittelbarer affektiver Ausdruck des Minderwertigkeitsgefühls der frühen Bedrohung verstanden.

Wexberg weist auf Parallelen zu Freuds Auffassung in »Hemmung, Symptom und Angst« hin. In Abgrenzung der psychoanalytischen von den individualpsychologischen Positionen schreibt Wexberg (1926b): »Wie wir zwischen Angst-Minderwertigkeitsgefühl (Ur-Angst) einerseits, Angstaffekt in sekundärer Verwendung andererseits, so unterscheidet Freud zwischen der Angst als ursprünglicher Reaktion auf die Hilflosigkeit (Trauma) und Angst als Hilfssignal in der Gefahrensituation. Den Sinn der Neurose erblickt Freud nunmehr in der Abwehr der Gefahrsituation, die an die Hilflosigkeit der ersten Kinderjahre erinnert. Der Begriff der Abwehr, den Freud hier aus den Anfängen der Psychoanalyse wieder heranzieht, entspricht vollkommen der ›Sicherung‹ in der individualpsychologischen Theorie.« Die eigentliche psychologische Struktur der Neurose besteht jedoch nach Wexberg in ihrer biographisch verstehbaren Sinngebung. Die Folge eines verstärkten Minderwertigkeitsgefühls drückt sich in Kompensationen durch Aggression und Sicherungen aus, die alle den Charakter der Fiktion an sich tragen. Im Begriff der Fiktion liegt das Wesentliche der individualpsychologischen Neurosenlehre. Neurotisches Verhalten wird sichtbar in der Wechselseitigkeit der Beziehungen zwischen Personen, »im Geben und Nehmen«.

Hier zeigen sich jedoch auch die Grenzen und Gefahren eines eingeengten Verständnisses der Teleoanalyse, wenn sie der »dialektischen Spannung zwischen Minderwertigkeitsgefühl und Finalität« enthoben ist (Heisterkamp 1984). Die bloße Aufdeckung der »Ziele« des Patienten als »Kunstgriffe, Arrangements und Ticks« findet sich in der individualpsychologischen Literatur als verkürzte Antwort auf die Trieblehre Freuds. Dabei hebt Wexberg in seinem Artikel »Die individualpsychologische Behandlung« (1927) für die Analyse nervöser Erscheinungen folgendes methodisches Vorgehen hervor: »Man lasse diese selbst zunächst beiseite und befasse sich nur mit Charakter und Persönlichkeit des Patienten, mit seiner Vergangenheit, seinen inneren und äußeren Konflikten, seiner individuellen Art, auf Situationsschwierigkeiten zu reagieren, mit seiner Mimik, seinen Träumen und all den anderen Lebensäußerungen, in denen sich die Persönlichkeit ungewollt verrät.« Im analytischen Teil der Behandlung wäre die erste und bedeutsamste Aufgabe der individualpsychologischen Therapie darin zu sehen, das Leiden des Patienten als Teil seiner Persönlichkeit zu verstehen. Ähnlich weist Allers in einem 1925 erschienenen Artikel auf die Bedeutung einer therapeutischen Beziehung, die Vermittlung von Einsicht und die Aufarbeitung biographischer Belastungen, frühkindlicher Konflikte und unbewußter Prozesse in der individualpsychologischen Behandlung hin.

In seinem Lehrbuch der Individualpsychologie geht Wexberg (1928c) den Einwänden der »falschen Verallgemeinerung nach, den die Darstellung des neurotischen Lebensstils hervorruft«. Das individualpsychologische Schema sei der unendlichen Mannigfaltigkeit der neurotischen Erscheinungen nicht gewachsen. Nach Wexberg besteht die Hauptaufgabe der Individualpsychologie »nicht so sehr im Erklären, als im Verstehen«. Die Frage, wie ein Symptom zustande komme, sei zwar wichtig, entscheidend sei es jedoch zu erkennen, was ein Symptom im Rahmen einer gegebenen Persönlichkeit bedeute. Aus dem Prinzip des Sinnverstehens läßt sich ableiten, daß verschiedene Symptome gleichwohl das gleiche bedeuten können. Kriterium für den Behandlungserfolg stellt neben der Einsicht vor allem die »Aktivität« des Patienten dar. Das »unbewußte, fiktive Ziel« entspricht dem Widerstand in der Therapie, wobei erst eine verstärkte Beziehungsfähigkeit es dem Patienten ermöglicht, der »Lösung seiner Lebensaufgaben« näher zu kommen.

Das übergreifende »Prinzip der persönlichen Finalität« ermöglicht auch ein Verständnis der »sexuellen Organisation« (Wexberg 1930). In bewußter Abgrenzung von der psychoanalytischen Triebtheorie formuliert Wexberg (1930), daß es isolierte erotische Konflikte innerhalb der Persönlichkeit nicht gäbe, daß »hier alles mit allem zusammenhängt, und daß wir daher die Möglichkeit haben, den Faden, der aus dem Wirrsal herausführt, nachzugehen, bis wir ein Ende gefunden haben. Hier kann eine Ermutigung einsetzen und zur Heilung führen.«

Die konflikthafte Problematik beträfe nicht die sexuellen Triebkräfte, sondern das Selbstwertgefühl. Kritik an der Libidotheorie als der eigentlichen Quelle des menschlichen Seelenlebens wurde zur gleichen Zeit nicht nur von der Individualpsychologie geäußert (s. a. Prinzhorn 1928). Vom heutigen Standpunkt gehen Thomä und Kächele (1985) davon aus, daß »die Kritik an der Triebenergetik der wissenschaftlichen Tiefenpsychologie neue Dimensionen ermöglicht hat«.

Die in diesem Band zusammengestellten Arbeiten Wexbergs sind zwischen 1912 und 1933 erschienen. Sie handeln von der Entstehung der Individualpsychologie als eigener analytischen Schulrichtung mit ihren theoretischen Schwerpunkten. Es wird deutlich, daß sich Wexberg der psychoanalytischen Tradition zugehörig fühlte, seine theoretischen Ausführungen beziehen sich zum Teil direkt auf Freuds Werk, dem er Adlers Schriften dialektisch gegenüberstellt. Seine Publikationen vertiefen das Verständnis für die theoretische Entwicklung der Individualpsychologie und ermöglichen, aktuelle Strömungen mit ihren historischen Wurzeln zu erkennen, und zwar sowohl innerhalb als auch zwischen den verschiedenen psychotherapeutischen Schulen.

In seinem Artikel »Die Einwände gegen die Individualpsychologie« (1928 b) setzt er sich u. a. mit der Kritik Schultz-Henckes auseinander. Neuer (1928) hatte dessen Referat »Individualpsychologie und Psychoanalyse« auf dem III. allgemeinen ärztlichen Kongreß für Psychotherapie in Baden-Baden vom 20. bis 22. 4. 1928 wie folgt zusammengefaßt: »Der Vortragende bedauert, daß in den letzten Jahren in zunehmendem Maße die Individualpsychologie der Psychoanalyse so gegenübergestellt wird, als handle es sich um zwei miteinander völlig unvereinbare Wissenschaften. Dabei treten leider abstrakt theoretische Fragestellungen in den Vordergrund, während doch in Wirklichkeit zunächst nur die einfachen psychologischen Befunde miteinander verglichen werden sollten. Er suchte in Kürze nachzuweisen, daß in Wirklichkeit sämtliche von der Individualpsychologie aufgestellten psychologischen Behauptungen in der Lehre der Psychoanalyse voll enthalten sind. Von der üblichen scharfen Gegenüberstellung, womöglich in der Form, daß die Individualpsychologie endlich die eigentliche neue Wahrheit gefunden habe, mit Hilfe ganz besonderer ›Denkweise‹, und daß die Psychoanalyse nun abgetan sei, könne keine Rede sein. Bei näherer, allerdings sehr geduldiger und genauer Nachprüfung ergebe sich, daß die Individualpsychologie bestimmte Teile der Psychoanalyse herausgenommen habe und diese nun so behandle, als seien sie ausreichend zur Lösung der dargestellten psychologischen Fragen. Ohne Zweifel leistet die Individualpsychologie Ausgezeichnetes auf dem von der Psychoanalyse als ›Sekundärer Krankheitsgewinn‹ bezeichneten Gebiet; hier wohl sogar praktisch oft mehr als der Psychoanalytiker, damit seien aber ohne

Zweifel der Individualpsychologie dennoch hinsichtlich der riesigen Weite des Gebietes engere Grenzen gesetzt als dem Psychoanalytiker.«

Wexberg hält dieser Interpretation schwerwiegende theoretische Mißverständnisse entgegen und arbeitet eigene Schwerpunkte und Grundlagen der Individualpsychologie heraus. In dem späteren »Amalgam« von Schultz-Hencke konnte Janus (1986 a) die verdeckte Tradierung Adlerscher Gesichtspunkte nachweisen.

Von seiten der Individualpsychologie wurde in den letzten Jahren das Erbe Adlers neu belebt und weiterentwickelt. So änderte sich das Verständnis von Regression sowie Übertragung und Gegenübertragung. Beziehungsanalytische Überlegungen gewannen an Einfluß (Schmidt 1987, Lehmkuhl und Lehmkuhl 1987 a, b). Dieser Prozeß neuerer Entwicklungen der Individualpsychologie im deutschsprachigen Raum läßt sich in den Arbeiten der »Zeitschrift für Individualpsychologie«, die seit 1976 erscheint, sowie in den jährlich herausgegebenen »Beiträgen zur Individualpsychologie« ablesen. Aber auch Vertreter anderer tiefenpsychologischer Schulen setzen sich zunehmend mit der Individualpsychologie konstruktiv auseinander, wie beispielsweise Hillman (1986):

»Aber wie die Patienten, die mit der Seele ins Gespräch traten, so hat auch die Psychotherapie Mühe, die Stimmen ihrer inferiores zu hören. Auch sie bewegt sich gerne weg von ihren Schatten, ihrem Kranksein, ihren Vorfahren. Dieses Wegstreben von der Minderwertigkeit ist der Minderwertigkeitskomplex der Psychotherapie, der sich in der gegenwärtigen Praxis wie in ihrer Geschichte bemerkbar macht: Psychotherapie baut nicht auf positivem Wissen auf, sondern entsteht als fortwährendes Eingehen auf die Bedürfnisse von Seelen; und auch dieses therapeutische Eingehen auf die Seele besteht in vielfältig verschiedenen Antworten und ist in sich widersprüchlich, wie es die Begründer der Psychotherapien waren. Ein Teil der Geschichte ist Alfred Adler, der ›Geringere‹ unter den Ahnen. Wir sollten ihn für uns wiedergewinnen und mit ihm seinen Beitrag zur Psychotherapie und zu ihrer Minderwertigkeit.«

Willi Köhler vom Fischer Taschenbuch Verlag sei gedankt für seine Geduld und wohlwollende Unterstützung, die er dem vorliegenden Buchprojekt entgegenbrachte.

Ich möchte das Buch Frau Dr. Marie Sulzer zu ihrem 90. Geburtstag widmen. Begegnungen mit Adler und die Ausbildung durch Künkel prägten ihre individualpsychologische Identität. Nach dem Zweiten Weltkrieg vermittelte sie diese tiefenpsychologische Tradition überzeugend weiter.

Köln, September 1990   Gerd Lehmkuhl

Zwei psychoanalytische Theorien

Denen, die der psychoanalytischen Bewegung nahestehen, ist bekannt, daß diese dem Schicksal aller wachsenden, lebensfähigen wissenschaftlichen Schulen nicht entgangen ist: schon sind Spaltungen, Differenzierungen eingetreten, und Freuds Ideen und Arbeiten sind lange nicht mehr die einzigen, die zur Kenntnis der Psychoanalyse in Betracht kommen. Mit wachsender Selbständigkeit ist vor allem Alfred Adler neben Freud aufgetreten, und die neuen Gesichtspunkte, die dieser Autor in zahlreichen kleineren Arbeiten* eingeführt hat, ließen sich um so schwerer mit den Voraussetzungen der Freudschen Lehre vereinbaren, je entschiedener sie vertreten wurden. Für den Unbefangenen zeigte sich, daß Adler, wenn auch nicht die Methode, so doch die Theorie Freuds in seinen Analysen vollkommen entbehren konnte, wobei sich psychische Mechanismen im Aufbau einer Neurose ergaben, die an logischer Geschlossenheit der Freudschen Auffassung wohl gleichkamen. Gegner der Psychoanalyse könnten aus dieser Tatsache den Schluß auf die Entwertung einer Methode ziehen, die als untrügliches Werkzeug zur Seelenforschung ausgegeben wurde und die nun in verschiedenen Händen verschiedene Resultate liefert. Dagegen wird jeder, der durch eigene Erfahrung einmal

---

* Vgl. insbesondere: Adler, Über neurotische Disposition (Jahrbuch für psychoanalytische und psychopathol. Forschung, 1908). Der Aggressionstrieb im Leben und in der Neurose (Fortschritte der Medizin, Leipzig 1908, Heft 19). Der psychische Hermaphroditismus im Leben und in der Neurose (Fortschritte der Medizin, 1910, Heft 16). Die psychische Behandlung der Trigeminusneuralgie (Zentralblatt f. Psychoanalyse I. Jahrg. 1910/11, S. 10). Ein erlogener Traum (Zentr. f. Psychoanal. I. 1910/11, S. 103). Über männliche Einstellung bei weiblichen Neurotikern (Z. f. Ps. I. S. 174). Beitrag zur Lehre vom Widerstand (Z. f. Ps. I. S. 214). Syphilidophobie (Z. f. Ps. I. S. 400). Ferner: Alfred Adler, Studie über die Minderwertigkeit von Organen (Wien 1907, Urban und Schwarzenberg). Über den nervösen Charakter (Wiesbaden 1912). – Die drei erstgenannten Schriften Alfred Adlers sind enthalten in: Heilen und Bilden, Fischer Taschenbuch Nr. 6220; die 4., 6., 7. und 8. Schrift in: Praxis und Theorie der Individualpsychologie, Fischer Taschenbuch Nr. 6236; die »Studie über Minderwertigkeit von Organen« liegt als Fischer Taschenbuch Nr. 6349 vor, »Über den nervösen Charakter« als Fischer Taschenbuch Nr. 6174.

zur analytischen Methode Vertrauen gefaßt hat, den Versuch machen wollen, ob der scheinbar unlösliche Widerspruch nicht doch auf dem Wege logisch-theoretischer Erwägungen überwunden werden könnte.

Versuchen wir uns wenigstens die Problemstellung klar zu machen, indem wir von den ersten, grundlegenden Voraussetzungen ausgehen.

Die physiologische Grundlage der Freudschen Theorie ist die Annahme der erogenen Zone. Das ist nach Freud (Drei Abhandlungen von Sexualtheorie, Wien und Leipzig 1910, 2. Aufl., S. 43) »eine Haut- oder Schleimhautstelle, an der Reizungen von gewisser Art eine Lustempfindung von gewisser Qualität hervorrufen«. Freud empfiehlt selbst (l. c.) Vorsicht bei dem Versuch, die Lustempfindung erogener Zonen ohne weiteres als »sexuell« zu bezeichnen. Wir wollen festhalten, daß das Wort »sexuell« oder »erogen« hier, wo es sich um ganz primitive, ausgesprochen infantile Erlebnisse handelt, nicht mehr als ein Wort sein kann. Auf die Reizung der Mund-, After- oder Genitalschleimhaut oder sonstiger, zum Teil individuell gewählter, Körperstellen antwortet der Organismus mit der Empfindungsqualität »Lust«. Aber die Prädilektion in der Auswahl der erogenen Zonen kommt in der späteren Entwicklung zu Bedeutung. Für die Frage dieser Auswahl scheint aus der Fußnote auf S. 44 der »Drei Abhandlungen« hervorzugehen, daß Freud hier die biologische Hypothese Adlers akzeptiert. In diesem Sinne dürfte dem Freudschen Standpunkt die Aufstellung entsprechen, daß es in der Regel funktionell minderwertige Organe sind, die zur Bildung erogener Zonen den Boden geben.

Über die funktionelle Minderwertigkeit von Organen liegt uns die interessante »Studie« von Alfred Adler vor [1], die dem Begriff jene prägnante Fassung zu geben sucht, in der er als Grundlage einer pathologischen Vererbungs- und Dispositionstherapie zu dienen geeignet wäre. Funktionell minderwertig sind nach Adler jene Organe, die infolge hereditärer Schädlichkeiten oder durch nutritive, traumatische und sonstige Entwicklungshemmungen während des intrauterinen Lebens ihrer Funktion nicht vollkommen gerecht werden können.

---

1 Siehe das Literaturverzeichnis am Anfang. Zeitschrift für Psychotherapie. IV.

Die nahe Beziehung zwischen der funktionellen Minderwertigkeit und dem erogenen Charakter eines Organs kann als der gemeinschaftliche physiologische Ausgangspunkt der Freudschen und der Adlerschen Theorie angesehen werden.

Die Lustempfindung erscheint, allgemein gesprochen, als eine Bereicherung der Sensibilität, eine Bereicherung in bestimmter Richtung: Alle anderen Sinnesqualitäten: die optischen, akustischen, taktilen Empfindungen, unter diesen der Schmerz, die Kälte und Wärme, sind funktioneller Natur, d. h. sie dienen der Perzeption der Außenwelt und dadurch mittelbar der Erhaltung, Verstärkung des Individuums, sie sind in diesem Sinne aktiv. Die Lustempfindung dagegen ist Selbstzweck, das erogene Organ empfängt bloß Reiz und verwertet sie, nicht als Mittel, nicht zweckdienlich, sondern als »Lust«[2]. – Ein Sinnesorgan kann erstens funktionell tätig sein, kann der Erhaltung dienen; es kann zweitens Lust empfangen, als Selbstzweck. Die Funktion eines Sinnesorgans ist gleichzusetzen mit der Funktion anderer Organe, der Muskeln, Drüsen usw. Diese funktionelle Form der Organbetätigung steht in schroffem Gegensatz zu der auf bloßen Lustgewinn abzielenden, die ich für den Zweck dieser Untersuchung als die affektive Form der Organbetätigung bezeichnen will; sie kommt nicht nur den Sinnesorganen, sondern de virtute allen peripheren Organen zu. Als funktionell ist demnach anzusehen: die Perzeption von Farben- und Formqualitäten durch das Auge, die Funktion der Nahrungsaufnahme durch den Mund u. dgl. – »Affektiv« ist dagegen: die Farbenlust des Auges, der erogene Charakter des Mundes u. a.

Man wird mich danach auch verstehen, wenn ich von der funktionellen und der affektiven Wertigkeit eines Organs rede. Erstere bezeichnet den Grad seiner funktionellen Leistungsfähigkeit, letztere den Grad seiner Ansprechbarkeit auf Lustreize.

---

2 Die biologische Auffassung der Lust als Prämie für die instinktive Ausübung vitaler Funktionen reicht offenbar nicht aus. Sie gilt vielleicht für die Geschmackslust im Dienste des Nahrungstriebes, wobei noch zweifelhaft bleibt, ob dieses Verhältnis primärer Natur ist, ob nicht die Mundzone erst lustempfänglich sein mußte, um dann sekundär vom Nahrungstrieb verwertet zu werden. Unzureichend ist aber diese Auffassung sicher im Bereiche der Sexualität. Die Fähigkeit des Menschen, aus zahllosen Betätigungen somatische Lust zu schöpfen, die mit der Fortpflanzung nichts zu tun haben, läßt deutlich erkennen, daß hier sicher nur von einer sekundären Verwendung die Rede sein kann; der Lustmechanismus liegt beim Kinde bereit, ehe es zur Fortpflanzung fähig ist; er tritt bei unzähligen Erwachsenen in Aktion, ohne der Fortpflanzung zu dienen. Er ist zweifellos in erster Linie Selbstzweck, empfängt, ohne zu leisten, ist rein passiver Natur.

Kehren wir zurück. Wenn wir den physiologischen Ausgangspunkt der Psychoanalyse, die Beziehung zwischen funktioneller Minderwertigkeit und erogenem Charakter eines Organs, in unsere Terminologie übertragen, müssen wir von einer Beziehung zwischen funktioneller Minderwertigkeit und affekter Überwertigkeit von Organen reden. Mit schematischer Verallgemeinerung könnten wir sagen: Funktionell minderwertige Organe sind affektiv überwertige Organe. Wir haben dann sozusagen eine Gleichung vor uns; die eine Seite derselben ist für Freud, die andere für Adler der Ausgangspunkt.

Wir haben bisher den Boden des rein Physiologischen nicht verlassen. Hier läßt sich noch alles in einfachen Worten ausdrücken, man bedarf kaum der Schematisierung, um Gesetze zu statuieren. Wenn wir uns nun dem Psychischen zuwenden, so ist von vornherein klar, daß damit eine prinzipielle Veränderung des Standpunktes gegeben ist, die keine Vermittlung, keine Brücke zuläßt. Man kann dieselbe mathematische Operation mit Hilfe des Einmaleins und mit den Mitteln der höheren Mathematik betrachten. So arbeiten wir in der Physiologie mit fixen Größen, in der Psychologie mit Variablen und unendlichen Reihen. Was dort ganz einfach »Reaktion« war, ist hier die Resultante unmeßbarer und unzähliger Reaktionen, einer Schwingungswelle vergleichbar, die gar nicht als solche gegeben ist, nur als die abgekürzte Darstellung unmeßbarer Vorgänge. Als Schema, als Abstraktion wird alles zu verstehen sein, was in der Psychologie behauptet wird.

Versuchen wir den Übertritt ins Psychologische etwa bei der »affektiven Überwertigkeit«, bei der erogenen Zone Freuds. Das psychische Korrelat dieses physiologischen Faktums könnte bezeichnet werden als das »Gefühl« der affektiven Überwertigkeit. Das aber ist identisch mit dem Wunsch nach affektiver Befriedigung, nach Lust. Man denke z. B. an die Empfindungen der Bereitschaft zum Sexualakt, die die Erektion begleiten. Wir sind gewohnt, hier von sexueller »Spannung« zu sprechen, dürfen aber dabei nicht vergessen, daß wir damit schon auf rein begrifflichem Boden sind. »Spannung« verlangt nach »Lösung«, und beide Begriffe sind aus der energetischen Anschauungsweise in der Naturwissenschaft hergenommen. Sie setzen eine »Energie« voraus, die wir in diesem Fall »Trieb« nennen, im Bereiche des Sexuellen »Libido«. Aber das ist Abstraktion. Wir erleben nur Empfindungen und realiter darf nicht von sexueller Spannung, sondern nur von sexueller Bereitschaftsempfindung gesprochen werden. Dieses Gefühl nennen wir auch Wunsch. Und was darauf folgt, wenn die Wunscherfüllung eintritt – die »Lösung« –, nennen wir Befriedigung oder Lust.

Diese Überlegungen geben uns das Recht, ganz allgemein das »Gefühl« der affektiven Überwertigkeit mit dem »Wunsch« nach affektiver Befriedigung der lustempfänglichen Organe zu identifizieren. Damit sind wir aber zum Freudschen Begriff des Autoerotismus gelangt[3].

Der Autoerotismus oder Gefühl der affektiven Überwertigkeit ist die psychische Reaktion erster Ordnung auf dem Weg der Freudschen Theorie. Wir werden nicht verkennen, daß es sich hier nicht um eine Reaktion im physikalischen Sinn handelt, sondern um einen Reaktionstypus, der sich als eine Abstraktion aus einer Fülle von Einzelerlebnissen darstellt, die, ursprünglich infantiler Natur, in mannigfacher Form, bald als »Prämie«, bald als Selbstzweck, im Leben des Erwachsenen ihre Rolle spielen. Diesem Wege folgt Freud.

Dagegen geht Adler von der funktionellen Minderwertigkeit aus. Hier lautet die Reaktion des Psychischen nach dem Ausdruck Adlers: das Gefühl der Minderwertigkeit – der funktionellen Minderwertigkeit, nach unserem Ausdruck. Die Analogie zu dem »Gefühl der affektiven Überwertigkeit«, dem Autoerotismus Freuds, ist augenfällig. Nur vermeidet Adler jede Abstraktion; während Freud mit dem energetischen Libidobegriff arbeitet, bleibt Adler bei dem Konkreten, Tatsächlichen stehen. Das Gefühl der Minderwertigkeit stützt auf die Wahrnehmung der funktionellen Insuffizienz gewisser Organe den gefühlsmäßigen Schluß: ich bin nicht fähig, meinen Funk-

3 Danach ist »Autoerotismus« das Abstraktum, der »Trieb«, dem als konkretes Erlebnis das Gefühl der Lustbereitschaft oder – nach dem früheren Ausdruck – der affektiven Überwertigkeit entspricht. In dieser allgemeinen Fassung deckt sich der Autoerotismus mit dem Libidobegriff, und dies ganz mit Recht. Denn der Autoerotismus verhält sich zum Allerotismus wie das Allgemeine zum Besonderen, der Autoerotismus ist die Libido und der Allerotismus ist nichts als eine Modifikation, eine Einschränkung desselben. Die Definition des Autoerotismus im bisherigen Sinne sagt ja nur rein negativ, daß noch kein Objekt da ist. Ist die Objektfindung eingetreten, dann hat sich eben aus der Libido oder dem Autoerotismus der Allerotismus herausdifferenziert. (Ich betone, daß das alles noch immer nicht bloß sexuell gemeint ist.) – Als ganz allgemeine Bezeichnung für das, was wir bisher Libido und Autoerotismus nannten, hat Freud neuerdings den Ausdruck »Lustprinzip« vorgeschlagen.

tionen voll nachzukommen[4]. Auf dieser Linie ist das die Reaktion erster Ordnung.

Der nächste Schritt führt uns tief in das komplizierte, fast unentwirrbare Triebwerk der Seele. Mit dem Mechanismus, der nun in Kraft tritt, ergibt sich all die feine und grobe Dialektik des Seelenlebens, deren Auflösung die Aufgabe der Psychoanalyse ist.

Auf das Gefühl der (funktionellen) Minderwertigkeit antwortet das Individuum mit einer Kompensation. – Die biologischen Voraussetzungen dieses Mechanismus entziehen sich bisher unserer Kenntnis. Hier sei nur darauf hingewiesen, daß der Vorgang der Kompensation schon im Physiologischen vorgebildet ist[5]. Minderwertige Organe zeigen die Tendenz zu hypertrophischem Wachstum. Unter den vielen Beispielen dafür erinnere ich etwa an die Herzhypertrophie bei gewissen Affektionen des Herzmuskels.

Die psychische Kompensation ist eine intellektuelle Leistung. Ihr Wesen besteht darin, daß sich das Individuum nicht damit begnügt, seine funktionelle Vollwertigkeit zu behaupten, sondern sie nach allen Seiten sichert und Beweise für seine Überwertigkeit zu sammeln beginnt. Adler nennt dies die Sicherungstendenz. Sie liegt offenbar auf der Linie der Erhaltung des Individuums und gewinnt bald einen deutlichen sozialen Einschlag. Die Angst, vor der sozialen Forderung, im »Kampf ums Dasein«, nicht zu bestehen, führt zu Schutzmaßregeln von zweierlei Art. Die eine ist eine Verteidigung: die Sicherungen Adlers im engeren Sinne stehen alle unter dem Zeichen Vorsicht: Alle schwachen Punkte werden geschützt und gegen den Feind gerüstet, es werden Warnungen, Mementos, errichtet, die auf Schwächen und Gefahren hinweisen, sie immer wieder in Erinnerung bringen. Die andere Art der Maßregeln aber ist der Gegenangriff. Das Individuum bekennt sich offen zur feindlichen Einstellung gegen die Mitwelt und sucht sich zur Geltung zu bringen: Adler nennt das den männlichen Protest. Die besondere Bedeutung des Attributes »männlich« als Anzeichen der Geschlechtsdifferenzierung und -wertung gehört in das spezielle Gebiet der Neurosenpsychologie. Der männliche Protest will zunächst

---

4 Eine Untersuchung, wie aus dem Minderwertigkeitsgefühl, bezogen auf einzelne Organe, ein allgemeines Gefühl der Minderwertigkeit entsteht, das doch ein Leben lang die gelegentliche Reflexion auf gewisse Organe beibehält, müßte zu dem Problem der Einheit der Psyche – dieser gewiß nur relativen Einheit – führen.

5 Vgl. Adler, Studie über Minderwertigkeit von Organen, op. cit.

nichts anderes, als sich zur Geltung bringen, mächtig sein, »oben« sein. Und der Widerstreit zwischen dieser stärksten Überkompensation und der immer wieder hervorbrechenden Unsicherheit führt zu all den Sicherungen und »Arrangements«, die in der Neurose und im Leben ihre Rolle spielen. Denn mit der einmal eingetretenen Kompensation ist das Minderwertigkeitsgefühl nicht geschwunden. Wie die Zähne zweier Uhrenrädchen greifen die beiden ineinander, jedes scheint das andere zu treiben, und als das Primäre gilt nur das, welches die Kraft der Uhrfeder direkt empfängt. Das ist hier das Gefühl der Minderwertigkeit. Aber aus den zahllos wiederholten Aktionen und Reaktionen entsteht, wieder als Sicherung, eine funktionelle Verfeinerung des psychischen Apparates, der »Überbau«, die Intellektualisierung des psychischen Lebens, die probeweise mit Vorstellungen operiert, ehe sie mit Handlungen in das reale Leben eingreift. Auch das hat seine Vorstufen. Schon die Vorstellung, die größere Kraft zu besitzen, die man wünscht, ist eine versuchsweise Abkehr vom Realen, eine Fiktion. Und in schrittweiser Entwicklung, die vom Traum über die wache Phantasie zum begrifflichen Denken führt, gelingt es der Vorsicht, wirkliche Werte zu schaffen, die dem Protest nachträgliche Berechtigung geben: Die Kompensation ist gelungen: – Oder aber die stärkere Unsicherheit begnügt sich nicht mit den Versuchen einer bloß geistigen Sicherung und zwingt zu Notkompensationen, die uns als neurotische Symptome, als Träume, als Fehlhandlungen bekannt sind. Bei der bestehenden sozialen und kulturellen Wertung ist die neurotische Form der Kompensation als mißlungen zu betrachten: das vor allem macht im Sinne dieser Betrachtungsweise den empirischen Begriff des Krankhaften aus[6].

6 Damit ist allerdings über das Wesen der Neurose noch wenig gesagt. Ich möchte dazu kurz noch folgendes anführen: Ein wichtiges Ingrediens ist zweifellos ein gewisser Grad der Abkehr von der Realität und ihr Ersatz durch jene Form der psychischen Fiktion, die gemeinhin als Phantasie bezeichnet wird und einen primitiven, halluzinatorischen Charakter trägt. Das führt zu einem Leben aus zweiter Hand, das immer wieder von der Vorstellung statt von der Realität ausgeht, vor allem von der Meinung über sich selbst, jener unausgesetzten Selbstwertung, die sich in extremen Zügen der Eitelkeit äußert, aber ebenso und notwendig auch in schweren Depressionen und Selbstverachtung. Die Korrelate Anmaßung und Selbstverachtung dürften bei keinem Neurotiker fehlen. – Ein anderes Chrarakteristikum der Neurose scheint sich in einer Sexualisierung der Konflikte zu äußern. Die traumatische Wirksamkeit des infantilen psychischen Hermaphroditismus im Sinne Adlers, die subjekive Wertung der Männlichkeit und Weiblichkeit spielt alles auf das Gebiet des Sexuellen hinüber. Es wird als Prototyp des Erfolges und der Niederlage aufgestellt und gelangt so zu der überwiegenden Bedeutung in der Neurose, die von Freud zuerst aufgedeckt wurde.

Ich will versuchen, an einer kleinen Traumanalyse die theoretische Darstellung zu illustrieren.

Der Träumer ist Student der Medizin, ohne ausgesprochene neurotische Symptome. Aus der umfangreichen Traumanalyse sei nur ein Auszug des Traumes und der Deutung mitgeteilt:

»... Wir sind dann auf der Mariahilferstraße, ich in einer Wohnung im Mezzanin am Fenster, mein Cousin R. auf der Straße. Ich untersuche ihn auf Tumor cerebri..., ich lasse ihn mit geschlossenen Augen gehen, und er taumelt dabei hin und her... Ein Hörsaal. Ein Professor erörtert den Fall, stellt ebenfalls die Diagnose Tumor cerebri...«

Die ganze Situation: die Untersuchung eines Nervenkranken, die Stellung einer Diagnose, die dann von einem Professor bestätigt wird, scheint eine Erfüllung ehrgeiziger Pläne des Mediziners. Die merkwürdige Situation während der Untersuchung: der Träumer oben, der Cousin unten wird von ihm selbst auf ein Gefühl der Überlegenheit dem Vetter gegenüber zurückgeführt. Er erkennt die Wohnung, in der er sich befindet, als seine künftige ärztliche Wohnung: er ist schon fertiger Arzt, er ist sogar Professor – denn die Szene verwandelt sich in einen Hörsaal und der Professor, der dort dieselbe Diagnose stellt wie er, ist er selbst. – »Tumor« übersetzt der Träumer mit »Schwellung«, denkt an »geschwelltes Selbstbewußtsein«, Arroganz, Größenwahn. Der Cousin R. im Traume wurde von dem Vater des Träumers wiederholt als »größenwahnsinnig« erklärt, der Träumer selbst aber auch. Hier ist die Brücke zur Identifizierung mit dem Cousin, der nun zum Träger aller Selbstkritik und des Minderwertigkeitsgefühls im Träumer wird. Das Hin- und Herschwanken wird zum Zeichen der Schwäche, der mangelnden Sicherheit, er sei nichts Besonderes, bilde sich nur soviel ein, er sei größenwahnsinnig, sein Vater habe recht gehabt. Daran schließt sich eine Erinnerung an die Militärzeit: An jener Stelle der Mariahilferstraße, wo der Traum spielt, steht eine Kaserne, gegenüber sind Uniformierungsanstalten. In Uniform ist tags vorher ein Bekannter des Träumers, der Reserveleutnant ist, zu ihm gekommen: Für ihn selbst aber war die Zeit beim Militär eine Zeit der Demütigung. Er war ein schlechter Soldat und hat auch die Offiziersprüfung nicht bestanden, er hat nur lustig gelebt, mit Frauen verkehrt (Mariahilferstraße) und viel getrunken (das Hin- und Herschwanken im Traum deutet auch auf Trunkenheit, der Cousin R.

ist überdies Weinreisender). Die organische Nervenkrankheit, an der sein Cousin leidet, scheint ihm nun progressive Paralyse zu bedeuten, um so mehr, als dieser Cousin tatsächlich vor einiger Zeit eine venerische Infektion akquiriert hat. Dieses Memento wird ihm zur Warnung, und wir verstehen seinen äußerst moralischen Lebenswandel im Wachleben als die Angst, am Weibe und an anderen Genüssen zugrunde zu gehen. Dieser Teil des Traumes benützt also sein Minderwertigkeitsgefühl als Sicherung. Darauf aber antwortet der männliche Protest mit Zukunftsplänen und -phantasien: Trotz allem wird er Professor werden, wird »oben« sein usw. – Die chronologische Folge der Traumelemente stimmt mit dieser Deutung gut überein. Kehren wir zu Freud zurück. Wir haben als die Reaktion zweiter Ordnung bei Adler die Kompensation als Sicherung und als männlichen Protest kennengelernt. Untersuchen wir, ob Analoges auch bei Freud zu finden ist. Die Reaktion auf den Autoerotismus oder das Gefühl der affektiven Überwertigkeit müßte auch hier in irgendeiner Form des Ausgleichs, der Kompensation gegeben sein.

Auch diese Kompensation ist uns bekannt. Es ist der Mechanismus der Triebverdrängung[7].

Ließe sich das Gefühl der affektiven Überwertigkeit – der Autoerotismus – auf Worte reduzieren, so müßte es lauten: Ich empfinde zuviel. Die Verdrängung aber führt zu der Antwort: Nein, ich empfinde nichts. Dahin geht jedenfalls, schematisch genommen, die Tendenz. Denn die »Triebfeindlichkeit« der Verdrängung kann nichts anderes sein als Wunsch- und Lustfeindlichkeit im weitesten Sinne, weil bloß Wunsch und Lust die realen Erlebnisse sind, die zu dem abstrakten

---

7 Der Freudsche Begriff der Verdrängung ist zu vielgestaltig, als daß ich ihn ohne weitere Auseinandersetzung hier verwerten dürfte. Wenn wir die Zensur als ein ausübendes Organ, den Widerstand als eine dynamische Äußerung, die Hemmung als ein dauerhaftes Produkt einer verneinenden psychischen Macht verstehen, dann ist die Verdrängung als die souveräne Waffe dieser Macht zu bezeichnen, der alle obengenannten Hilfsorgane und Vorkehrungen ihre psychische Wertigkeit verdanken. Die weitere Frage nach dem Subjekt und dem Objekt der Verdrängung glaube ich im Sinne Freuds so beantworten zu müssen: Was verdrängt, ist die kulturelle Moral als psychischer Faktor, was verdrängt wird, sind die primitiven, antisozialen Triebe, also gewisse Komponenten der Libido, vor allem der infantile Autoerotismus. Da dieser begrifflich von der Libido als Ganzem nicht zu scheiden ist (s. o.), ergibt sich eine allgemein triebfeindliche Tendenz als das Wesen der Verdrängung. Die sonstigen Objekte derselben, vor allem der Inzestkomplex, sind wohl sekundärer Natur: sie verfallen der Verdrängung erst durch die innige Verlötung mit der schrankenlosen infantilen Libido, werden also bloß deshalb verdrängt, weil sie dem infantilen Sexualleben angehören. – Der ausgesprochen sexuelle Charakter der infantilen Libido erscheint mir fraglich, ist aber von geringer Bedeutung: es liefe auf einen Wortstreit hinaus.

Begriff des Triebes, der Libido führten. Schrankenloses Begehren und seine Befriedigung sind die Erlebnisse der ersten Kindheit. Erst wenn die kulturellen Forderungen, zunächst in der Form der Erziehung, zu der Erkenntnis führen, daß die Forderungen zu hoch gegriffen sind, setzt der psychische Repräsentant der Kultur, die Verdrängung, ein, mit der Tendenz, jene Forderungen auf ein Minimum zu reduzieren. Darin aber und in der notwendigen Übertreibung dieser Tendenz liegt schon die Überkompensation. Und wiederum ist dieser Vorgang von einer mächtigen Intellektualisierung, einer »Erhöhung des psychischen Niveaus« (Freud), begleitet. Die energetische Hypothese, die Freud seiner Theorie zugrunde legt, führt zu dem Begriff der Sublimierung, die die Fähigkeit und den Trieb zu intellektuellen Leistungen als Verfeinerung und nützlichen Abfluß der überschüssigen Triebenergie darstellt, die durch die Einschränkung des Lustprinzips frei geworden ist. Zur Sicherung der erreichten Adaptierung werden aus denselben Quellen Bollwerke errichtet, Hemmungen des Triebes, wie Scham, Ekel, Gewissen usw. – Reicht auch dies nicht aus, so wird der Rest der kulturfeindlichen Triebenergie in Ersatzbildungen umgesetzt, die zwar nicht nützlich, aber doch unschädlich sind, was die kulturelle Arbeit anbelangt: Gewohnheiten, Stereotypien, vielleicht auch Träume und Tagträume. Sie alle stehen im Dienst der nun herrschenden Verdrängung. Die Ursache dieser Umwälzung aber liegt in dem Eingreifen des kulturellen, allgemeiner gesagt, des sozialen Moments. Die soziale Forderung richtet eine Moral als Schranke auf, die es verbietet, nur in der Lust und für die Lust zu leben: diese wird verdrängt, d. h. kompensiert und überkompensiert. Alte Lustquellen werden zu Quellen der Unlust. Intellektuelle Interessen und Befriedigungen treten an die Stelle der körperlichen, im Bereich des Sexuellen wird der Lustapparat sozial »adaptiert«, indem die Objektliebe ganz an die Stelle des Autoerotismus tritt[8]. Reichen aber all diese Vorkehrungen nicht aus, um einen Gleichgewichtszustand zwischen Libido und Verdrängung zu schaffen, dann tritt die Konversion in neurotische Symptome ein: Die überstarke Libido setzt sich im Kompromiß mit der Verdrängung durch. Die Verdrängung ist mißlungen.

---

8 Zur Lustgewinnung ist zweifellos ein Objekt, ein anderes Geschlecht, ursprünglich nicht erforderlich. Die Heterosexualität wird als moralische Forderung aufgestellt und bedient sich des sexuellen Genusses gleichsam als einer Prämie für den sozialen Anschluß.

Aus alledem aber ergibt sich: Was auf dem Wege der Adlerschen Mechanismen die Sicherungstendenz und der männliche Protest, das ist auf der Linie der Freudschen Theorie die Verdrängung.

Beide Darstellungen laufen parallel und behandeln dasselbe Problem von zwei verschiedenen Seiten. Aus der eigenartigen Stellung der beiden Ausgangspunkte zueinander – affektive Überwertigkeit auf der einen, funktionelle Minderwertigkeit auf der anderen Seite – ergeben sich notwendige Antagonismen, die niemals ausgeglichen werden können. Aber ein Parallelismus beider Theorien ist geradezu logische Forderung und scheint mir erwiesen[9].

Wenn dies richtig ist, so muß sich von dem oben analysierten Traum auch mit Freudschen Voraussetzungen eine lückenlose Deutung geben lassen. Versuchen wir es:

Der Schwerpunkt der Traumgedanken ist »Mariahilferstraße«. Unter

9 Die Diskussion über das Verhältnis der beiden psychoanalytischen Theorien zueinander ist seitens der engeren Schule Freuds durch einen Aufsatz Dr. Rudolf Reitlers (»Kritische Bemerkungen zu Dr. Adlers Lehre vom männlichen Protest«, Zentralblatt für Psychoanalyse, I. Jahrg., 12. Heft) eröffnet worden. Herr Dr. Reitler begeht den Fehler, die Adlersche Theorie mit Freudschen Begriffen verstehen zu wollen. Niemals hat Adler den männlichen Protest als das Verdrängende, die »Weiblichkeit« als das Verdrängte angesehen. Der Begriff der Verdrängung hat überhaupt, wie aus den obigen Ausführungen wohl hervorgeht, in der Lehre vom männlichen Protest keinen Platz, wenn auch durch den oben dargestellten latenten Parallelismus der Irrtum begreiflich erscheint. So einfach ist also die Antinomie der beiden Auffassungen sicher nicht zu lösen, noch weniger durch die wenig wissenschaftliche Supposition einer »oppositionellen Komplexüberwältigung« auf seiten Adlers – ein recht bequemes Mittel, jeden Widerspruch a priori abzutun. – Wenn Dr. Reitler von einem »Kampf der Geschlechtscharaktere« im Individuum spricht, so darf er das nicht für die Adlersche Auffassung halten. Die subjektive Einschätzung des Individuums, das, was es für »männlich« und »weiblich« hält, die Fiktion der Geschlechtscharaktere und ihre falsche Wertung bilden den Grundton des neurotischen Charakters. – Wenn Dr. Reitler darauf vertraut, daß es der Psychoanalyse stets gelinge, hinter dem männlichen Protest immer noch »tiefere« Schichten aufzudecken, so wäre zunächst zu erörtern, was unter dem Attribut »tief« zu verstehen ist. Ist es gleichbedeutend mit »unbewußt«, dann ist dieser Einwurf ebenso unhaltbar, als wollte man gegen Freud einwenden, die Neurosen könnten nicht auf verdrängter Sexualität beruhen, weil ja die Sexualität bewußtseinsfähig sei und nur eine Minderzahl von Neurotikern sich für asexuell halte. Jeder Psychoanalytiker würde darauf erwidern, daß eben nur die Komponenten der Libido pathogen wirken, die nicht bewußt sind. Nun ist aber auch der männliche Protest ein so komplexes Gebilde, daß sich dasselbe von ihm sagen läßt: jene Formen desselben, die »auf dem Präsentierteller entgegengetragen« werden, sind es sicher nicht, die zur Symptombildung führten. Das Symptom ist ja eben eine Notkompensation jener vermeintlichen Minderwertigkeiten, die im normalen Leben, also durch offene Sicherung und offenen Protest, nicht kompensiert werden konnten. Aber der grundverschiedene Weg der Protesttheorie bringt es mit sich, daß der Gegensatz zwischen bewußt und unbewußt nebensächlich ist: er steht und fällt mit dem Begriff der Verdrängung. Seine unangebrachte Verwendung im Bereich der Adlerschen Mechanismen führt auch zu dem seltsamen Widerspruch in Herrn Dr. Reitlers Arbeit, die zuerst den männlichen Protest mit der verdrängenden Instanz identifiziert und ihm später entgegenhält, daß er nicht unbe-

34

starken Widerständen produziert der Träumer Einfälle, die nach drei Richtungen gehen:

1. Mariahilferstraße als beliebter Schauplatz Wiens für erotische Abenteuer, ferner als große Geschäftsstraße. »Geschäft« und »Liebe« addieren sich schließlich zu »Prostitution«. Hier liegen verdrängte Wünsche verborgen, die der Träumer im Wachleben aus moralischen Gründen von sich weist.

2. In nächster Nähe jenes Teils der Mariahilferstraße, wo der Traum spielt, wohnt eine dem Träumer bekannte Dame von stark sinnlicher Schönheit, deren Namen einerseits wieder an den Prostitutionskomplex, andererseits an den Namen Freud erinnert. Der Gedanke an Freuds sexuelle Ätiologie der Neurosen versucht die erotischen Versuchungen in wissenschaftliches Gewand zu kleiden. Daher auch vorher die Untersuchung eines Nervenkranken (Tumor cerebri).

3. Die Kaserne und die Erinnerung an das lustige Leben der Militärzeit. Die Angst vor Infektion (progressive Paralyse) ist sexuelle »Hemmungsangst«, d. h. verdrängte Libido, die im realen Leben des Träumers als Syphilidophobie erscheint. Eine weitere Assoziation führt in das infantile Triebleben. Der Reserveleutnant, der ihn tags zuvor besuchte (s. o.) hieß Eckstein, und hinter diesem Na-

---

wußt, d. h. nicht – verdrängt sei. Wenn also der männliche Protest auch bewußt zur Geltung kommt, so sagt das nichts gegen seine fundamentale Wirksamkeit der Neurose. Er ist eben immer da. – Indem schließlich Herr Dr. Reitler überall dort, wo Adler den männlichen Protest beim Kinde sieht, nur einen Wunsch des Kindes, groß zu sein, anerkennen will, bahnt er selbst der Verständigung an. Gewiß ist der Wunsch des kleinen Mädchens, an die Stelle der Mutter zu treten, nicht als die Sehnsucht, ein Mann zu sein, wohl aber als Protest aufzufassen; denn nicht das »Männliche« ist das Wesentlichste, sondern die Macht, das Zur-Geltung-kommen, und ein Mädchen, das den unbesiegbaren Tatsachen gegenüber an seinem Geschlecht nicht mehr zweifeln kann, wird eben resignieren, um als Weib doppelt zu protestieren. Ursprünglich aber sieht und wünscht jedes Kind die überlegene Macht des Mannes: gerade ein Psychoanalytiker sollte nicht behaupten, daß die Kinder so etwas »noch nicht verstehen«. Und der Wunsch, ein Mann zu sein, ergibt sich ganz natürlich als das Maximum an Ehrgeiz, dessen ein Kind, ob Knabe oder Mädchen, fähig ist. Vom Normalen wird die Weiblichkeit als relativ minderwertig empfunden. Die absolute Minderwertigkeit des Weibes ist eine subjektive Wertung des Neurotikers und nur des Neurotikers. Daraus ergibt sich der männliche Protest mit allen Folgen und Symptomen. Niemanden wird überraschen, daß maßlose Überschätzung der Weiblichkeit bei Neurotikern ebensooft gefunden wird. Sie dient dann offenbar als Memento und Sicherung, macht auf die eigene Schwäche aufmerksam. – Adler entsexualisiert nichts, auch nicht den Sexualakt, wie Herr Dr. Reitler behauptet. Er akzeptiert bloß den von Freud unendlich erweiterten Begriff der Libido nicht, und damit ist für ihn die Bedeutung der Sexualität auf das vor der Psychoanalyse anerkannte Maß reduziert.

men birgt sich die ganze infantile Erotik der Harnwerkzeuge. Auch eine rezente Erinnerung berührt dieses Thema: Er hatte am Traumtag starken Harndrang in Damengesellschaft. Und die Erinnerung an das Symptom der Blasenlähmung bei einer metasyphilitischen Nervenkrankheit, der Tabes dorsalis, läßt unter diesem Symbol wieder den Gedanken an venerische Infektion und Impotenz (d. i. Blasenlähmung) durchblicken.

Wir haben hier den typischen Freudschen Mechanismus. Der Wunsch nach sexueller Betätigung sucht sich im Traum, verstärkt durch infantile Reminiszenzen, durchzusetzen. Doch er unterliegt aus ethischen Gründen der Verdrängung. Die Folge ist die starke Traumentstellung, die als Repräsentanten der sexuellen Wünsche nur das eine Wort »Mariahilferstraße« bestehen ließ. Unter starker Verdichtung nimmt dieses Wort fast alles in sich auf, was zu dem verbotenen Thema gehört. Alle anderen Elemente des Traumstückes dienen der Darstellung der Befürchtungen und Einwürfe, die, wie das ganze Thema, ebenfalls dem Wachbewußtsein entzogen sind.

Ich glaube damit erwiesen zu haben, wie sich Freudsche und Adlersche Mechanismen parallel zueinander in einem Traum zur Geltung bringen können. Ich zweifle nicht, daß alle wesentlichen Elemente beiderlei Art bei der gründlichen Analyse, gleichgültig unter welchen theoretischen Voraussetzungen sie vorgenommen wird, zutage gefördert würden; nur die einseitige Betonung des einen oder des anderen würde in Wirklichkeit den letzten Sinn des Traumes eindeutig bestimmen wollen. Durch die sorgfältige Differenzierung der beiden theoretischen Linien der Analyse wird auch nur theoretisch etwas gewonnen, für die Praxis der Psychoanalyse ist einzig der therapeutische Erfolg entscheidend [10].

Fassen wir unser Ergebnis kurz zusammen:

An der Spitze der Freudschen und der Adlerschen Theorien steht der Satz:

---

10 Ein wesentlicher Gegensatz der beiden Auffassungen, der nicht auf den Parallelismus zu reduzieren ist, besteht darin, daß Adler vieles in der Entwicklung des Individuums schon als neurotisch betrachtet, was für Freud noch in den Bereich des Normalen fällt. So spricht Freud von Partialtrieben der Libido (Sadismus, Masochismus, usw.), die beim Kind ungehemmt hervortreten und durch eine Entwicklungshemmung, ohne neurotischen Mechanismus, beim Erwachsenen als Perversionen persistieren können. Adler faßt alle diese Änderungen der Libido, sofern sie psychische Wertigkeit haben, schon als neurotische »Arrangements« auf, die der Sicherung dienen sollen.

Minderwertige Organe sind (in der Regel, oder häufig) erogene Organe. Oder: Funktionell minderwertige Organe sind affektiv überwertige Organe.

Freud geht von der affektiven Überwertigkeit aus (erogene Zonen), Adler von der funktionellen Minderwertigkeit (minderwertige Organe).

Als Reaktion erster Ordnung ergibt sich bei Freud das Gefühl der affektiven Überwertigkeit (Wunsch nach affektiver Befriedigung, Autoerotismus, Lustprinzip), bei Adler das Gefühl der funktionellen Minderwertigkeit.

Reaktion zweiter Ordnung ist bei Freud und Adler eine Kompensation.

Freud, der von einem »Plus« ausging (Überwertigkeit), läßt die Kompensation durch ein »Minus« eintreten: Dem Gefühl der affektiven Überwertigkeit antwortet die Verdrängung.

Adler ging von einem »Minus« aus (Minderwertigkeit) und läßt die Kompensation durch ein »Plus« eintreten: Dem Gefühl der funktionellen Minderwertigkeit antwortet die Sicherungstendenz und der männliche Protest.

Das treibende Moment für Verdrängung und Sicherungstendenz ist das soziale.

Die Verdrängung bedient sich der Sublimierung, die Sicherungstendenz der intellektuellen Überleistung; beide sind dasselbe.

Mißglückte Verdrängung führt zur Notkompensation, zum neurotischen Symptom.

Die mißglückte Sicherungstendenz führt ebenfalls zum neurotischen Symptom.

Mit einem Wort:

Freud erklärt die psychischen Vorgänge von der affektiven, Adler von der funktionellen Seite. Jeder seelische Vorgang kann als affektiv und als funktionell aufgefaßt werden.

Daher sind die Theorien Freuds und Adlers notwendige Korrelate zueinander. Über den praktischen Wert derselben als Voraussetzungen der therapeutischen Psychoanalyse, über die bessere Verwendbarkeit der einen oder der anderen Theorie, kann nur lange Erfahrung entscheiden.

Kritische Bemerkungen zu Freud
»Über Neurotische Erkrankungstypen« *

Freud versucht eine energetische Betrachtungsweise der Neurosen-
ätiologie durchzuführen. Er nimmt vier Erkrankungstypen an, die
allerdings selten in reiner Form anzutreffen seien. Es sind:
1. Versagung,
2. mißglückte Anpassung an die Realität,
3. Entwicklungshemmung,
4. quantitative Steigerung der Libido.
ad 1. Unter »Versagung« versteht Freud den Verlust eines Liebesobjektes, das bis dahin Gesundheitsbedingung war. Ist die Versagung
eingetreten und ist es dem Individuum nicht gelungen, die gestaute
Libido in »tatkräftige Energie« umzusetzen, »welche... eine reale
Befriedigung... erzwingt«, oder aber die Libido zu sublimieren,
dann kann Introversion eintreten, das ist Befriedigung im Phantasie-
leben, und schließlich Regression, die Rückkehr auf infantile Bahnen.
Daß es den Erkrankungstypus der Versagung wirklich gibt, darüber
kann kein Zweifel sein, doch wenn Freud eine rein – oder auch nur
vorwiegend – exogene Entstehung der Neurose verständlich machen
will, so muß entgegengehalten werden, daß er zwar hier einiges beschrieben und alles in sein Schema eingeordnet, daß er aber mit dem
Schlagwort »Versagung« noch nichts erklärt hat. Die naive, aber zu
Recht bestehende Frage: warum sich ein Mensch, dem ein Liebesob-
jekt entzogen wurde, nicht einfach ein neues sucht, wird von Freud
hier gar nicht aufgeworfen. Und doch liegt alles an der Beantwortung
dieser Frage. Die »Versagung« selbst wird damit bedeutungslos, das
Wort ist nichts als ein Ausdruck für die wohlbekannte Tatsache, daß
traurige Erlebnisse eine Neurose auslösen können. Unter welchen
Bedingungen ein Unglücklicher neurotisch wird, ist nicht beantwor-

* Zentralblatt für Psychoanalyse, 1912, 6. Heft

tet. Und damit verschiebt sich das ganze Problem auf das Gebiet der neurotischen Disposition. Freud würde vermutlich hier die sexuelle Konstitution heranziehen und im einzelnen Falle daraus zu begründen suchen, daß die Liebesbedingungen des Disponierten den Kreis der möglichen Objekte auf ein Minimum einschränken mußten, weil er z. B. in seine Mutter verliebt oder weil er Masochist war usw. Das darf zunächst nur als plausible Hypothese Geltung beanspruchen, solange es nicht durch unzweideutige Tatsachen belegt ist. Daß andere Mechanismen denkbar und ebenso durch Beobachtungen beweisbar sind, beweisen Adlers Forschungen. Die psychoanalytischen Tatsachen sind eben nicht unzweideutig[1].

Adlers Lehre vom Minderwertigkeitsgefühl und psychischen Hermaphroditismus mit konsekutiver Sicherungstendenz vermag die Unmöglichkeit der freien Liebeswahl beim Neurotiker mindestens ebenso zwanglos zu erklären (als »Furcht – d. i. Sicherung – vor der Frau«) wie die Freudsche Libidotheorie. – Um aber zur »Versagung« zurückzukehren, so ist gegen Freuds Darstellung hier einzuwenden: Wer auf eine »Versagung« nicht mit einer Änderung der Objektwahl reagiert, der wird nicht neurotisch, sondern er ist es schon. Die Unterscheidung zwischen latenter und manifester Neurose erscheint gezwungen und praktisch undurchführbar, seit die Psychoanalyse methodisch nicht mehr von den Symptomen, sondern von der Gesamtpersönlichkeit des Neurotikers ausgeht.

ad 2. Die mißglückte Anpassung an die Realität ist z. B. der Fall des Homosexuellen, der plötzlich heterosexuell lieben will und darüber erkrankt. Er unterscheidet sich nach Freud vom Typus 1 vor allem dadurch, daß hier »der Akzent auf eine innere Veränderung fällt«. (Daß der endogene Faktor eigentlich auch dort vor allem maßgebend ist, haben wir schon hervorgehoben.) Der Anstoß zu dieser inneren Umwälzung geht, wie Freud meint, von dem Ich aus, daß mit der Realität in Fühlung ist. Daraus ergibt sich dann weiter unten die schwer verständliche Definition des neurotischen Konfliktes als eines Kampfes zwischen Ich und Libido. Ich konnte dieser Fassung nie beistimmen. Entweder das Ich oder die Libido ist da eine metaphysische Abstraktion. Wenn es richtig ist, was von der psychoanalyti-

---

1 Vgl. meine Arbeit: Zwei psychoanalytische Theorien (Zeitschrift f. Psychotherapie u. medizinische Psychologie, 1912); in diesem Band S. 175

schen Schule vielfach behauptet wird, daß so ziemlich alles im Menschen von der Libido abstammt – so ist bei Jung aus der Libido eine Art Substanzbegriff, ein Urstoff der Seele geworden –, dann sehe ich kein »Ich« mehr neben der Libido. Die Formulierung ist also zum mindesten ungenau. Aber Freud spricht an anderer Stelle (»Formulierungen über die zwei Prinzipien des psychischen Geschehens«) von einem Lust-Ich und einem Real-Ich, die durch Abspaltung des letzteren entstanden seien. Das Lust-Ich wäre mit Libido, das Real-Ich mit den Ichtrieben zu identifizieren. Ist aber nicht die Anpassung an die Realität eben der Prozeß, durch den das Real-Ich erst entsteht? Wie kann nun die mißglückte Anpassung an die Realität zu einem Kampfe zwischen Ich und Libido führen? Man könnte nun sagen: Die Anpassung ist bis zu einer gewissen Stufe gelungen, und das bisher gebildete Real-Ich sucht sich nun auf Kosten des Lust-Ich zu vergrößern; auf diese Art entsteht eine Spannung, die bei der nächsten größeren Realforderung zur Katastrophe führt. Alles das ließe sich auch in ganz einfachen Worten sagen: Jemand will vernünftig werden und kann sich doch nicht entschließen, auf kindische Träume zu verzichten; er erlebt etwas, woraus die Unmöglichkeit, »Überspanntheit« dieser Träume erhellt. Und wird krank, so wie er bei einem geringeren Anlaß in Tränen ausbrechen würde. Das sind die psychologischen Realien, die jenen theoretischen Ausführungen zugrunde liegen. Sie sind nicht eben neu, aber man freut sich, durch Textkritik auch aus Freudschen Arbeiten gute alte Wahrheiten entnehmen zu können.

ad 3. Im Falle der Erkrankung durch Entwicklungshemmung hat nach Freud »die Libido... die infantilen Fixierungen niemals verlassen, die Realforderung tritt nicht plötzlich einmal an das... Individuum heran, sondern wird durch den Tatbestand des Älterwerdens selbst gegeben... Der Konflikt tritt gegen die Unzulänglichkeit zurück...« Wenn hier nicht fortwährend bloß von der Libido die Rede wäre, könnte man die Möglichkeit einer Erkrankung durch Entwicklungshemmung wohl bestätigen. Ein gewisser Grad von psychischem Infantilismus scheint tatsächlich vielen Neurotikern anzuhaften: Extreme, unvernünftige Affektivität, Trotz, Negativismus, übertriebenes Zärtlichkeitsbedürfnis sind Charakterzüge, die beim Kinde normal, beim Erwachsenen krankhaft wirken. Aber es gehört Freuds sexualistische Brille dazu, um dies alles auf eine Entwicklungshemmung der Libido zurückzuführen.

ad 4. Die quantitative Steigerung der Libido als mögliche Erkrankungsursache ist ein notwendiges Postulat der Freudschen Theorie, wie der Begriff einer Quantität der Libido überhaupt. Aber mehr sind beide nicht. Vor allem entsprechen sie keiner realpsychologischen Tatsache. Der Psychoanalytiker wird nicht versuchen wollen, aus dem sexuellen Quantitätsbegriff der Physiologen ein psychologisches Wertmaß zu konstruieren. Die Physiologen schließen bei einer frigiden Frau auf ein Fehlen der Libido, rudimentäre Ausbildung derselben u. dgl. und haben von ihrem Standpunkt aus recht. Denn sie meinen die Sexualität als Betätigung und Betätigungsmöglichkeit (Potenz), und diese haben mit Psychologie noch nichts zu tun. Freud aber versucht eine Energetik der Psyche zu schaffen, hält sich dabei an das Muster der Physik und sieht nicht, daß der Energiebegriff in der Physik, eine praktische Hypothese, schon in der Physiologie nicht mehr restlos anwendbar, als Grundlage einer Ökonomie des Seelenlebens aber noch viel verwegener ist als in der körperlichen Welt. Es ist, als wollte man die Muskelleistungen eines Soldaten mit denen eines Rentiers vergleichen und daraus auf die tägliche Kalorienmenge schließen, die beide als Nahrung zu sich nehmen. Das Minimum wäre etwa zu ermitteln, aber das Maximum ist völlig unbestimmbar. Und auch hier müßte der erste Einwand lauten, daß weniger die Quellen, als die Zielvorstellungen für die Kraftentwicklung maßgebend sind, daß die Kraftquellen ein unendlich großes Reservoir sind im Vergleich zu den Kraftleistungen, daß man also von dem Fassungsraum jenes Reservoirs ohne wesentlichen Fehler abstrahieren kann. Dasselbe aber gilt für die Libido im Verhältnis zu ihren Äußerungen. Doch Freud postuliert die Möglichkeit einer quantitativen Steigerung oder Verminderung, um seine Theorie zu stützen. Wem es nur auf die »Realien« der Psychologie ankommt, der wird mit einer hypothetischen Quantität der Libido nichts anzufangen wissen, wird sich, wenn eine Frau im Klimakterium plötzlich nach jungen Männern verlangt, nicht damit begnügen, eine biologisch notwendige Steigerung der Libido zu konstatieren, sondern er wird die Frage so stellen: Warum tritt die Frau gerade jetzt mit Forderungen hervor, die ihr nicht mehr eingeräumt werden, und gerade nur mit solchen? Die Frage sucht die ätiologisch wirksame Zielvorstellung aufzudecken, nicht die Energiequelle. Meines Erachtens kann eine Libidosteigerung, sei es im Klimakterium oder während der Menstruation, nur ein

41

Symptom, nie eine Krankheitsursache sein, auch wenn sie selbst sich noch hinter Symbolismen verbirgt; kein primär auftauchendes biologisches Faktum, sondern eine psychische Reaktion auf ein psychisches Erlebnis, vielleicht vor allem auf die Wahrnehmung der Unzulänglichkeit der Genitalfunktionen. In diesem, aber nur in diesem Sinne könnte man *cum grano salis* eine »biologische« Ätiologie gewisser Neurosen akzeptieren, ohne daß dabei der biologische Faktor mehr als eine mittelbar auslösende Schädlichkeit bedeuten könnte – aber lange nicht die wichtigste. Denn wo steht es geschrieben, daß man auf den Urgrund aller Dinge gelangt ist, wenn man die sexuelle Schicht einer Seele aufgedeckt hat?

Die dankenswerte Klarheit dieser jüngsten theoretischen Arbeit Freuds hat uns eine weit abschweifende Diskussion seiner Lehrsätze ermöglicht, deren Ergebnis – gewiß nur ein vorläufiges Ergebnis – in wenigen Worten zusammenzufassen wäre:

Die Freudschen »Erkrankungstypen« sind, unbeschadet ihrer praktischen Verwertbarkeit, theoretisch nur dann anzuerkennen, wenn man sich auf den Boden seiner Libidolehre stellt. Diese aber ist nicht imstande, das zu leisten, was sie anscheinend verspricht: eine rein energetische Psychologie und Psychogenetik.

Zur Verwertung der Traumdeutung
in der Psychotherapie

Ein neunzehnjähriger Homosexueller und Neurastheniker bringt folgenden Traum: »Mir träumte, meine Mutter sei gestorben. Ich erhielt die Nachricht in der Bank, bei dem Büro jenes Kollegen, mit dem ich die Affäre im Klub hatte. Mein erster Gedanke war, daß ich nun einen schwarzen Flor am Arm tragen müsse. Dann bedauerte ich, nicht bei ihrem Tode dabei gewesen zu sein. Ich hätte die Tote vor den anderen Leuten geküßt und hätte geweint.«

Die Affäre im Klub bestand darin, daß der Patient von einem homosexuellen Klubfreund, der in derselben Bank angestellt war wie er, eine Ohrfeige bekam. Dies hatte zur Folge gehabt, daß der Patient einen Monat lang den Klub nicht besuchte – denselben Monat, den er nach Unterbrechung der bis dahin einmonatlichen Behandlung in fast vollständiger Gesundheit verbrachte. Er hatte sich aus freiem Willen dazu entschlossen, die Arbeit im Büro wiederaufzunehmen, nachdem ihn seine Neurasthenie vier Monate lang arbeitsunfähig gemacht hatte. In diesem Monat der Gesundheit lebte er sexuell vollkommen abstinent, was zum Teil auch auf die »Affäre« zurückzuführen war. In den ersten Tagen der wiederaufgenommenen Behandlung brachte er diesen Traum. Im Anschluß daran teilt er mir mit, daß er Träume vom Tode seiner Mutter recht oft habe. Es überrascht uns nicht, zu hören, daß er seine Mutter seit seiner Kindheit immer zärtlich geliebt hat. In der Kindheit war sie seine Beschützerin, seine Zuflucht vor den Unbilden des Lebens. Deren gab es genug. Ein strenger Vater, zwei viel ältere Brüder und eine um weniges jüngere Schwester bildeten seine Umgebung. Unfähig, mit den Brüdern zu konkurrieren, wurde das Kind schon durch diese Konstellation zur Schwester und zur Mutter gedrängt. Er fand Gefallen an weiblichen Spielen und Handarbeiten, in denen er leicht die Schwester übertraf. Und da er auch noch wie ein Mädchen aussah, bekam er es oft genug zu hören, er sein kein rechter Knabe, viel eher ein Mädchen. So wurde das

43

schwächliche Kind aus seiner Geschlechtsrolle gedrängt, ehe es ihrer noch recht bewußt werden konnte. Und so gelangte auch er zu jener typischen Vorgeschichte, die von Homosexuellen tendenziös festgehalten und zur Bekräftigung ihrer »angeborenen« Anomalie verwertet wird.

Die Schule war dann für unseren Patienten ein Martyrium. Körperlich der schwächste unter seinen Kameraden, war er das Opfer ihrer Roheit und Spottsucht. Zu Hause aber hatte er niemand, der ihn trösten mochte, außer seiner Mutter. So wurde er überempfindlich, leicht beleidigt und auf diese Art unverträglich. Immer wieder erwartete er von den anderen eine Fülle von Liebe und Zärtlichkeit, ohne dies direkt merken zu lassen. Wenn man ihm aber seine geheime Forderung nicht von selbst erfüllte, war er verletzt und zog sich zurück. So räumte er sich eben wegen seiner Schwäche eine Ausnahmestellung im Leben ein, wollte von jedem besonders berücksichtigt, besonders unterstützt werden. Als er in seinem 15. Lebensjahr zur Berufswahl kam, entschied er sich für die Musik, der Vater aber zwang ihn zur kaufmännischen Laufbahn. Unser Patient gab nach und wurde krank: zuerst exzessive Onanie und Schlaflosigkeit. Als er dann in der Großstadt die Handelsschule besuchte, ging aus der Masturbation allmählich die Homosexualität hervor.

Für das Verhältnis zu seiner Mutter ist aber noch folgendes von Bedeutung: Er hatte einige Zeit vorher unter der fast zwanghaften Vorstellung eines sexuellen Verkehrs mit der Mutter gelitten. Auf die Frage, wie er auf diesen Gedanken gekommen sei, antwortete er, er halte auch seinen Vater für homosexuell veranlagt und glaube, es von ihm geerbt zu haben. So habe er sich gedacht, daß seine Mutter des sexuellen Verkehrs entbehren müsse und hätte Lust gehabt, ihr in diesem Punkte den Vater zu ersetzen. Er halte auch jetzt noch die Mutter für die einzige Frau, mit der er sexuell verkehren könnte. – Dazu paßt ein Traum, den er während seines »gesunden« Intervalls hatte: Er sei nach einjähriger Abwesenheit wieder nach Hause gekommen, seine Mutter habe ihn zärtlich begrüßt und habe ihn dabei ebenso umarmt, wie es ein homosexueller Freund aus früherer Zeit einst zu tun pflegte. Wir können aus diesem Traum schließen, daß eine Verknüpfung zwischen der Homosexualität und der Liebe zur Mutter bei unserem Patienten tatsächlich besteht. Dieses Verhalten entspricht einem Typus der Homosexualität, wie ihn Freud in seiner Arbeit über Leonardo da Vinci gezeichnet hat[1].

Aber der »Inzestkomplex« hat offenbar nur symptomatische und keine ätiologische Bedeutung, eben deshalb, weil uns diese Ätiologie vom Patienten selbst nahegelegt wird. Wollte man ihm nun erklären: Sie lieben ihre Mutter und können ihr nicht die Treue brechen, und deshalb können Sie nicht mit Frauen verkehren – so würde dies von dem Patienten fast freudig akzeptiert werden. Eine Änderung in seinem Zustand könnte diese Deutung schon deshalb nicht herbeiführen, weil er sich dasselbe offenbar schon selbst gesagt hat. Hier ist nichts verdrängt, der Inzestwunsch liegt offen zutage: Wir können die Deutung des Patienten nicht akzeptieren.

Denn die Inzestidee ist ein Produkt der Krankheit. Sie ist tatsächlich für den Patienten das beste Mittel, um sich für alle Zeit vor dem Verkehr mit Frauen zu sichern. Sie ist nicht die Ursache der Homosexualität, sondern ein koordiniertes Symptom: Beides sind Wege, um der Frau auszuweichen. Die Homosexualität des Patienten ist eigentlich nichts anderes als fortgesetzte Pubertätsonanie. Er ist hier stehen geblieben und hat es nicht gewagt, den Schritt ins Leben zu tun, weil er sich für zu schwach hielt, den Anforderungen, die an einen Mann gestellt werden, zu genügen. Deshalb tat er, als ob er ein Mädchen wäre, und ganz von selbst wurde aus der Schwäche eine Stärke. In homosexuellen Kreisen feierte er große Erfolge, die ersten und einzigen Erfolge seines Lebens: Er produzierte sich als Sängerin und Tänzerin, wurde viel geliebt und viel bewundert. So war ihm die Homosexualität eine Zuflucht: im selben Maße aber, als er diesen Weg weiter verfolgte, mußte er sich im Leben als Mann und als Arbeiter unzulänglich erweisen. Diesem Ziel diente seine Neurasthenie, die durchaus exakt auf Arbeitsunfähigkeit eingestellt war: Gedankenflucht und Kopfschmerzen im Büro, Übermüdung am Abend. Sein ältester Bruder bekleidete eine höhere Stellung in derselben Bank. Wieder war hier eine Konkurrenz *a priori* ausgeschlossen. Er verzichtete darauf und wurde krank.

Wir sagten: Die Männerliebe war ihm eine Zuflucht. Ganz wie die Liebe seiner Mutter, als er noch ein Kind war. So verstehen wir die

---

1 Freud: Eine Kindheitserinnerung des Leonardo da Vinci. Wien 1910, Deuticke. Gesammelte Werke, Bd. 8, S. Fischer Verlag, Frankfurt am Main.

Verknüpfung zwischen Homosexualität und Liebe zur Mutter, die uns in einem früheren Traume auffiel. Nun können wir an die Deutung des letzten Traumes gehen. Er ist leicht in die Sprache des Wachlebens zu übersetzen: Wir wäre es, wenn meine Mutter stürbe? Mir läge nichts daran; ich würde einen Trauerflor tragen und vor den Leuten weinen; weiter nichts. Der pointierte Zynismus, der aus diesem Gedanken spricht und der mit dem sonstigen Verhalten des Patienten seiner Mutter gegenüber so seltsam kontrastiert, läßt vermuten, daß ein Rest von Angst dadurch verhüllt wird, Angst vor dem Alleinsein und ohne Schutz sein. Aus unserer bisherigen Kenntnis von der Persönlichkeit des Patienten können wir aber schließen, woher die Gleichgültigkeit gegen den Verlust der Mutter stammt: Er hat ja die Homosexualität. Und nun wird tatsächlich auch das Thema der Homosexualität im Traum erwähnt: Die Nachricht vom Tode seiner Mutter erhält er bei dem Büro seines homosexuellen Kollegen, mit dem er eine Affäre hatte. Diese Affäre war es, die ihn veranlaßt hatte, die homosexuelle Gesellschaft einen Monat hindurch zu meiden. Fassen wir diese beiden Elemente des Traumes zusammen, so wird uns sein Sinn klar: Er nähert sich wieder der Homosexualität – dem Büro seines Kollegen –, indem er so tut, als ob die Homosexualität seine einzige Zuflucht wäre, die ihm blieb: als ob seine Mutter gestorben wäre.

Der weitere Verlauf bestätigte diese Deutung. Es folgte ein Tag tiefer Depression, mit quälenden Zweifeln an seiner Potenz. Es war, als wenn er zum Schlage ausholte. Zwei Tage später benützte er eine günstige Gelegenheit und verbrachte eine Nacht, in der er sich homosexuell auslebte wie noch nie. Es folgte ein Tag mit gutem Befinden, und in der nächsten Nacht träumte er, sein Penis habe sich verlängert.

Dieser Rückfall will mit der vorausgehenden Periode der Besserung als ein Ganzes verstanden werden. Es war ein umfänglicher Beweis für die Naturnotwendigkeit seiner Homosexualität: erst ein scheinbares Eingehen auf die Richtung zur Gesundheit und dann, unter den Augen des Arztes, die demonstrative Beweisführung, daß es ohne Homosexualität doch nicht gehe und daß sie das einzige sei, was ihn aufrecht erhalte, seine einzige Stärke, seine Art von Männlichkeit: daher am Ende der Traum, sein Penis sei gewachsen.

An diesem Punkte erst durfte in der Behandlung die Aufklärung einsetzen. Wenn auch der Arzt den Verlauf und das Ende des kleinen

Dramas voraussehen konnte, hätte es keinen Sinn gehabt, im vorhinein den Patienten ins Geheimnis zu ziehen: Er hätte nichts verstanden, nichts verstehen können, weil der Plan nicht bewußt angelegt, sondern sozusagen nur potentiell vorhanden war. Ich mußte mich auf die einfache Prognose dessen, was kommen würde, beschränken, und die bloße Voraussage vermochte die Energie des unbewußten Planes nicht zu brechen. Die Voraussagen erfüllten sich eben: Das nachträgliche Verständnis aber mußte den Patienten in der Sicherheit seiner neurotischen Einstellung bedenklich erschüttern. So konnte aus der Kenntnis der Zusammenhänge schließlich doch noch Nutzen gezogen werden.

Die Möglichkeit des Verständnisses und die beweisende Kraft der Interpretation ergab sich aber in diesem Falle vor allem aus dem Inhalt der Träume. Sie zeigen deutlich den antizipierenden Charakter, der entsprechend der Adlerschen Auffassung allen Träumen zukommt. Sie zeigen aber auch, daß von einer »teleologischen Funktion« des Traumes nicht die Rede sein kann. Der Traum konnte vom Patienten nicht als Entschluß zum Rückfall verstanden werden.

Was nun diese Art der Traumdeutung von der Freudschen Methode unterscheidet, ist die größere Sicherheit der Schlußfolgerungen, die, von erzwungenen Einfällen des Patienten unabhängig, einzig auf der Kenntnis seiner Persönlichkeit beruhen. So gehört wohl zu jeder Traumdeutung eine kleine psychologische Biographie. Die Möglichkeiten der Deutung sind meist unbegrenzt. Aber nicht die kombinatorische Fähigkeit des Arztes darf die Entscheidung treffen, auch nicht die Assoziation des Patienten, der jede Beweiskraft mangelt, sondern einzig die psychische Konstellation, aus der der Traum erwuchs. Wir können viel vermuten, aber nichts wissen, wenn uns bloß ein Ausschnitt einer Persönlichkeit vorliegt. Aber wir verstehen die kleinste Geste, wenn wir das Ganze, dessen Teil sie ist, individualpsychologisch erfaßt haben.

Die Überschätzung der Sexualität

Die Tatsache der Sexualität läßt sich begrifflich leicht umschreiben: Als sexuell bezeichnen wir die Funktion der Fortpflanzung und die Gesamtheit der physischen und psychischen Erscheinungen, die mit ihr in direktem Zusammenhang stehen. Wir wollen uns nicht darauf einlassen, genaue Grenzbestimmungen zu versuchen, halten es aber im allgemeinen für geboten, eine Erweiterung und Verwischung der Grenzen, wie sie von Freud immer wieder versucht wird, nicht zuzulassen. Wir wollen es ferner auch vermeiden, den Ausdruck »Trieb« oder »Libido« zu gebrauchen: nicht weil wir diesen – abstrakten – Begriff überhaupt verwerfen müßten, sondern weil er von Patienten und Ärzten so vielfach mißverständlich gebraucht wird, daß man ihm ausweichen müßte, selbst wenn er nicht so ganz entbehrlich wäre. Aber er ist entbehrlich. Wir können ja auch Erscheinungen wie Appetitlosigkeit oder Heißhunger, Paragensie und Agensie psychologisch verstehen, ohne mit dem Begriff eines »Eßtriebes« zu arbeiten. Und doch ließe sich gewiß auch dies konstruieren. Aber man hat es nicht zweckmäßig gefunden, selbst dort, wo Störungen des Appetits nicht durch organische Erkrankung, sondern rein psychisch bedingt waren. Zugegeben, daß das Essen aus biologischen Gründen eines viel gleichmäßigeren Antriebes bedarf, um die Erhaltung des Lebens zu verbürgen, als die Sexualität, die gewissermaßen eine Luxuseinrichtung des Individuums zu sein scheint, und daß man von einem »Eßtrieb« eben wegen seiner Gleichmäßigkeit abstrahieren könnte. Zugegeben auch, daß das Ausmaß der sexuellen Betätigung weitgehend durch Rasse, Klima, Ernährung, Vererbung bedingt ist: All das kann individualpsychologisch keine Bedeutung haben. Wenn unter einer Anzahl körperlich gleichartiger Individuen derselben Rasse, die unter den gleichen äußeren Verhältnissen aufgewachsen sind, eines durch wesentlich geringere oder stärkere Sexualbetätigung auffällt, so sind wir noch lange nicht berechtigt, eine angeborene überstarke oder

-schwache »Sinnlichkeit« anzunehmen. Wir sind verpflichtet, das Entstehen und den psychischen Mechanismus des abnormen Verhaltens zu untersuchen, und in der Vorgeschichte des Patienten wird man stets Ursachen finden, die unserem ätiologischen Bedürfnis durchaus genügen. Freilich darf man nicht erwarten, in einer kurzen Anamnese alles zu finden, was man zur Erklärung braucht. Die Anamnese des Psychotherapeuten dauert Monate, und nur die Tatsache, daß sie mit der Therapie zu einem Ganzen verschmilzt, kann die lange Dauer der Exploration rechtfertigen.

Wir sprechen von Psychosexualität dort, wo das Sexuelle zum Gegenstand unseres bewußten Willens oder unserer unbewußten Tendenzen wird, also auch überall dort, wo unser Affektleben sexuellen Zielen zugewendet ist. Unsere Vorstellung vom Sexuellen bringt es mit sich, daß überall dort, wo es zum Gegenstand einer psychischen Tendenz wird, das Sexuelle als solches seinen Charakter als Selbstzweck verliert, sich den Zielen der Psyche unterordnet. Wenn man daraus schließen sollte, daß es streng genommen eine Psychosexualität nicht gibt, so wäre dagegen nichts einzuwenden. Aber eben die Beziehung der Sexualität zur Psyche ist unser Thema: denn die Rolle der Sexualität in der Neurose wird sich unmittelbar daraus ergeben.

Welche Tendenz kann eine sexuelle Handlung verfolgen?

Ein König heiratet, um einen Thronfolger zu bekommen. Hier denken wir an den biologischen Zweck der sexuellen Handlung: die Erhaltung der Art. Der König identifiziert sich offenbar mit seiner Familie, deren Oberhaupt er ist: Er will die Erhaltung der Familie, er ist adelsstolz. Und der Adelsstolz bildet einen wichtigen Bestandteil seines Persönlichkeitsgefühles. Er ist auch das maßgebende Motiv seiner Heirat. Hier haben wir eine sexuelle Handlung, die sich rein individualpsychologisch erklären läßt. Wäre es nicht gezwungen, hier den Sexualtrieb als Begründung heranzuziehen? Gewiß spielt die Sexualität dabei eine Rolle. Ein Kastrat als König würde offenbar nicht heiraten. Die Sexualität ist die *Conditio sine qua non*, durch die sich erst die Möglichkeit ergibt, das zu wollen, was der Betreffende will. Aber sie ist nicht das psychologische Motiv, auf das es uns vor allem ankommen muß. Sie ist bloß ein Mittel, ein Instrument im Dienste einer Tendenz.

Die Fortpflanzung als Motiv sexueller Handlungen kann gelegentlich in neurotischer Form ihre Rolle spielen. Wir werden das Motiv dann als neurotisch bezeichnen, wenn es auffällig ist, mit der Sitte der Umgebung kontrastiert oder mit besonderer Schärfe hervortritt.

Etwa in folgendem Fall: Ein junger Mann aus bürgerlichem Hause verführte ein Mädchen aus den gleichen Kreisen, sie bekam ein Kind und mußte die ganze Last der gesellschaftlichen Schande auf sich nehmen, da sie der Geliebte nicht heiraten konnte oder wollte. Dieser zog sich zurück. Als man ihn fragte, warum er nicht wenigstens Vorbeugungsmaßnahmen ergriffen habe, um die traurigen Folgen zu verhüten, antwortete er, er habe in dem betreffenden Augenblick den tiefinneren Wunsch gehabt, ein Kind zu zeugen. Diese einigermaßen lächerliche Begründung, mag sie nun eine nachträgliche Ausrede oder ein wirkliches Motiv gewesen sein, läßt unter den gegebenen Umständen einen Schluß auf die wahren Leitlinien des jungen Mannes zu. Das romantische Verlangen, ein uneheliches Kind zu zeugen, wo alle sozialen Momente dagegen sprechen, berechtigt uns, auf eine Verstärkung der psychischen Tendenzen zu schließen, von der Art, wie wir sie als neurotisch bezeichnen. Ein gesteigertes Selbstgefühl läßt sich ohne weiteres vermuten; es ist, als wollte er der Stammvater eines neuen Geschlechtes werden – ein überspanntes Persönlichkeitsideal, das nur auf neurotischer Basis entstehen konnte. Daß derselbe junge Mann seinen sehr jüdisch klingenden Familiennamen mit einem anderen, harmloseren vertauschte, scheint auch in diese Richtung zu weisen, gleichzeitig aber verhält sich darin ein geheimes Gefühl der Minderwertigkeit[*], zu dem sein Judentum einiges beigetragen haben mochte.

Wir verstehen die Größensucht in diesem wie in vielen anderen Fällen als eine Kompensation jenes latenten Gefühls der Minderwertigkeit (Adler), das den Befund einer neurotischen Disposition allein schon rechtfertigt. In diesem Sinne ist aber auch die maßlose Rücksichtslosigkeit zu verstehen, mit der er das geliebte Mädchen um einer verschrobenen Idee willen der Schande preisgab, als ob sie sein Eigentum wäre, mit dem er nach Belieben verfahren konnte. Es genügt nicht zu sagen, daß sich diese Tendenz zur Herabsetzung des geschlechtlichen Partners, von der später noch zu reden sein wird, mit der glühendsten Liebe verträgt, sie ist in diesem wie in vielen Fällen geradezu ein inte-

---

[*] Vgl. Alfred Adler, Über den nervösen Charakter, Wiesbaden 1912; Fischer Taschenbuch 6174.

50

grierender Bestandteil der Liebe. Die glühende Liebe war die einzige Form, in der er seine neurotischen Tendenzen, sich selbst und den anderen verborgen, durchsetzen konnte. Daß sie erloschen war, als die Geliebte durch ihn ihre soziale Stellung verloren hatte, ist durchaus begreiflich: Die Liebe hatte ihren Zweck erfüllt.

Auch aus diesem Beispiel ist uns klar geworden: Wo an einer sexuellen Handlung etwas verwunderlich, der Erklärung bedürftig ist, müssen wir die Sexualität beiseite lassen, um zum Verständnis zu gelangen; immer ist es ein nichtsexuelles Motiv, das in der Psychologie eines Falles eine Rolle spielt. Die Sexualität klärt uns höchstens über die physiologischen Möglichkeiten auf.

Die Fortpflanzung ist nicht das häufigste Motiv sexueller Handlungen; suchen wir nach anderen.

Das Nächstliegende ist es, die physische Lust als Ziel des geschlechtlichen Handelns anzunehmen. Von manchen Anhängern der Freudschen Schule wird wohl auch das Lustprinzip ohne weiteres mit der Sexualität identifiziert. Zweifellos hat das Lustprinzip eine richtunggebende Kraft. Wir wählen von zwei Speisen *ceteris paribus* die schmackhaftere, bloß weil sie schmackhafter ist. Und daß die Endlust beim Sexualakt gleichgültig sei, wird niemand behaupten. Auch die neueren Resultate der Sexualphysiologie bezüglich der Bedeutung der extragenitalen erogenen Zonen (H. Ellis, Freud u. a.) verdienen, gebührend – auch psychologisch – eingeschätzt zu werden. Andererseits ist aber eines zu bedenken: Wollten wir als die wesentliche Funktion der Sexualität die Lustgewinnung betrachten, so wäre die unendliche Differenziertheit unseres heutigen Sexuallebens, wären die sexuellen Abirrungen und neurotischen Variationen nicht verständlich. Die reflektorischen Vorgänge, die zur Sexuallust führen, lassen sich auf mannigfache onanistische Weise hervorrufen. Erschöpft man wirklich die Bedeutung der Sexualität, wenn man den Körper des sexuellen Partners bloß als das geeignetste Instrument zur Auslösung jenes Reflexes betrachtet, und unterscheidet sich die Masturbation wirklich bloß durch die geringere Intensität der Lust vom Sexualakt? Gewiß nicht. Das, worauf es ankommt, sind die Differenzen der Lustempfindung, die nicht physiologisch bedingt sind, sondern von der Art des Sexualobjektes abhängen. Sie sind nur psychologisch zu erklären. Freud versuchte zum Verständnis dieser Fragen zu gelangen, indem er eine Art »Antisexualität« annahm, die Verdrängung, für deren Entstehung die fortschreitende Zivilisation, vor allem soziale Faktoren, maßgebend seien. Aus der Interferenz dieser beiden polaren Tendenzen: Libido und Verdrängung, sollte die Differenzierung der Sexualität zu erklären sein. Dagegen wäre einzuwenden, daß vorerst bewiesen werden müßte, daß primitivere Völker oder auch Tiere dem bloßen Lustprinzip gehorchen, ohne jede Differenzierung. Bis dahin ist die Freudsche Theorie eine rein schematische Abstraktion, die nichts erklärt, sondern bloß die Tatsache registriert, daß es antisexuelle Tendenzen gibt. Auf diese werden wir noch zu sprechen kommen.

Für uns ergibt sich die Aufgabe, psychische Tendenzen zu finden, die mit der Differenzierung der Sexualität in Beziehung zu bringen wären. Welches psychische Erlebnis spielt nun im Sexualleben eine Rolle? Es kann nur das sein, was wir als Befriedigung im weitesten Sinne bezeichnen. Wir sprechen beim sexuellen Akt von Befriedigung im physischen Sinne und nehmen je nach dem Grade der Lust graduelle Abstufungen der Befriedigung an. Im sonstigen Leben aber verstehen wir unter Befriedigung meist das Gefühl, das eine vollbrachte Leistung, einen errungenen Erfolg begleitet. Es ist nur ein scheinbarer Unterschied, und die Sprache hat ein Recht, beides unter einem Wort zu vereinigen: So gut wie jede Befriedigung im gewöhnlichen Leben ein Lustgefühl darstellt, ebenso wird im sexuellen Bereich jede Lust wie ein errungener Erfolg empfunden. Für den normalen Sexualakt ist dies ohne weiteres verständlich; was gewisse Formen der abnormen Befriedigung anlangt, etwa Masturbation, so wird es uns gelingen, auch in diesen – neurotischen – Erscheinungen Tendenzen nachzuweisen, die in verhüllter Form dasselbe Ziel verfolgen wie die normale sexuelle Beziehung. Zunächst sei festgestellt, daß der sexuelle Akt nicht nur Sensation, Lustempfindung, sondern daß er zugleich Leistung und Erfolg ist und daß wir die Summe dieses Erlebnisses mit dem Namen »Befriedigung« bezeichnen. Schon dadurch erklärt sich eine Anzahl Differenzierungen, die bei der Annahme der vorherrschenden Geltung des Lustprinzips unverständlich wären[1].

---

1 Freud versucht der Erklärung der Differenzierungen auszuweichen, indem er die aprioristische Hypothese von den »Partialtrieben«, der »polymorph-perversen Anlage des Kindes« aufstellt. Das will sagen, daß er die abnorme Objektwahl und die perverse Betätigung als angeboren betrachtet und eine psychologische Erklärung gar nicht versucht, ganz nach der Art der Sexualphysiologen (Ellis, Moll u. a.). Nur daß er das Problem umkehrte: Während

Ich meine vor allem die Bedeutung des persönlichen Wertes in der Erotik. Zunächst sind es Schönheit und physische Kraft, die auf diesem Wege im Sexualleben zur Geltung gelangen. Darwins geschlechtliche Zuchtwahl aus dem biologischen Denken in die psychische Realität übertragen, bedeutet: Die sexuelle Lust hängt von dem Werte des Partners ab. Denn je höher der geschlechtliche Partner steht, desto mehr erfüllt es mit Stolz, von ihm geliebt zu werden. Das Verlangen, den anderen zu erobern, nennen wir Liebe. Je stärker die Leitlinie des Individuums, die auf Erhöhung des Persönlichkeitsgefühles zielt, betont ist, desto kritischer muß die Wahl des sexuellen Partners sich gestalten, desto mehr muß höchste Lust für den Geliebten, Abscheu und Ekel für den Ungeliebten sprechen. Es sei gleich hier betont, daß dies nicht die allgemeine Gültigkeit eines Gesetzes beanspruchen kann; es gibt eine Unzahl von Möglichkeiten, von denen wir im folgenden nur einzelne berücksichtigen können.

Ein Mädchen weist den gesunden, kräftigen, schönen Bewerber zurück und verliebt sich in einen schmächtigen, kränklichen, aber geistig bedeutenden Partner. Maßgebend ist ihr »Geschmack«. Eine andere wählt umgekehrt. Auch hier ist ihr Geschmack maßgebend. Beide sind stolz auf ihre Wahl.

Aber das hat mit der Sexualität nichts mehr zu tun. Sie ist überall dort, wo man sie will. Nur scheinbar ist sie das Ziel der sexuellen Handlung. Sie gesellt sich zu jeder Befriedigung auf sexuellem Gebiet, und indem sie mit ihr verschmilzt, gewinnt es den Anschein, als ob es nur auf die physische Wollust abgesehen wäre. Daß dem nicht so ist, geht aus der Tatsache der kritischen Objektwahl hervor. Diese aber ist nichts eigentlich Sexuelles mehr: denn sie folgt den ganz allgemeinen Tendenzen des Individuums, seiner Leitlinie, die eben auch für sein sexuelles Verhalten maßgebend sein muß. Nach alledem können wir die Sexuallust kaum mehr als einen psychischen Anteil der Sexualität bezeichnen. Sie ist jener Anteil des physiologischen Geschlechtsmechanismus, der am willigsten den psychischen Impulsen gehorcht.

man bisher gewohnt war, die normale Sexualität als das ursprünglich Gegebene anzusehen und für die Abirrungen eine Erklärung suchte, hypostasiert Freud die Perversität als das Primäre, Angeborene und hat dann allerdings den Vorteil, die Entwicklung der normalen Sexualität auf die Anpassung an soziale Forderungen (Erziehung) zurückzuführen. Es genügt festzustellen, daß diese Auffassung der Psychologie aus dem Wege geht. Die Theorie vom »Ödipuskomplex« wäre nun allerdings psychologischer Natur; auch sie dient der Erklärung der Differenzierungen. Darüber wird noch an anderer Stelle zu sprechen sein.

Ganz ähnlich verhält es sich mit einem anderen physischen Bestandteil der Sexualität: mit dem sexuellen Bedürfnis. Wir wollen annehmen, daß ein gewisses Maß von Geschlechtshunger physiologisch gegeben ist: will sagen, daß sich ein physiologischer Zustand der sexuellen Bereitschaft in periodischen Abständen geltend macht, der normalerweise durch den Geschlechtsakt wieder beseitigt wird. So ist es beim Tier und wohl auch bei primitiven Völkern. Die großen individuellen Differenzen des Geschlechtshungers treten erst auf einer höheren kulturellen Stufe auf. Daraus läßt sich nicht der Schluß ziehen, daß jenes physiologische Substrat sich geändert hat: Der somatische Mechanismus der sexuellen Funktion ist der gleiche geblieben. Wohl aber hat sich gezeigt, daß auf einer höheren Kulturstufe der Geschlechtshunger – der psychische Repräsentant der sexuellen Bereitschaft – nicht mehr kategorisch und starr ist wie bei den Brunsttieren, daß die Norm nach oben und nach unten überschritten werden kann, ohne daß körperliche Störungen die Folge wären. Daraus ergibt sich die Möglichkeit, nach Belieben von dem durchschnittlichen Ausmaß der sexuellen Betätigung abzuweichen – natürlich immer innerhalb der physiologischen Möglichkeiten. Für jeden Fall einer derartigen Abweichung sind aber psychologische Gründe, also Motive maßgebend, denn die physiologische Betrachtung ergibt bloß die Möglichkeit, nicht den Grund einer Abweichung im speziellen Fall. Daraus ergibt sich aber: Innerhalb der physiologischen Grenzen unterliegt das Ausmaß der sexuellen Betätigung durchaus psychischen Tendenzen. Mit anderen Worten: Der »Trieb« ist überall dort, wo eine psychische Tendenz ihn braucht. Der Mensch ist Herr seiner Sexualität geworden, er kann sie durchaus seinen persönlichen Bedürfnissen anpassen. Dem widerstreitet nicht, daß er die sexuelle Bereitschaft jedesmal als etwas Triebhaftes, als unwiderstehlichen Zwang empfindet. Auch dieses Gefühl ist unbewußt beabsichtigt. Ein Mensch, der in der festen Form seines Charakters all jene Bereitschaften ausgebildet hat, die ihm auf dem Wege zum Persönlichkeitsideal notwendig erschienen, muß auch seine sexuelle Bereitschaft in das Schema seines Lebensplanes eingeordnet haben. Daß er diese als ungewollt empfindet, ja oft wie ein feindseliges, ihm fremdes Element, gegen das er sich zur Wehr setzt, kann uns nicht täuschen: Es gehört mit dazu. Auch Charaktereigenschaften anderer Art haben den Eindruck des Willkürlichen verloren, mußten ihn verlieren, um zur Wirksamkeit zu gelangen. Man ist sexuell, wie man jähzornig ist. Der Jähzorn ist eine Eigenschaft, die gewiß stets in zielgerechter Weise vom Individuum verwendet wird. Es ist, als hätte sich der Jähzornige in irgendeiner frühen Zeit vorgenommen: Du mußt auf jeden Anlaß mit der vollen Kraft deines Temperamentes reagieren, um die anderen einzuschüchtern und dein Prestige zu wahren – und als hätte er diesen Vorsatz als solchen vergessen, die Gewohnheit des Jähzornigen aber wäre ihm geblieben, weil sie dauernd ihren Zweck erfüllte. – Eine Gewohnheit in eben diesem Sinne ist der Sexualcharakter. Er ist unüberwindlich, weil er zielgerecht ist, er erscheint unwillkürlich aus demselben Grunde, aus dem der Charakter gern als angeboren empfunden wird: um dem Gebäude mehr Festigkeit zu verleihen, es gegen die Selbstkritik zu sichern.

Eine junge Frau erweist sich in der Ehe als frigid. Nach allem, was wir hörten, kann das nur heißen: Ich will nicht. Wenn sie aber ihren Gatten liebt und selbst über ihre Frigidität unglücklich ist? Dann könnten wir annehmen, daß die Frigidität somatisch begründet ist, aber die Annahme ist willkürlich und läßt sich nicht erweisen: ein *asylum ignorantiae*. Aber nichts zwingt uns dazu, wirklich in das Dunkel der Sexualphysiologie zu flüchten, noch immer könnten wir ihre Frigidität psychologisch verstehen: als einen Widerstand gegen den sexuellen Verkehr; nur werden wir, wenn keine offenkundigen Gründe, wie Antipathie gegen den Mann, vorliegen, annehmen, daß sich ihr Widerwille gegen den sexuellen Verkehr überhaupt richtet, ohne Ansehung der Person; mit anderen Worten: Es kann sich um eine Frigidität als fixe Bereitschaft, als Charaktereigenschaft handeln, die in früher Jugend zur Sicherung gebildet wurde. Das heranwachsende Kind ahnt Gefahren im Geschlechtsleben, es übertreibt sie aus Vorsicht und bildet eine starke Schutzwehr dagegen, als ob es sagen wollte: Du darfst nicht sexuell sein. Nun ist sie »an das Kreuz ihrer Fiktion geschlagen« (Adler), sie kann nicht zurück. Der Protest gegen die Sexualität äußert sich dann als Bereitschaft und als Frigidität in der Ehe. Sie benimmt sich also, als ob sie asexuell geboren wäre. Darum muß sie unglücklich darüber sein, wie über einen angeborenen Defekt und unbeschadet ihrer Sympathie für den Gatten, wird sie den Gefahren der Sexualität mit geringen Opfern entgangen sein.

Was haben wir unter den Gefahren der Sexualität zu verstehen? Es ist selbstverständlich, daß wir die subjektive Angst vor der Sexualität, die uns in der Neurose auf Schritt und Tritt begegnet, nicht mit dem Hinweis auf tatsächliche Gefahren, wie Krankheit, finanzielle oder soziale Einbuße, erledigen können. Diese Gefahren sind allen Menschen mehr oder weniger gemeinsam, und es gibt sehr vorsichtige, ja überängstliche Leute, die gleichwohl die Sexualität trotz jener realen Gefahren nicht in Acht und Bann getan haben, sondern mit entsprechenden Vorsichtsmaßregeln ganz gut auskommen. Einen Syphilidophoben dagegen durch Empfehlung idealer Schutzmaßregeln heilen zu wollen, wäre ein vergebliches Bemühen. Andererseits kann sich die Angst vor der Sexualität ganz unabhängig von wirklichen Gefahren entwickeln, zu einer Zeit, wo diese noch gar nicht bekannt sind. Wir müssen das Verhältnis des Kindes zu den Sexualproblemen einer näheren Betrachtung unterziehen.

Wir kennen die Art des Kindes: seine rücksichtslose Geltungssucht, auf dem spezifisch kindlichen Wege: Durch seine Hilflosigkeit und Schwäche zwingt es die Erwachsenen in seinen Dienst und erfüllt so das Ideal des »Märchenprinzen«; erst später und im Gegensatz dazu entwickeln sich aggressive Tendenzen, die durch Selbsterziehung das Kind zum Erwachsenen machen sollen. Zwischen diesen beiden Möglichkeiten, der Geltung durch Schwäche und Hilfe der anderen und der Geltung durch Stärke und Selbsthilfe, schwankt das Kind, bis reale Erlebnisse für die eine oder die andere Richtung entscheiden.

Welche Rolle nimmt nun hier das Sexualproblem ein? Das erste, was das Kind davon kennenlernt, ist der soziale Unterschied zwischen Männern und Frauen. Es sieht ihn bei Vater und Mutter, bei Brüdern und Schwestern. Es ist kein Zweifel, daß es zu diesen Beobachtungen Stellung nehmen muß. Und der durchaus wertende Charakter des kindlichen Denkens bringt es mit sich, daß ihm je nach den Umständen die männliche oder die weibliche Rolle wünschenswerter erscheinen wird. Im allgemeinen wird seine Wertung sich der seiner Umgebung anschließen. Nun bringen es unsere gesellschaftlichen Verhältnisse mit sich, daß fast durchwegs die Stellung des Mannes gegenüber der der Frau überlegen ist. Das Kind aber will »oben« sein. Diese Tendenz kann sich im Zusammenhang mit jener Beobachtung der sozialen Unterschiede nur in dem Wunsche äußern: Ich will ein Mann sein. Ist diese Einstellung einmal gegeben, so kann sich in ihr die kindliche Alternative, von der wir oben sprachen: Schwäche oder Selbsthilfe (Aggression) symbolisieren, gleichsam sexualisieren:

Schwäche wird mit Weiblichkeit, Aggression mit Männlichkeit verschmolzen. Uns allen ist diese tendenziöse Übertreibung der Geschlechtsunterschiede so in Fleisch und Blut übergegangen, daß wir nur zu leicht, auch als Erwachsene, geneigt sind, Mann und Weib als diametrale Gegensätze zu empfinden, von einem starken und einem schwachen Geschlechte zu sprechen, von »echt weiblichen« und »echt männlichen« Eigenschaften. Es kostet Mühe, sich zu überzeugen, daß Mann und Weib so wenig Gegensätze sind wie etwa zwei verschiedene Maschinen in einem Fachbetriebe: Sie haben verschiedene Arbeiten zu leisten, sie sind nicht gleich, aber auch nicht gegensätzlich. Die etwa tatsächlichen charakterologischen Unterschiede lassen sich alle auf jene schematische Apperzeption des Kindes zurückführen, die begreiflicherweise auf die Tendenzen und Bereitschaften der Erwachsenen einen richtungsgebenden Einfluß ausüben. Die Schärfe des fingierten Gegensatzes und seine Überspannung fügen sich ganz dem Schema der Weltordnung, das sich das Kind konstruiert. Die Vorstellungen »Schwäche-Stärke«, »weiblich-männlich«, »kindlich-erwachsen« konstituieren eine Bipolarität des Denkens und Empfindens, die dann regelmäßig in die Realität hinausprojiziert wird, als ob die Welt nach diesem Schema gebaut wäre, das unseren Tendenzen entsprang.

Der Wunsch, ein Mann zu sein, tritt nun immer dann verstärkt auf, wenn das Kind durch irgendein Erlebnis an seine Schwäche gemahnt wird. Umgekehrt wird der Knabe sich bei jedem Versuch der Aggression selbst an seine Schwäche erinnern; wo Sexuelles im Spiele ist, wird er sich durch Zweifel an seiner Geschlechtsrolle (Adler) vor einem Mißerfolg im vorhinein zu sichern trachten. Die Frage: »Bin ich ein Mann?« kann sowohl als Ansporn wie als Vorsicht verwendet werden. Und noch zu einer Zeit, wo der Heranwachsende längst über die Unzerstörbarkeit seines Geschlechtscharakters beruhigt sein muß, kleiden sich jeder Zweifel an den eigenen Fähigkeiten und jeder Versuch der Aggression in das symbolische Gewand der Frage: »Bin ich ein Mann?« des sexuellen Schemas. So gelangt das Wort »Männlichkeit« zu einer Bedeutung, die weit über die sexuelle hinaus geht. Und so ist es zu erklären, daß eine Neurose ohne sexuellen Inhalt, wie Freud richtig bemerkte, tatsächlich kaum vorkommt. Aber nicht das sexuelle Verhalten ist, wie Freud meinte, vorbildlich für das allgemeine Verhalten des Individuums, sondern seine Sexualität folgt dem

Schema der Gesamtpersönlichkeit und wird zu deren Symbol erhoben. Alle seine Konflikte, das Extreme seiner sichernden und aggressiven Charakterzüge werden unter der Schablone »Mann-Weib« in der Sexualität des Neurotikers zutage treten; denn der Neurotiker zeichnet sich durch die schärfste Ausprägung jener schematischen – kindlichen – Apperzeption aus.

Ist der Knabe einmal zur Kenntnis der somatischen Geschlechtsunterschiede gelangt, dann kann sein Verlangen nach Männlichkeit sich in erhöhtem Interesse für sein Sexualorgan ausprägen. Eine etwa schon früher geübte, sozusagen rein körperliche Masturbation erhält dann psychischen Inhalt und wird auf lange Zeit fixiert. Sie dient ihm jederzeit als Hinweis auf seine Männlichkeit. So erklärt sich der überaus häufige Befund, daß Knaben und nervöse Erwachsene – die eben hierin Kinder geblieben sind – auf Enttäuschungen, Demütigungen und Angst mit masturbatorischen Akten oder Pollutionen reagieren. Oft stellt es sich ihnen in der Erinnerung so dar, als hätten sie jene Unlustgefühle durch die Lust der Masturbation kompensieren wollen. In Wahrheit handelt es sich wohl meist um die Tendenz, in einer ungünstigen oder gefährlichen Situation durch die Betonung der Männlichkeit Trost und Sicherheit zu suchen. So verschmilzt schon in dieser frühen – eigentlich vorsexuellen – Zeit die Genitallust mit dem Gefühl der befriedigten Männlichkeit – eine Verknüpfung, die später beim Erwachsenen ihre volle Gültigkeit behält, wenn sexuelle Potenz und Männlichkeit identifiziert werden. Andererseits können sich die Minderwertigkeitsgefühle des Knaben in der Angst um die Kleinheit seines Genitales symbolisieren, und die dadurch gegebene Sexualisierung seiner Konflikte kann in einer späteren Neurose zu Symptomen sexueller Art führen, die aber stets als Vertreter viel allgemeinerer Tendenzen des Individuums aufzufassen sind.

Wir haben bisher ausschließlich die psychosexuelle Entwicklung des Knaben berücksichtigt. Bei Mädchen erwartet man *a priori* grundsätzlich andere Verhältnisse; tatsächlich muß die Entwicklung von dem Punkt an, wo beim Knaben die somatischen Geschlechtsunterschiede eine Rolle zu spielen beginnen, beim Mädchen andere Wege einschlagen. Die sehr verschieden lange Zeit aber, die bis dahin verstreicht, bringt es mit sich, daß sich schon vorher auch beim weiblichen Geschlecht der Wunsch, ein Mann zu sein, widerspruchslos durchsetzt, und das ebenso wie beim Knaben aufgrund der Wahrnehmung der sozialen Geschlechtsunterschiede. Es erscheint nun merkwürdig, daß sich die Aussichtslosigkeit dieses Verlangens nur ganz allmählich dem Kinde aufdrängt. Das normale Mädchen wird so im Laufe der Kindheit ein Stadium der Resignation durchmachen, bis es sich in die Rolle des Weibes hineinzufinden beginnt, bis es erkennt, daß auch ein weibliches Persönlichkeitsideal, ein Triumphieren mit weiblichen Mitteln, möglich ist. Damit soll nicht gesagt sein, daß dies jedem Mädchen klar zum Bewußtsein kommen muß. Die Bewußtheit dieses Konfliktes ist offenbar von dem Zufall abhängig, ob das Kind in dieser Zeit seiner Entwicklung schon über genügende Intelligenz verfügt, um das zu verstehen, was in ihm vorgeht. Das wird recht selten zutreffen. Wer jedoch richtig zu beobachten versteht, wird die innere Umkehr aus der äußeren Attitüde des Mädchens leicht erraten, aus der eigenartig stillen, verhaltenen Art, wie es aus der Zeit der Knabenspiele sich ganz in seine Puppenwelt zurückzieht. Der einzige Gedanke, der dabei bewußt werden mag, ist etwa: Es schickt sich nicht mehr, mit den Buben zu spielen; dazu bin ich schon zu groß. Damit hat es sich seine Leitlinie für alle Zukunft vorgezeichnet: Nun gelangt es dauernd auf den Weg, seine Schwäche zur Stärke zu machen; es bleibt in diesem Sinne viel mehr Kind als der Mann, und wir erkennen bei der erwachsenen Frau als normal an, was beim erwachsenen Manne ein Zeichen neurotischer Disposition wäre: eben die »Weiblichkeit« als Charakterzug. Eine pathologische Entwicklung aber, die auch beim Mädchen an ein verstärktes Gefühl der Minderwertigkeit anknüpft, kann hier ein Wunsch, ein Mann zu sein, in solcher Stärke hervortreten lassen, daß er die frühe Kindheit überlebt. Diese Frauen müssen dann ständig im Kampf mit ihrer weiblichen Organisation und mit der Rolle leben, die ihnen in der heutigen Gesellschaft zugewiesen wird. Das somatisch Sexuelle, das schon beim normalen Weib viel mehr als beim Manne als Pudendum empfunden wird, kann bei der nervösen Frau mit Ekel und Abscheu betrachtet und hinweggeschoben, »verdrängt« werden, eben weil es der wunde Punkt ihrer Persönlichkeit ist, jene Tatsache, über die sie nicht hinwegkommt. Wenn eine solche Frau der Ehe ausweicht oder beim Eintritt in die Ehe frigid bleibt, so werden wir die Tendenz, die sich darin ausspricht, verstehen: Sie will kein Weib sein. Wenn sie in Kleidung, Benehmen, Beruf »unweiblich« erscheint, so dürfen wir annehmen, daß sie einem Ideal der Manngleichheit folgt. Sie ignoriert die Tatsachen und sucht sie psychisch und äußerlich zu kompensieren.

Nach all dem muß es scheinen, als wäre das Weib von Natur aus im Nachteil und zur Neurose disponiert. In Wahrheit entspricht der andersartigen Organisation des Weibes die große Verschiedenheit der sozialen Forderungen, die an die Frau gestellt werden. Erst wenn in einer sozialen Gemeinschaft jener qualitative Unterschied der Geschlechter als ein quantitativer Unterschied mißverstanden wird – eine Umwertung, die die neurotische Disposition der Männer schon zur Voraussetzung hat –, wenn also das Weib als minderwertig stigmatisiert wird, dann sind die Verhältnisse tatsächlich zu ihren Ungunsten verschoben. Dies mag der Grund dafür sein, daß man in unseren Tagen wirklich mehr Frauen als Männer unter den nervösen Patienten findet.

Die fehlerhafte Wertung der Geschlechter geht aber vom Manne aus. Die Entwertung der Frau ist ein regelmäßiger Bestandteil der neurotischen Disposition (Adler). Aus der Eigenart des schematischen Denkens ergibt sich jener scharfe Kontrast zwischen unten und oben, der mit dem konstruierten Gegensatz von Mann und Weib identifiziert wird. Die Entwertung der Frau ist dem nervösen Mann ein Ansporn zu größerer Männlichkeit. Wenn aber die neurotisch disponierte Frau diese Wertung akzeptiert – und das tut sie immer –, so werden wir das aus ihrer Tendenz zur Manngleichheit zu begreifen wissen.

Aber dies ist nicht die einzige Art, wie der neurotisch Disponierte zum Sexualproblem – einem »Problem«, das erst durch seine schematische Apperzeption dazu geworden ist – Stellung nimmt. Wir sagten schon, daß beim Knaben die Unsicherheit bezüglich seiner Geschlechtsrolle einen wichtigen Faktor darstellt, indem sie gewissermaßen zum Symbol seines Schwächegefühls überhaupt wird. Dort, wo dieses Schwächegefühl so stark akzentuiert ist, daß es, zeitlebens unüberwindlich, zur neurotischen Disposition führt – beim nervösen Mann also –, wird auch der Zweifel an der Männlichkeit die Kindheit überdauern. Zu einer Zeit, wo er mit den spezifisch sexuellen Funktionen zu rechnen beginnt, stellt sich dann die Angst ein, dem Weibe nicht zu genügen. Es ist ersichtlich, daß diese Angst vor allem symbolische Bedeutung besitzt. Sexuelle Leistungsfähigkeit bedeutet ihm Leistungsfähigkeit überhaupt, und Angst vor Impotenz ist Angst vor Unfähigkeit. Aber unbeschadet dessen äußert sich die Sexualisierung der Konflikte auch darin, daß der Kampf mit den Anforderungen des Lebens zeitweise ganz aufs sexuelle Gebiet übertragen und als Kampf mit dem Weibe geführt wird. Das Erste ist nun die Angst vor der Frau. Sie wird zum Repräsentanten all jener Gefahren, die das Schwächegefühl des Neurotikers im Interesse der Sicherung im Auge behält und vergrößert, im Sinne jener sichernden Charaktereigenschaften der Schwäche, die der Neurotiker aus seiner Kindheit übernommen hat. Diese Angst wird nun zu voller Schärfe entwickelt – als Stimulans und als Rückendeckung. Der Neurotiker bedarf ihrer entweder, um seine Aggression zu verschärfen oder um sich ganz in sie zurückzuziehen und der Frau und dem Leben dauernd auszuweichen. Und so wird die Frau, wenn sie einem zum Feind gestempelt ist, ins Maßlose vergrößert. Das äußert sich in der Form von Weltanschauungen, gesellschaftlichen Gewohnheiten und so weiter. So kann ein Neurotiker zu der Ansicht kommen, daß die Frau durch Gesetz und Gesellschaft viel besser gestellt sei als der Mann, daß ihre »Minderwertigkeit« durch jene Vorteile bei weitem kompensiert werde – das sind engagierte Antifeministen, die immer wieder für orientalische Gesellschaftszustände plädieren möchten. Ein anderer stellt die Frau auf ein Piedestal der Vollkommenheit, vergöttlicht sie, spricht sie heilig – und weicht unter der Form der romantischen Frauenverehrung, die jedes Weib zur Jungfrau Maria erhebt, der sexuellen Beziehung aus. Ein dritter wird zum Don Juan, macht das Weib zu seinem einzigen und höchsten Lebensinteresse und erobert eine nach der anderen, um nicht einer einzigen zu unterliegen. Das sind die galanten Junggesellen und Ehefeinde. Ein vierter flüchtet sich vor den Gefahren der Sexualität gerade in die Ehe, unterwirft sich der Frau und rächt sich an ihr durch psychische Impotenz. Alle sagen dasselbe: Sie fürchten das Weib, sehen sie als Gefahr an und führen den Kampf in irgendeiner Form. Alle aber halten dabei jene andere Linie fest, die zur Entwertung der Frau führt, spinnen Verknüpfungen zwischen den beiden an und scheuen vor den schärfsten Widersprüchen zwischen Entwertung und Überschätzung nicht zurück. Dann wird etwa von der Sinnlichkeit des Weibes und der Geistigkeit des Mannes gesprochen, und die Überschätzung fällt dem sinnlichen, die Entwertung dem geistig arbeitenden Weibe zu. Gelegentlich kann es dann auch umgekehrt sein. Das Ziel ist immer dasselbe.

Die nervöse Frau aber strebt vor allem nach Manngleichheit. Darum folgt sie gerne dem Manne in der Entwertung der Frau, etwa auf dieselbe Art, wie ein Jude den Antisemitismus dadurch zu überwinden glaubt, daß er sich selbst als Antisemiten bekennt. Die Unduldsamkeit der »anständigen Frau« gegen das Weib mit freieren Sitten gehört hierher, aber ebenso die Verachtung der Kokotte für die ehrsame Bürgersgattin. Überall wo Frauen gegen Frauen stehen, usurpieren beide Teile einen männlichen Standpunkt.

Aber die Dialektik der Gefühle läßt noch andere Möglichkeiten zu. Mann und Weib können aus ihrer Kampfstellung heraus zu einer leidenschaftlichen Entwertung der Männlichkeit gelangen. Beim Manne bedeutet das offenbar den Verzicht auf eine Rolle, der er sich nicht gewachsen glaubt und die er eben darum entwertet; beim Weibe eine Waffe im Kampfe, eine Herabsetzung des Gegners. Eine Überschätzung der Männlichkeit, die man auch wohl beobachten kann, ist der direkte Ausdruck des Wunsches, ein Mann zu sein, und das Korrelat zur Entwertung der Frau. Wir sehen: Alle Formen der Entwertung und Überwertung kommen vor; das Wesentliche ist offenbar die Tatsache, daß überhaupt gewertet wird. Darin liegt schon der prinzipielle Fehler. Daß die Wertung zu hoch oder zu tief ausfällt, nie aber das Richtige trifft, ergibt sich daraus, daß sie *a priori* vom Interesse diktiert ist.

Eine Frau, die sich in ihre weibliche Rolle nicht gefügt hat, muß die Sexualität mit dem Bann belegen. Der Kampf gegen den Mann und der Kampf gegen die Sexualität sind eines. Angst vor der Ehe und Frigidität sind oft sein Ausdruck, in anderen Fällen zügellose Sinnlichkeit bis zur Nymphomanie als Folge des Ideals der Manngleichheit. In ihrer schärfsten Form kann die Angst vor dem Manne und die Feindschaft gegen ihn zur Homosexualität führen.

Auch der Mann geht oft den Weg bis zur schärfsten Feindschaft gegen die Sexualität. Fast immer hat er Angst vor ihr. Diese Angst nimmt vielfache Formen an. Er kann seine Sinnlichkeit künstlich steigern, übertreiben, um all seine Insuffizienz im Leben auf die Sexualität zu schieben. Gerne wird in diesem Sinne die frühere Masturbation beschuldigt. Oder er verharrt als Erwachsener bei der Masturbation und begründet dies vor sich selbst mit Sparsamkeit und Angst vor Geschlechtskrankheiten. Dann nimmt er sich jeden zweiten Tag vor, fortan keusch zu bleiben, und »unterliegt immer wieder« – wie er sich ausdrückt – »im Kampf mit seiner allzugroßen Sinnlichkeit«. So zeigt er sich immer aufs neue, wie schwach er ist, und von diesem stets genährten Schwächegefühl aus, tritt er ans Leben heran, als ob er besondere Rücksicht fordern dürfte und stets auf der Hut vor Niederlagen sein müßte. Das scheue, linkische Benehmen, das vielfach als Kennzeichen des Masturbanten betrachtet wird – obwohl es zweifellos auch ohne Masturbation vorkommt –, ist nichts als der Ausdruck jenes Insuffizienzgefühls und jener extremen Vorsicht, die auch zur Masturbation führt. Daß diese als die Ursache der Charakteranomalie anzusehen sei, ist also nicht richtig, so nahe es auch liegen mag, hier an eine ätiologische Beziehung zu denken. Man denkt an Anomalien der inneren Sekretion, die zu Charakterveränderungen führen, kommt aber über die Verlegenheit, daß sich der physiologische Mechanismus der Masturbation von dem des Sexualaktes nicht im geringsten unterscheidet, nicht hinweg. Die hier gegebene (Adlersche) Auffassung ist offenbar die einzig mögliche: Sie faßt die Charakteranomalie, die neurasthenischen Begleiterscheinungen und die Masturbation als koordinierte Symptome auf, die auf eine in der Kindheit entstandene neurotische Disposition hinweisen. Die sogenannten Folgen der Masturbation, lauter Symptome der Schwäche und Widerstandslosigkeit, sind ein notwendiges Glied der logischen Kette, die der Nervöse verfolgt. Hätte die Masturbation keine schädlichen Folgen, dann hätte sie keinen Wert für ihn. Darum produziert er die schädlichen Folgen. Auf der Schwäche ist sein Lebensplan begründet; es ist die Schwäche des hilfsbedürftigen Kindes. Der Masturbant ist zu allem unfähig: Man muß für ihn sorgen. Vor sich selbst hat er jedenfalls diese Ausrede. Dann muß die Masturbation schädliche Folgen haben. Der Masturbant sorgt dafür, und Ärzte bestärken ihn darin. Man versuche ihm zu sagen, daß es unschädlich sei: Man kann ihm nichts Schlimmeres antun; er glaubt es nicht, weist immer wieder auf seine Beschwerden hin, spricht von kostbaren Säften, die dem Rückenmark verloren gehen, kurz, er verteidigt seine heiligsten Überzeugungen.

Eine andere Möglichkeit, mit den Gefahren der Sexualität fertig zu werden, bietet die Perversion. Fetischismus, Homosexualität, Sadismus, Masochismus usw. sind Abirrungen, die alle in irgendeiner Form, meist symbolisch, die Angst vor der Frau, ihre Entwertung oder die Feindschaft gegen sie ausdrücken. Sie bleiben unverständlich, wenn sie für sich betrachtet werden, statt im Zusammenhang mit der Gesamtpersönlichkeit des einzelnen. Haben wir aber dieselben Tendenzen, die wir im sexuellen Verhalten vermutet haben, auch in allen anderen Lebensäußerungen des Betreffenden festgestellt, dann dürfen wir wohl annehmen, daß sein sexuelles Verhalten nichts anderes ist als eine schematische Darstellung seiner Lebenslinie, eine Sexualisierung derselben Konflikte, die für sein ganzes Leben maßgebend sind.[2] Wir werden vor allem nicht in den Fehler verfallen, die Sexualität zu überschätzen. Das hieße oft genug, dem Kranken recht geben und seine Krankheit sanktionieren. Der Neurotiker hat dank der materialistischen Richtung, die jetzt mehr als jemals unsere Wissenschaft beherrscht, die Möglichkeit, all seine Fehler und Schwächen als Wirkungen eines unabwendbaren Fatums darzustellen. Wo einst der Seelsorger bemüht war, gleichsam psychotherapeutisch Charakterdefekte zu beeinflussen, die unter der gesunden, wenn auch fiktiven Voraussetzung eines freien Willens verstanden wurden, dort spricht man heute von Vererbung, Keimschädigung, moralischem Schwachsinn. Die berühmte Humanität der modernen Wissenschaft verurteilt damit den Patienten zur Unheilbarkeit. Jene Erklärungen müßten eine letzte Zuflucht sein, wenn das individuelle Leben des Betreffenden zum Verständnis nicht mehr ausreicht. Aber sie dürfen nicht *a priori* jedem psychologischen Erklärungsversuch ausweichen, der auf jeden Fall mehr Wahrscheinlichkeit für sich hat als die luftigen physiologischen Hypothesen. Verständlich ist das blinde Vertrauen zu diesen beim Patienten und ihr Widerstand, sobald sie merken, daß man etwa geneigt ist, sie für ihr sexuelles Verhalten irgendwie verantwortlich zu machen. Es geht um ihre heiligsten Güter. Die Flucht ins Somatische war ihnen ein Mittel, ihre Krankheit zu fixieren. Die un-

2 Der Freudsche »Inzestkomplex« muß dort, wo er sich wirklich findet und nicht bloß von dem voreingenommenen Psychoanalytiker hineininterpretiert wurde, ganz ebenso verstanden werden wie die Perversionen. Der Neurotiker, der vorgibt, seine Mutter zu begehren, kann damit etwa den Zweck verfolgen, seine Sexualität als Schreckgespenst ins Riesenhafte zu vergrößern: So unersättlich sei er, daß ihm selbst die Mutter nicht heilig sei; die Nutzanwendung daraus besteht in einer erhöhten Vorsicht, auf die es von Anfang an abgesehen war. Oder er kann, wenn er etwa ein Homosexueller ist, die Mutter lieben, eben weil sie die einzige Frau ist, bei der das Sexualproblem ausgeschaltet ist (Adler). Es genügt, auf diese beiden Möglichkeiten hinzuweisen, um zu zeigen, wie sehr die Analytiker der Freudschen Schule den Standpunkt des Patienten akzeptiert und dessen Ideen als Realitäten mißverstanden haben, ohne sie aufzulösen. Die Inzestidee wird dem Arzt oft genau »auf dem Präsentierteller entgegengetragen«, und wenn sie wirklich der Weisheit letzter Schluß wäre, so brauchte der Patient den Arzt nicht. Aber sie ist ein Symptom wie viele andere und hat keinerlei ätiologische Bedeutung.

überwindliche, angeborene, ererbte Sinnlichkeit war das Fatum, das nun so liebenswürdig war, in dieser Charakterkomödie die Rolle des Bösewichts zu übernehmen. Eine innere Nötigung trieb sie dazu, die Existenz eines freien Willens als etwas Unmögliches zu empfinden. Die an sich richtige Vorstellung von den mechanistischen Zusammenhängen alles Weltgeschehens war ihnen ein willkommener Vorwand, das Willensproblem völlig auszuschalten, als ob es einen Willen überhaupt nicht gäbe. In diesem Sinne handelt es sich tatsächlich bei jeder Neurose um einen Denkfehler im Sinne Dubois', nur daß wir diesen Denkfehler begreiflich und notwendig finden, solange der Kranke seinen überspannten Tendenzen Gefolgschaft leistet; diese aber tragen in Wahrheit die Schuld.

Das körperliche Moment kann nur in einem Sinne an der Entwicklung der Psychosexualität wesentlich und individuell beteiligt sein: Organminderwertigkeiten sind im allgemeinen von höchster Bedeutung für die Gestaltung des Charakters. Betreffen sie aber das Genitale, dann werden sie zu der Zeit, in der der Knabe den Zusammenhang zwischen Genitale und Männlichkeit zu ahnen beginnt, von wesentlicher Bedeutung sein. Die Tatsache, daß Konstitutionsanomalien, die mit Genitalminderwertigkeit einhergehen (*Status thymico-lymphaticus*), eine Disposition zur Neurose schaffen, ist klinisch und anatomisch gut belegt (Adler, nach ihm Bartel). Das aber ist buchstäblich der einzige physiologische Faktor, der eine Art ätiologischer Verknüpfung zwischen Sexualität und Neurose erlaubt.

Immer wieder scheint es im Laufe einer Behandlung, als müßte man sich mit dem Patienten in ein wissenschaftliches Gespräch über die Rolle der Sexualität einlassen. Das sieht wie eine unnötige Abschweifung aus, und doch ist man mit der objektiven Diskussion über dieses Thema schon mitten in die neurotischen Mechanismen hineingelangt. Nicht die Sexualität des Patienten, sondern seine Auffassung des sexuellen Problems ist das Wesentliche, wenn auch nicht als Ursache, so doch als wesentliches Symptom der Erkrankung. Als solches kann es sogar erhebliche diagnostische Wichtigkeit bekommen. Wollte man diesen ganzen Komplex von typischen Reaktionen, Tendenzen, Widerständen, den wir die Sexualität des Menschen nennen, einfach mit dem Begriff »Libido« abtun, so wäre das eine fehlerhafte Vereinfachung, die vom Verständnis weit abführt. Man darf sagen: Wir haben es überhaupt nicht mehr mit Instinkten zu tun; was von dieser Art etwa beim Kinde vorhanden war, ist »intelligent« geworden, der Ausbruch eines elementaren Instinktes in dem zielgerecht geordneten Haushalt unserer Psyche ist an sich nicht vorstellbar. Insofern wir sexuelle Handlungen, Gefühle, Impulse in die Reihe psychischer Erlebnisse einordnen, verlieren sie ihre Bedeutung als Selbstzweck, sie müssen sich den Zielen der Gesamtpersönlichkeit unterordnen, sonst bezeichnen wir sie nicht als psychisch. So wird der sexuelle Mechanismus zum Organ der Persönlichkeit, das von ihm nach Willkür verwendet wird. So wenig als ich meiner Hand autonome Impulse zuschreibe, die von mir nicht gewollt sind, so wenig darf ich die Sexualität aus der Einheit der Psyche isolieren und mich zufrieden geben, wenn ich eine Handlung als sexuell erkannt habe. »Ich werde von meinen Trieben beherrscht«, sagt mancher: Wir schließen daraus, daß er so tut, als ob er von seinen Trieben beherrscht würde. Und unsere nächste Frage ist: Wozu tut er so, als ob…? Denn die Sexualität ist ein Organ der Psyche.

Zur Entwicklung der Individualpsychologie

I

Die moderne Psychologie hat zu wiederholten Malen von der Beschäftigung mit dem abnormalen Seelenleben her bedeutsame Anstöße erfahren. Nie aber waren die Brücken, die von der Betrachtung der kranken zu der gesunden Psyche führten, so zahlreich und so tragfähig wie die von der Psychoanalyse und Individualpsychologie errichteten, die, ursprünglich ärztliche Heilmethoden zur Behandlung neurotischer Erkrankungen, heute den Anspruch erheben, uns auch den psychischen Organismus des Gesunden in ganz neuem Lichte zu zeigen. So dürfen beide Schulen heute wohl auf das zumindest prüfende Interesse eines jeden rechnen, der ein Psychologe in dem tieferen Sinne ist, daß es ihn nach einer Aufdeckung des inneren Zusammenhanges unseres Seelenlebens verlangt. Auf eine ausführliche Darlegung bestimmter Fälle müssen wir freilich mit Rücksicht auf ihren Umfang von vornherein verzichten; aber wir können nicht hoffen, ohne sie volles Verständnis zu vermitteln, geschweige denn volle Überzeugung herbeizuführen. Die Verfasser* würden also ihre Absicht für erreicht halten, wenn sie durch die folgenden Ausführungen den Leser anregten, die einschlägige Literatur zu verfolgen, aber auch seinem eigenen Seelenleben nachzuspüren.

Es ist Josef Breuers Verdienst, zum erstenmal gelegentlich eines Falles von Hysterie auf die Tatsache unbewußter Mechanismen in der Psychogenese der Neurosen hingewiesen zu haben. Es ergab sich, daß gewisse Handlungsweisen und Gedankengänge des Patienten (oder auch des Normalen) unverständlich blieben, bis eine Bewußtseinslücke ausgefüllt wurde. Dann aber stellte sich heraus, daß die Betreffenden auch früher schon so gehandelt hatten, als ob die erst jetzt ins Bewußtsein gehobenen Erinnerungen (Phantasien, Gedanken) schon bestimmend gewirkt hätten. Um diesen Tatbestand festzustellen, hat die Psychoanalyse den Hilfsbegriff der unbewußten

---

* Diesen Beitrag hat Erwin Wexberg zusammen mit C. Furtmüller verfaßt. Anm. d. Hg.

Vorstellung gebildet. Es handelt sich also bei diesem Terminus, wie ihn die Psychoanalyse braucht, nicht um psychische Phänomene, die wegen zu geringer Bedeutung unter der Schwelle des Bewußtseins bleiben, sondern um Kräfte, die ungeachtet ihrer hohen Wertigkeit, ja gerade derenthalben, vom Bewußtsein ausgeschlossen bleiben.

Für Breuer entstand die psychische Erkrankung dadurch, daß wegen der Verdrängung des Erlebnisses aus dem Bewußtsein der damit verbundene Affekt an seinem normalen Ablauf gehindert war. Die Kur machte mit der Erinnerung auch den Affekt wieder frei und führte ihn der Erledigung zu. Er nannte deshalb seine Methode »kathartisches (reinigendes) Verfahren«. Haben diese Aufstellungen auch in der Folge mannigfache Korrekturen erfahren, so bieten sie im Kerne doch eine Erkenntnis von bedeutender Tragweite. Sie zeigen, daß man bei sich und anderen gegen unerwünschte psychische Angriffe nicht dadurch wirksam ankämpfen kann, daß man ihnen einfach den Weg zur Äußerung und Betätigung versperrt; sie wirken dann unerkannt und unbewacht um so gefährlicher. Und so gelangen wir schon von den Anfängen der Psychoanalyse aus zu dem wichtigen pädagogischen Grundsatze, der mit der Theorie weniger in Widerspruch steht als mit unserer Praxis in Haus und Schule: Fruchtbare sittliche Erziehung ist nur möglich durch Erweiterung des Bewußtseins, nicht durch seine Einschränkung.

War auch das schon Erreichte wichtig genug, so bedeutete das neue Verfahren auf dieser Stufe doch nicht mehr als eine ärztliche Heilmethode. Die Möglichkeit, sich darüber hinaus zu einem neuen unentbehrlichen Forschungsmittel der Psychologie zu entwickeln, erhielt es erst durch einen Schritt Sigmund Freuds, der das von Breuer Begonnene bald selbständig und genial fortsetzte. Praktische Erwägungen legten es ihm nahe, einen Weg zu suchen, der die Anwendung des neuen Verfahrens ohne Hypnose ermöglichte. So kam Freud nach einem Übergangsstadium zu folgendem Verfahren: Der Patient wurde aufgefordert, sich dem freien Lauf seiner Vorstellungen zu überlassen und zu sagen, was ihm einfalle. Bedingung war dabei, daß er wirklich alle Einfälle dem Arzte mitteilte, auch wenn sie ihm unsinnig, nicht zur Sache gehörig, peinlich erschienen. Indem nun der Arzt im Auge behielt, wo verschiedene Reihen von Einfällen sich einem gemeinsamen Knotenpunkt zu nähern schienen, vor allem aber, indem er festhielt, daß die scheinbar zufällige Aufeinanderfolge zweier

Einfälle auf einen inneren Zusammenhang hinweise, konnte er erraten, in welche Richtung die Gedankengänge des Patienten drängten. Er vermochte diesen dann durch einzelne Aufklärungen, bei denen er seine an anderen Patienten erworbenen Erfahrungen verwertete, vor allem aber, indem er Abbiegen und Steckenbleiben zu verhindern suchte, bei seiner Selbstbesinnung zu unterstützen. Denn im Wesen ist ja die psychoanalytische Methode nichts anderes als kunstmäßig geleitete Selbsterforschung.

Bei dieser Art der Kur nun war es notwendig, daß sich im Laufe der Zeit – eine psychoanalytische Behandlung dauert oft viele Monate, mitunter Jahre – das ganze Leben des Patienten, von der frühesten Jugend bis auf die Gegenwart, in seinen großen Erlebnissen und in den scheinbar unwichtigen Details, in seinen offensichtlichen Handlungen wie in seinen geheimsten Wünschen und Befürchtungen vor den Augen des Arztes abrollte. Er erhielt so eine Biographie seines Patienten, vermehrt um das, was man bei der Niederschrift einer Lebensbeschreibung unterdrückt; dazu kam noch, was vor der Behandlung der Patient nicht einmal sich selbst eingestehen konnte und wollte. Hier scheint mir das Moment zu liegen, durch das das neue Verfahren am tiefsten in den Entwicklungsgang der Psychologie einzugreifen bestimmt ist. Die bisherige Psychologie verfährt so, daß sie aus dem Zusammenhang des psychischen Lebens einzelne Erscheinungen oder Reihen und Gruppen von Erscheinungen herausgreift. Indem sie diese jetzt weiter zu zergliedern sucht und untereinander vergleicht, kommt sie allerdings zu wissenschaftlichen Beschreibungen und zur Feststellung gesetzmäßiger Abläufe; aber durch das Wesen ihres Verfahrens selbst hat sie sich zwei Grenzen gesteckt. Einmal erstreckt sich ihre Betrachtung immer auf das Formale des psychischen Ablaufs: Die Materie des Seelenlebens entzieht sich aber ihrer Untersuchung. Und damit steht dann ein Zweites in innerem Zusammenhang: Es war der bisherigen Psychologie versagt, zum Verständnis der lebendigen Einheit des individuellen Seelenlebens vorzudringen*. Die wissenschaftliche Bearbeitung des Inhaltes der Psyche und die Erforschung der Persönlichkeit sind also die beiden wesentlichen neuen Aufgaben, die die Psychoanalyse stellt.

* Daher kommt es, daß die Psychologie bisher mit »Menschenkenntnis« so wenig zu tun hatte und daß sie nicht imstande war, intuitive Selbsterkenntnis, wie sie z. B. in den Werken großer Dichter niedergelegt ist, systematisch zu verwerten.

Dieser allgemeine Gedankengang zeigt uns schon, daß die Psychoanalyse dahin kommen mußte, ihr ursprüngliches Arbeitsgebiet wesentlich zu erweitern, daß sie sich nicht mehr auf die Erforschung des krankhaften Seelenlebens beschränken konnte, sondern auch das Studium der normalen Psyche in ihre Untersuchungen einzubeziehen gezwungen war. Es lag in der Natur der Sache, daß sie sich dabei zunächst jenen Erscheinungen zukehrte, die schon äußerlich eine gewisse Verwandtschaft mit den als krankhaft angesehenen psychischen Störungen darbieten. So hat Freud die »Psychopathologie des Alltagslebens« untersucht, jene Fälle von Fehlhandlungen, Vergreifen, Versprechen, Verlesen, Verschreiben, Vergessen, in denen unser seelischer Apparat bei einer sonst spielend zustande gebrachten Leistung in auffallender Weise versagt. Er konnte nachweisen, daß, zumindest in sehr vielen Fällen, dieses Versagen nicht »zufällig«, sondern psychisch, wenn auch unbewußt, genau bestimmt ist. Er befaßte sich auch mit den Phantasien, denen sich die Menschen in unbeschäftigten Augenblicken hingeben, den »Tagträumen«. Seine bedeutendste Leistung aber vollbrachte er durch die Aufhellung jenes Gebietes, auf dem das Seelenleben des Gesunden sich am meisten dem des psychisch Gestörten zu nähern scheint, durch seine Erforschung des Traumlebens. In seiner »Traumdeutung« hat er gezeigt, daß in jedem Traume, ungeachtet seiner scheinbaren Rätselhaftigkeit, Verworrenheit, ja Absurdität, ein Sinn steckt. Und zwar stellt für Freud jeder Traum, möge der Trauminhalt dem noch so zu widersprechen scheinen, eine Wunscherfüllung dar und in seinem tiefsten Sinne die Erfüllung eines alten, im Lauf der Entwicklung des Individuums aus dem Wachbewußtsein längst verdrängten Kinderwunsches.

Der Begriff der Wunscherfüllung nimmt im Zusammenhang der Freudschen Lehren eine beherrschende Stellung ein. In dem Moment, wo man die Rolle des Unbewußten auch in der Psyche des Normalen erkannte, wurde die Auffassung unhaltbar, als sei das Unbewußte etwas rein Rückschauendes, nichts als ein Ballast der Vergangenheit. Man konnte nicht auch den psychisch Gesunden mit rückwärts gewandten Augen durch das Leben gehen lassen. Und dann mußte sich ein Widerstreit ergeben mit dem Wesen der psychoanalytischen Methode selbst, die ja die Zielstrebigkeit der Assoziation, also das Vorwärtsdrängen der Gedanken, zur notwendigen Voraussetzung hat. Bei dieser Schwierigkeit setzt nun Freuds Theorie von den unbewußten Wünschen ein. Ihre Bedeutung liegt darin, daß es ihr gelingt, Vergangenheit und Zukunft zu verbinden. Das Unbewußte hält das Gewesene fest, aber nur um des Künftigen willen, weil es möchte, daß das, was war, wieder werden soll.

Trotz der großen Bedeutung der Wunschtheorie war es jedoch ausgeschlossen, daß die Psychoanalyse sich dauernd bei ihr hätte beruhigen können. War früher das Unbewußte ein rückwärts gewandter Prophet, so ist es jetzt ein vorwärts gewandter Historiker; die Zukunft ist ihm nur ein Umweg zur Vergangenheit. Auch jetzt noch hat die Vergangenheit, außer ihrer sozusagen historischen Bedeutung, daß sie nämlich das Individuum zu dem gemacht hat, was es jetzt ist, einen so entscheidenden Einfluß, daß sie Gegenwart und Zukunft in ihre Farben kleidet. Wenn man nach Freudschen Gesichtspunkten ein Menschenschicksal erforscht, so kann man weit und immer weiter zurückgehen, bis in die frühesten Kinderjahre, und nie findet man eigentlich den Augenblick, wo der Mensch seine Zukunft selbständig aufbauen will, immer finden wir ihn dabei, die Vergangenheit wiederherzustellen.

An dieser Stelle der Entwicklung hat die psychologische Forschung durch Alfred Adler eine entscheidende Förderung erfahren. Er sieht die Rolle der Vergangenheit in einem anderen Lichte, und so kann er auch die Stellung des Individuums zur Zukunft besser verstehen. Was wir die historische Bedeutung der psychischen Vergangenheit genannt haben, schätzt er mindestens ebenso hoch ein wie Freud, und er hat gerade hier, z. B. was die psychische Nachwirkung kindlicher Minderwertigkeiten betrifft, unsere Erkenntnis sehr gefördert. Aber seine Auffassung der aktuellen Rolle der psychischen Vergangenheit ist eine gänzlich verschiedene. Für ihn sind nicht konkrete Wünsche und Gedanken das Wesentliche, sondern der Lebensplan, eine zum Teil unbewußte Vorstellung von der Rolle, die man in der Welt spielen will. Dieser Lebensplan ruft fortwährend Versuche hervor, sich vorbauend und vorausdenkend für alle möglichen Fälle zu rüsten. Bei diesen tastenden Versuchen nun dient die ganze Vergangenheit als Material. Als Mittel also, nicht als Ziel, taucht sie immer dort auf, wo wir uns mit der Zukunft beschäftigen. In vielen Fällen, wo Freud eine objektive Wunschregung voll Heimweh nach der Vergangenheit sieht, erblickt daher Adler nichts als eine symbolische Vorbereitung für die Zukunft.

II

Wenn dieser Aufsatz es unternehmen will, das, was Psychoanalyse und Individualpsychologie über den Inhalt der Psyche zutage gefördert haben, kurz darzustellen, so kann das – wie schon hervorgehoben wurde – nicht in einem Zuge geschehen, sondern nur so, daß wir die Standpunkte Freuds und Adlers einander gegenüberstellen. Die Frage der Nachprüfung der Einzelbeobachtungen sei hier völlig ausgeschaltet. Aber die Richtigkeit aller Einzelbeobachtungen zugegeben, so kann doch das Tatsachenmaterial, auf das sich eine Wissenschaft stützt, an sich nichts anderes sein als eine Unzahl einzelner, zusammenhangloser Fakten. Damit aus diesem Chaos zusammenhängende, einheitliche Erkenntnisse werden, ist es nötig, die Einzeltatsachen zusammenzufassen, zu ordnen, unter leitende Gesichtspunkte zu bringen. So tritt also in jeder wissenschaftlichen Theorie dem objektiven Faktor ein in gewissem Sinne subjektives Moment gegenüber. Der Widerstreit zweier Theorien spricht daher keineswegs gegen die Richtigkeit ihrer gemeinsamen objektiven Grundlage, und die Richtigkeit dieser Grundlage allein spricht noch nicht für eine Theorie. Das Tatsachenmaterial, auf dem sich das ptolemäische und das kopernikanische Weltsystem aufbauen, ist das gleiche; die Art seiner Bearbeitung und seiner Bewältigung ist allerdings grundverschieden. Freilich muß sich dieser subjektive Faktor wieder den Tatsachen gegenüber bewähren. Aber gerade die praktische Prüfung wird nur möglich durch das Gegenüberstellen und Ausproben verschiedener Möglichkeiten.

Ist also ein subjektiver Anteil immer vorhanden, so muß er naturgemäß eine besondere Rolle spielen in einer wahrhaft psychologischen Psychologie. Der Forscher kann ja fremdes Seelenleben nur verstehen, indem er es nachzuerleben sucht; die Einfühlung ist Voraussetzung jeder psychologischen Arbeit. Bei genauester Beachtung aller objektiven Befunde wird also das entstehende Gesamtbild doch immer wesentlich beeinflußt sein von der Persönlichkeit des Psychologen, so redlich er bemüht sein mag, allzu Individuelles auszuschalten. Die Unpersönlichkeit kann hier wohl ein Ziel der nachprüfenden Kritik, nicht aber des aufbauenden Forschers sein. So tritt uns denn auch in den Theorien Freuds und Adlers ein Gegensatz der Weltanschauung entgegen, der nicht etwa erst aus ihren psychologischen Anschauungen entspringt, sondern ihnen zugrunde liegt.

Das Charakteristische der Freudschen Psychologie liegt einerseits in der beherrschenden, ja alleinherrschenden Stellung, die sie der Sexualität zuweist. Nach Freud ist jede Neurose im wesentlichen sexuell verursacht. Dieser Lehrsatz erfuhr noch eine weitere Bestimmung dadurch, daß die Psychoanalyse etwas konkret aufzeigen konnte, was man ja auch früher als allgemeinen Erfahrungssatz ohne speziellen Beweis willig geglaubt hatte: die entscheidende Bedeutung der Kindheitsjahre für das psychische Leben des Erwachsenen. So kam Freud zu der Behauptung, die Neurosen beruhten auf Störungen der kindlichen Sexualität, auf Anomalien der sexuellen Konstitution. Er kam dazu, eine Sexualtheorie aufzustellen, die das Sexualleben nicht nur des Kranken, sondern auch des Normalen in ganz neuem Lichte erscheinen ließ und die der Sexualität nach Umfang und Intensität eine weit wichtigere Rolle zuwies, als dies je zuvor geschehen war.

Der zunächst in die Augen fallende Unterschied der Freudschen Auffassung von der verbreiteten Ansicht ist der, daß nach ihm die Sexualität nicht etwa erst im Stadium der Pubertät oder der Vorpubertät in den Menschen fährt, »wie der Teufel in die Säue«, sondern daß für ihn das Kind vom Moment seiner Geburt an, und zwar in hohem Grade, sexuell ist. Daraus geht schon hervor, daß der Ausdruck »sexuell« in einem weiteren Sinne genommen ist, als dies sonst geschieht. Der Lustgewinn beim Saugen, die Freude am Lutschen, das Interesse für die Stuhlentleerung, das Vergnügen beim Schaukeln und Fahren erscheinen ihm als ebenso sexuell wie die von anderen oft als bedeutungsloses Spiel aufgefaßte Beschäftigung des Kindes mit seinen Genitalien. So stehen im Beginn der Entwicklung des Individuums verschiedene »erogene Zonen« (vor allem die Mund-, die After- und die Genitalzone) gleichberechtigt nebeneinander und erst im Laufe dieser Entwicklung erlangt die Genitalzone gewissermaßen den Primat, so daß die Bedeutung der andern teils ganz zurücktritt, teils der von ihnen stammende Lusterwerb nur den Charakter der Vorbereitung oder des Ersatzes trägt.

Die Sexualität des Kindes muß aber noch eine andere Entwicklung durchmachen. Zuerst genügt ihm zum Lusterwerb der eigene Körper, daneben tritt dann der Lusterwerb durch Hinzutreten einer zweiten Person; so schreitet es vom Autoerotismus zur Objektliebe. Die Sexualobjekte wieder wählte es zuerst unterschiedslos in beiden Geschlechtern, allmählich erst bildet sich die gegengeschlechtliche Objektwahl heraus. Getreu seiner Grundanschauung faßt Freud alle Beziehungen zwischen Menschen als sexuell auf. Nicht nur in der Liebe, auch in der Freundschaft, der Elternliebe, der Kindesliebe, der Geschwisterliebe erkennt er das Walten der Libido.

Eine besonders wichtige Rolle spielt nach Freud in der Entwicklung der kindlichen Sexualität die Beziehung des Kindes zu den Eltern. Der Knabe liebt die Mutter als Geliebte und wünscht sie sexuell zu besitzen nach Maßgabe der Vorstellungen, die sich ein kindlicher Verstand über menschliche Liebesbeziehungen gemacht hat. Hier tritt ihm nun ein Hindernis entgegen in der Person des Vaters, der ihm jetzt als begünstigter Nebenbuhler erscheint. Nach dessen Entfernung würde seinem Glück nichts mehr im Wege stehen. So sieht Freud in jedem Kind, wenigstens in jedem künftigen Neurotiker, einen kleinen Ödipus, der seinen Vater töten möchte, um dann die Mutter zu heiraten. Bei fortschreitender ethischer Entwicklung des Knaben verfallen dann diese beiden Regungen, der Haß und der Todeswunsch gegen den Vater und die sexuelle Liebe zur Mutter, der Verdrängung und werden oft sogar durch entgegengesetzte Gefühle verdeckt. Aber ihre Wirkung vom Unbewußten her und ihre Rolle bei der neurotischen Erkrankung scheinen Freud so bedeutsam, daß er den Ödipuskomplex geradezu den Kernkomplex der Neurose genannt hat.

Daß die hier umrissene Theorie Freuds auf einer großen Zahl neuer und glücklicher Beobachtungen beruht, kann nur von denen geleugnet werden, die im Eifer der Ablehnung den unbefangenen Blick für Tatsachen verlieren. Anderen Beobachtungen Freuds merkt man es allerdings an, daß bei ihnen die fertige Theorie das Urteil beeinflußt hat. Freud hat den Umfang des Begriffes Sexualität erweitert, er hat es aber unterlassen, gleichzeitig den Inhalt dieses Begriffes neu zu bestimmen. Dadurch kommt in alle Äußerungen der Freudschen Schule über Sexualität etwas Vages und Schillerndes. Man hält sich zwei Wege offen: Einmal erweitert man den Umfang des Begriffes Sexualität aufs radikalste, so daß man z. B. Lust ohne weiteres gleichsetzt sexueller Lust, und behält doch den Inhalt des Begriffes in seiner ganzen ursprünglichen Tragweite und Reichhaltigkeit bei. Das andere Mal vermeidet man diesen Fehler; da geht dann natürlich mit der

Ausdehnung des Begriffes immer mehr von seinem Inhalt verloren, so daß man schließlich dazu kommt, Libido = Affektivität oder psychische Energie zu setzen. Die Bezeichnung »sexuell« erscheint nunmehr als bloße terminologische Neuerung ohne Erkenntniswert. Diese Neigung zur einfachen Gleichsetzung von psychisch und sexuell wird besonders gefördert durch Freuds Theorie von der Sublimierung, die alle höheren psychischen Gebilde – Ethik, Wissenschaft, Kunst – als Produkte einer Richtungsänderung der Libido auffaßt.

Die Zwieschlächtigkeit der Freudschen Auffassung erleidet aber noch dadurch eine besondere Verschärfung, daß Freud, nachdem er erst alles psychische Geschehen auf Sexualität reduziert hat, dann doch einen Gegenpol zur Sexualität nicht entbehren kann. Die seelischen Konflikte, die zur Erkrankung führen, sind von seinem Standpunkt aus ja nur dadurch zu verstehen, daß der Libido eine andere Macht feindlich gegenübertritt. Daher die Verdrängung, daher der Gegensatz zwischen der unbewußten Libido und der bewußten Persönlichkeit. Und so beruht für ihn die Neurose auf einem Kampf der Sexualität mit den Ich-Trieben. Nur nebenbei sei hier bemerkt, daß sich bei dieser Gegenübersetzung die Unklarheiten im Freudschen Begriff der Sexualität empfindlich bemerkbar machen. Von der alten Anschauung aus war es allerdings ganz gut angängig, den Geschlechtstrieb als arterhaltende Funktion den Trieben der Selbsterhaltung gegenüberzustellen, obzwar man auch da sagen muß, daß dies biologisch und nicht psychologisch gedacht ist. Bei Freuds so erweiterter Auffassung von der Sexualität aber verliert diese Gegenübersetzung jede Berechtigung. Es ist nicht einzusehen, was die Lust des Kindes am Lutschen oder an seinen Darmfunktionen mit der Arterhaltung zu tun haben soll. Weit schwerwiegender aber als dieser logische Schönheitsfehler ist es, daß dieser Gegensatz zwischen Sexualität und Ichtrieben, der bei Freud mit dem Gegensatz zwischen »bewußt« und »unbewußt« in Parallele gebracht wird, von dem stolzesten Ziel, das die Psychoanalyse sich stecken konnte, seitab zu führen droht. Sie wollte versuchen, mit Zuhilfenahme des Unbewußten das Seelenleben des Individuums in lückenlosem Zusammenhange aufzudecken. Jetzt aber haben wir vor uns zuerst die bewußte Persönlichkeit, die irgendwie ethisch wertvoll oder mangelhaft, gütig oder eigensüchtig, liebenswürdig oder abstoßend sein kann. Und in diese bricht dann aus dem Dunkel des Unbewußten eine fremde Macht herein, sie sekundär verändernd oder zerstörend. So müßten diese Gedanken Freuds, konsequent festgehalten, dazu führen, daß mit der Theorie von der sexuellen Wurzel aller psychischen Gebilde zugleich überhaupt die Möglichkeit zusammenbräche, den inneren Zusammenhang der Persönlichkeit zu begreifen.

Hier ist der Punkt, von dem aus der Psychologe am besten Einblick gewinnt in die Bedeutung der Forschung Alfred Adlers. Ihm steht der einheitliche Zusammenhang der Gesamtpersönlichkeit immer im Mittelpunkt der Betrachtung. Für ihn sind Bewußtes und Unbewußtes nicht gänzlich wesensverschiedene psychische Gebilde, sondern für ihn kommt im Unbewußten nur das klar und eindeutig zum Ausdruck, was sich auch im Bewußtsein, wenngleich versteckt, verzerrt und verfälscht, nachweisen läßt. Daher ist ihm auch die Neurose nicht ein plötzlicher Einbruch dunkler Gewalten in die Persönlichkeit, sondern sie wächst aus dem Boden einer ganz spezifisch geformten Persönlichkeit hervor. Daher ist für Adler die neurotische Disposition wichtiger als die Neurose. Sie ist die bleibende Grundlage, die Krankheit hingegen unter Umständen etwas Vorübergehendes. Das Zurückgehen der Krankheitssymptome an sich stellt daher auch keine eigentliche Heilung dar, weil der Patient dann noch immer die große Wahrscheinlichkeit einer neuen Erkrankung in sich trägt. Wirkliche Heilung liegt nur in der Behebung oder bedeutenden Herabsetzung der neurotischen Disposition, also in einer Umformung der Persönlichkeit, in einer Wandlung ihrer Zielsetzung und ihres Charakters. Beruht somit die Erkennung der Krankheit auf dem psychologischen Scharfblick des Arztes, so werden seine Heilerfolge nicht zuletzt von seinen pädagogischen Fähigheiten abhängen.

Uns die mannigfaltigen und oft widerspruchsvollen psychischen Lebensäußerungen eines Individuums als die zusammenhängenden Funktionen einer Persönlichkeit verstehen zu lehren, ist also die Aufgabe, die Adler sich stellt. Es kann sich dabei nicht darum handeln, diese Mannigfaltigkeit materiell auf eine Einheit zu reduzieren. Denn daß ein solches Unterfangen scheitern muß, haben wir ja soeben bei der Kritik der Freudschen Gedanken gesehen. Das, worauf es Adler ankommt, ist, gewissermaßen den Kristallisationspunkt zu entdekken, um den herum das verschiedenartige Material sich gesetzmäßig anordnet, eine beherrschende Tendenz aufzuzeigen, in deren Dienst der psychische Rohstoff verarbeitet wird.

Diesen Angelpunkt findet Adler im Gefühl der Minderwertigkeit, das sich gegenüber den unendlichen Anforderungen der Außenwelt und dem kompakten Gefüge der Gesellschaft auch im stärksten Individuum geltend machen muß, das aber normalerweise beim Kinde infolge seiner natürlichen Schwäche und Ungeübtheit am intensivsten auftreten wird, besonders weil ihm die höheren Leistungen und die höhere soziale Wertung der Erwachsenen immer als Vergleichspunkt vor Augen stehen. Dieses Gefühl der Minderwertigkeit wird von außerordentlicher lebens- und entwicklungsfördernder Bedeutung dadurch, daß es nicht passiv bleibt, sondern ein energisches Streben nach Kompensation hervorruft.

Andererseits kann diese psychische Reihe – Minderwertigkeitsgefühl mit darauffolgendem Kompensationsstreben – auch eine sehr gefährliche, mitunter verhängnisvolle Rolle in der Entwicklung des Individuums spielen. Je lebhafter das Gefühl der Minderwertigkeit, desto stürmischer wird das Kompensationsstreben sein. Das Individuum wird dann zu Ansprüchen an sich selbst, an seine Umgebung, an das Leben kommen, die durchzusetzen seine Kraft nicht ausreicht, ja, die überhaupt über das Maß des menschlich Erreichbaren weit hinausgehen. So ist es auf eine Bahn gedrängt, die es einer sicheren Niederlage, ja, einer fortgesetzten Reihe von Niederlagen entgegenzuführen droht. Hier setzt nun eine rückläufige Bewegung ein. An die Stelle der »Leitlinien«, die mit der Wirklichkeit allzusehr in Konflikt geraten, treten andere, sekundäre, die ihr besser zu entsprechen scheinen. Dort, wo die direkte Verfolgung eines Ziels eine Niederlage befürchten läßt, werden Zwischenglieder eingeschoben – »Sicherungen« –, die es gewissermaßen ermöglichen, dem Kampf auszuweichen, ohne doch die Kampfstellung aufzugeben. Die Einsicht in dieses Kräftespiel bildet den Ariadne-Faden, der uns durch das oft verworrene Gestrüpp der Charakterzüge, Phantasien und Wünsche des Individuums, in weiterer Linie auch zum Verständnis der hysterischen Symptome, Zwangsgedanken und Zwangshandlungen des neurotisch Erkrankten führt. Festzuhalten ist dabei natürlich, daß die konkrete Ausfüllung dieses abstrakten Schemas die allermannigfaltigste sein wird, weil hierbei die gesamte Veranlagung und die ganze Erfahrungssumme der Persönlichkeit einerseits, die

Umwelt mit ihren Einflüssen und Beziehungen andererseits bestimmend sind.

Ein grobgezeichnetes Beispiel möge das Gesagte einigermaßen veranschaulichen. In einem Kinde von besonders intensivem Minderwertigkeitsgefühl – durch eine Erziehung, die dem Kinde seine Schwäche allzu stark zum Bewußtsein bringt, vor allem aber durch die Wirkungen organischer Minderwertigkeiten (Rachitis, Kinderfehler) verursacht – werden sich kompensatorisch Größenideen entwickeln. Es wird immer beachtet werden, wird überall der Erste, der Stärkste, der Größte sein, wird alles haben wollen. Weil sich dieses Programm in seiner Allgemeinheit nicht durchführen läßt, so mag an seine Stelle als sekundäre Leitlinie der Wettkampf mit einer einzelnen Person, etwa mit dem Vater, treten[1].

Infolge eines weiteren Zurückweichens kann dann auch die Gestalt des Vaters durch eine andere, eine Warteperson, einen älteren Bruder ersetzt werden. Der sekundäre Charakter dieser Leitlinie wird daraus klar, daß auch ihre vollständige Durchsetzung nicht zu dauernder Befriedigung und Beruhigung führt. Bei diesen Herrschversuchen wird das Kind auf den Widerstand seiner Umgebung stoßen. Und hier zeigt sich deutlich, wie eine solche psychische Entwicklung nicht von vornherein eindeutig bestimmt ist, sondern wie demselben Ziel auf scheinbar ganz entgegengesetzte Weise zugestrebt werden kann. Auf den Widerstand der Umgebung kann nämlich das Kind reagieren mit Trotz oder mit Gehorsam. Zeigt sich im ersten Fall der Wunsch, sich seiner Umgebung gegenüber zu behaupten, ganz unmittelbar, so wird er sich bei dem geschilderten Kindertypus dem feineren Beobachter auch im zweiten Falle verraten. Nur werden jetzt die Mittel indirekter sein; das Kind wird seine Schwäche, Hilfsbedürftigkeit, Ungeschicklichkeit besonders betonen und bewahren, um auf diesem Umwege die Umgebung doch in seinen Dienst zu zwingen.

Es bleibt uns aber noch ein Moment darzustellen, das die psychische Spannung außerordentlich verschärft und alle Verhältnisse kompliziert. Das Kind, das unter dem Druck eines außerordentlichen Min-

---

1 Freud, der, wie oben dargestellt, das gesamte psychische Erleben des Kindes aus dem Gesichtspunkt der Sexualität betrachtet, würde in dieser Beziehung zum Vater den Ausdruck des »Ödipuskomplexes« erblicken. Für Adler erscheint die sexuelle Konkurrenz zwischen Sohn und Vater als ein spezieller – und nicht einmal allzu häufiger – Fall jenes Wettkampfes, der immer vor allem der kindlichen Größensucht entspringt.

derwertigkeitsgefühls und des daraus folgenden Kompensationsstrebens steht, sucht krampfhaft nach Maßstäben, mit deren Hilfe es seine eigenen Leistungen abschätzen und sich anspornen und vorwärtstreiben kann. Da wird ihm nun inmitten unserer heutigen Kultur in tausend kleinen und großen Beispielen die allgemeine Ansicht von der Minderwertigkeit des Weibes gegenüber dem Manne klar. Bei der Neigung solcher Kinder, alles auf die Spitze zu treiben, werden sie diesen Wertungsunterschied bald ins Unendliche steigern. »Männlich« wird ihnen zum Ausdruck alles Starken, Edlen und Wahren, »weiblich« zu einem ausschließlich herabsetzenden Prädikat. Gefährlich und folgenschwer aber wird diese Wertung erst dadurch, daß sie sich in einer Zeit entwickelt, wo sich das Kind über die reale Bedeutung der Geschlechtsunterschiede noch nicht im klaren ist, wo es noch nicht begreift, daß ihm seine Geschlechtsrolle von der Natur unabänderlich zugewiesen ist. Wer zweifeln sollte, daß es eine solche Epoche im Kindesleben gibt, den verweisen wir auf die Erfahrungen der Kinderstube und auf manche gegenüber Kindern leider beliebte Scherze. Wie sehr kann man mitunter einen Knaben damit ängstigen, daß man ihm sagt, man werde ihn in Mädchenkleider stecken, davon bekäme er lange Haare und werde dann ein Mädchen sein. Aber auch die Kenntnis des Unterschiedes der Genitalien gibt dem Kinde keine entscheidende Sicherheit. Seine Phantasie setzt sich, auch hierzu oft durch stupide Scherze der Wartepersonen veranlaßt, darüber durch die Vorstellung späteren Wachstums einerseits, der Kastration andererseits hinweg. So erfährt die kindliche Unsicherheit an einem entscheidenden Punkte eine verhängnisvolle Steigerung, und das Kind reagiert darauf mit dem Wunsche: »Ich will ein Mann sein.« Das wird jetzt die oberste Leitlinie des Individuums, die sein ganzes stürmisches Verlangen nach oben zu kommen, alle seine Forderungen an Natur und Gesellschaft in sich aufnimmt. Wir haben es aber dabei nicht mit einem einfachen Formwandel zu tun; sondern das Feld, auf dem sich die psychischen Konflikte abspielen, und damit ihre Breite und Tiefe, ist außerordentlich erweitert.

Die gesamte Sexualität und alle menschlichen Beziehungen, die sich auf ihr aufbauen, werden jetzt in das Kräftespiel einbezogen. Natürlich wird bei fortschreitender Kenntnis der Realität die Formel »Ich will ein Mann sein« nicht in ihrer ursprünglichen Naivität aufrechterhalten. Aber die sekundären Leitlinien, die sich dafür einschieben, können wieder die allerverschiedensten sein. Sie haben alle das Gemeinsame, daß sie das Individuum von der normalen Stellung zur Sexualität und zum Leben überhaupt abdrängen; im Hintergrunde steht immer ein unrealisierbares Endziel (unrealisierbar auch beim Manne, denn der »Mann«, der hier gesucht wird, ist ein Übermann, den es in Wirklichkeit nicht gibt), und das macht es unmöglich, sich mit dem Leben abzufinden und, wo es nottut, zu resignieren. Die Mannigfaltigkeit der möglichen sekundären Leitlinien soll durch einige extreme Fälle dargetan werden. Das Mädchen, das begriffen hat, daß es nicht wirklich ein Mann werden kann, wird doch »männlichen Protest« gegen seine weibliche Rolle einlegen. Es kann dies nun rein negativ tun, indem es die Sexualität überhaupt ablehnt[2], oder positiv, indem es sexuell so frei und ungebunden leben will wie ein Mann. So entwickeln sich aus derselben Wurzel Virginitäts- und Kurtisanenideal[3].

Ähnlich ist es in der Psychologie des Mannes. Seine Unsicherheit darüber, ob er als Mann werde voll bestehen können, und die Unerträglichkeit des Gedankens, vielleicht einem Weibe zu unterliegen, kann in ihm eine Furcht vor dem Weibe entwickeln, die ihn zur sexuellen Askese treibt; oder er kann sich durch die immer erneute Besiegung des Weibes seine Männlichkeit beweisen wollen. So sind auch Don Juan und der heilige Aloysius innerlich viel verwandter, als es von außen her scheinen mag.

III

Für die Theorie der Neurosen hat Adlers Lehre vom männlichen Protest die besondere Bedeutung, daß sie uns die Rolle der Sexualität in der seelischen Erkrankung verstehen läßt, ohne deswegen bei der Se-

---

2 Freud versteht die Einstellung der frigiden Frau als ein Produkt der Verdrängung einer an infantile Objekte fixierten Libido. Die in solchen Fällen meist unverkennbare Ablehnung der Frauenrolle nicht nur in sexueller, sondern auch und vor allem in sozialer Beziehung wird von der Psychoanalyse übersehen oder bestenfalls als sublimierte Homosexualität etikettiert.

3 Letzterer Zusammenhang zeigt sich besonders deutlich in den Briefen der Ninon de Lenclos. – In unvergleichlicher Weise zeichnet Heinrich Mann in seiner Romantrilogie »Die Göttinnen« die Entwicklung einer ehrgeizigen Frau vom Virginitäts- zum Kurtisanenideal (Diana-Minerva-Venus).

xualität als Ursache stehenzubleiben. So kann Adler auch den Befunden Freuds zum Teil ihr Recht werden lassen, nur daß sie bei ihm in einen größeren Zusammenhang gerückt werden und dadurch einen neuen Sinn erhalten.

Schon Freuds Lehre von der Sexualkonstitution des Kindes, von den Partialtrieben und ihren erogenen Zonen gewinnt in der Adlerschen Fassung eine ganz andere Bedeutung[4].

Adler betrachtet den »Trieb« als »eine Summe von Elementarfunktionen des betreffenden Organs und seiner zugehörigen Nervenbahnen... deren Ziel durch die Befriedigung der Organbedürfnisse und durch Lusterwerb aus der Umgebung bestimmt ist«. Diese Organtriebe – der Schautrieb, der Eßtrieb, der Hörtrieb usw. – sind an sich nicht sexuell, können jedoch durch »Verschränkung« mit dem Sexualtrieb sexuelle Färbung annehmen. Eine Triebverstärkung ergibt sich bei jedem als minderwertig empfundenen Organ durch Kompensation und psychischen Überbau. Derartig kompensatorisch verstärkte Triebe wirken mitbestimmend auf die gesamte Einstellung der Persönlichkeit, der im übrigen alle Organe und Organtriebe unbedingt untergeordnet sind. Vor allem in seiner »Studie über die Minderwertigkeit von Organen« (2. Auflage, München 1927) hat Adler zahlreiche Beispiele sowohl aus der ärztlichen Kasuistik als auch aus der Lebensgeschichte bedeutender Männer dafür gegeben, wie sich aufgrund einer organischen Minderwertigkeit durch Kompensation überwertige Leistungen entwickeln, die oft nicht nur für das Individuum, sondern für unsere ganze Kultur Bedeutung erlangen. Fälle von Malern mit Sehstörungen, von Musikern mit Schäden des Gehörorganes, berühmten Rednern, die stottern, sind ja allgemein geläufig, obzwar dieses Material nie systematisch durchforscht wurde und uns daher nur die besonders krassen Fälle zugänglich sind, die auch dem Laien auffallen mochten[5].

Hier sehen wir gleich, daß das Kompensationsstreben nicht dabei Halt macht, die Waagschalen wieder gleich zu stellen, sondern daß es

---

4 Den Einfluß dieser Faktoren auf die Entwicklung einiger bedeutender Naturforscher hat Furtmüller zu zeigen versucht in seiner Besprechung von Ostwalds »Große Männer« (Zentralblatt für Psychoanalyse, 1. Band).

5 Siehe Adler, Der Aggressionstrieb im Leben und in der Neurose. In: Heilen und Bilden, Fischer Taschenbuch 6220, S. 53.

darüber hinaus zu einer Überkompensation drängt. Freuds allzu schematische Darstellung der Libido als des kulturfeindlichen Urtriebes und der durch Verdrängung und Sublimierung kulturell wirksam werdenden Ichtriebe muß einer kritisch-biologischen, zum Teil gerade entgegengesetzten Beurteilung Platz machen. Gerade das Zärtlichkeitsbedürfnis des Kindes[6] stellt nach Adler die erste sichtbare Regung jenes Gemeinschaftsgefühls dar, dem Kultur und Zivilisation vor allem ihr Entstehen verdanken.

Freud hält das Zärtlichkeitsbedürfnis für libidinös, also kulturfeindlich. Wo aber der Aggressionstrieb, das Kompensationsprodukt eines übermächtigen Minderwertigkeitsgefühls, sich kulturfeindlich als brutaler Egoismus zu erkennen gibt, da spricht Freud freilich nicht von Ichtrieben, so nahe es auch läge, »Egoismus« mit »Ichtrieb« zu übersetzen, sondern von »Narzißmus«, einer auf das eigene Ich gerichteten Libido. Man sieht, die Elastizität der psychoanalytischen Theorie ermöglicht es, Widersprüchen auszuweichen und Unstimmigkeiten zu Bestätigungen umzudeuten. Freilich geht dadurch mehr und mehr die Prägnanz der Begriffe verloren. So sinkt der »Ichtrieb« wie die Libido selbst vom Niveau einer spezifisch bedeutsamen Kraft zur bloßen Nomenklatur herab, der allerlei entspricht, nur eben das nicht, was gemeiner Menschenverstand darunter begreift. Jenes triebhafte Gemeinschaftsgefühl aber, das sich beim Kinde in einem wachsenden Zärtlichkeitsbedürfnis geltend macht, ist für Freud erst das Ergebnis einer Sublimierung dunkler Sexualtriebe. Hier gelangt Adler geradezu zu einer Umkehrung der Freudschen Konzeption. Für ihn ist das Gemeinschaftsgefühl eine ursprüngliche biologische Gegebenheit, die sich *a priori* aus der Tatsache des menschlichen Zusammenlebens als logische Folgerung ergibt (»Logik des Lebens«). Auch dort, wo es sexuelle Färbung annimmt, und gerade dort, behält das Gemeinschaftsgefühl seinen Kulturwert als sittlicher, die Gesellschaft aufbauender Faktor bei. Es ist geradezu das Kennzeichen des gesunden Menschen, daß er zu lieben vermag, zu lieben freilich ebendort und ebenso, wie es der biologische Sinn des Sexualapparates und die soziale Lebensform des Menschen erfordern. Perversionen aber sind meist nichts anderes als verhüllte Formen der Sexualablehnung, die sich als ein bedeutsames Symptom einer falschen Lebensmethode er-

6 Siehe Adler, Das Zärtlichkeitsbedürfnis des Kindes. In: op. cit., S. 63.

gibt. Ein übermächtiges Minderwertigkeitsgefühl und der Versuch, es zu kompensieren, sind die Quellen jener falschen Lebensmethode, die sich im Verbrechen, in der Neurose, in der Psychose manifestieren kann, letzten Endes nichts anderes als Erscheinungsformen eines gesellschaftsfeindlichen Egoismus, der sich selbst zum Maß aller Dinge macht, weil das quälende Gefühl der eigenen Kleinheit und Schwäche ihn zwingt, immer wieder zu messen und zu vergleichen, durch Umwege und Sicherungen der gefürchteten endgültigen Entscheidung über den Wert oder Unwert seiner Persönlichkeit auszuweichen. So erlernt es der Nervöse, Welt und Menschen unter dem einseitigen Schema des Kampfes um die Geltung, um das persönliche Prestige aufzufassen, jedes Erlebnis auf seinen Gehalt an Erfolg oder Mißerfolg, Sieg oder Niederlage abzuschätzen. Das Leben wird ihm zu einer ununterbrochenen Kette von Konflikten, in denen es ihm nicht sowohl um die Sache, als vielmehr um die eigene Person zu tun ist. Er gewöhnt sich daran, unsachlich zu denken und Prinzipien, Ideale, sittliche Forderungen vorzuschützen, wo es sich bei ihm letzten Endes nur um die Erhöhung des eigenen Persönlichkeitsgefühls handelt. Durch scheinbare Krankheitssymptome, durch »Nervosität«, »Überempfindlichkeit«, »unüberwindliche« Abneigungen sucht er sich eine Ausnahmestellung unter den Menschen zu sichern, die einem etwaigen Mißerfolg von vornherein das Schmerzliche einer persönlichen Niederlage nehmen soll. Er wagt es eben nicht, mit gleichberechtigten Mitmenschen zum Start anzutreten. Und die verstärkte Aggression des nervösen Jähzornigen ist eigentlich nichts anderes als Feigheit: Angst vor den vermeintlichen Gefahren eines Lebens, dem er sich nicht gewachsen fühlt und dem er Scheinerfolge, Prestigerettungen abringen muß, um auf der einzig wesentlichen Linie, die auf mutige Einfügung in die menschliche Gemeinschaft zielt, zurückzuweichen. Aber die unerbittliche Logik des Lebens führt dazu, daß er selbst darunter leiden muß. All die tausend Beschwerden des Nervösen, seine Anfälle, Zwangserscheinungen und Angstzustände, seine Empfindlichkeit und Wehleidigkeit stellen die Regiekosten dar, die er bezahlen muß. Für den Versuch, sein Leben außerhalb der menschlichen Gemeinschaft und gegen sie zu führen, muß er wohl oder übel jene Beschwerden auf sich nehmen, die ihm sein gesellschaftsfeindliches Verhalten allererst ermöglichen, indem sie ihn scheinbar unverantwortlich machen.

Eben diese bei keinem Nervösen fehlende Tendenz aber, die Verantwortung von sich abzuwälzen, organische Krankheit, Disposition, Vererbung, Erziehung, Milieu zu beschuldigen – Tatsachen, die ihn manchmal objektiv entschuldigen, aber den auch von ihm selbst empfundenen Sachverhalt nicht auszulöschen vermögen, daß er auch anders könnte, wenn er wollte –, eben diese Tendenz zur Entschuldigung beweist, daß auch der Nervöse seine subjektive Schuld empfindet, daß auch er grundsätzlich das Sittengesetz der Gemeinschaft, die Logik des Lebens anerkennt, gegen die er sich vergeht.

Hier ist der Hebelpunkt, von wo aus eine ärztlich-pädagogische Beeinflussung im individualpsychologischen Sinne das neurotische System zu erschüttern vermag. Daß es mit der Aufklärung und Deutung des Krankheitsbildes nicht getan ist, daß der Analyse eine Synthese folgen muß, haben auch Freud und seine Schüler erkannt. Doch das Programm des Wiederaufbaues im Sinne der Psychoanalyse ist naturgemäß über bescheidene Ansätze nicht hinausgekommen. Die aus der Fixierung an infantile Sexualobjekte und somit aus der Verdrängung befreite Libido, so heißt es, müsse im aktuellen Leben neue Objekte der Übertragung finden. Regelmäßig sei es zuerst der Arzt, dem sich die freigewordene Libido zuwende. Aufgabe des Arztes sei es sodann, die Übertragung von sich weg auf solche Objekte zu lenken, die ohne soziale Schädigung des Patienten und der Umgebung imstande sind, ihm volle Befriedigung zu bieten: also etwa der Weg der Sublimierung, Liebe zur Kunst, Wissenschaft, karitative Tätigkeit usw. Für die übelberatenden Jünger der Psychoanalyse, die da meinen, es komme nur darauf an, dem Patienten ein Sexualobjekt zu verschaffen, etwa durch den Rat, zu heiraten oder ein Verhältnis anzufangen, ist die Psychoanalyse wohl nicht verantwortlich zu machen. So einfach darf man sich die Neuerziehung wohl nicht vorstellen. Aber die Verkuppelung des Patienten mit geistigen, politischen, künstlerischen Interessen, die sich als das Ergebnis einer gelungenen Sublimierung darstellen würde, ist zwar minder primitiv, doch kaum leichter erzielbar als der einfache Hinweis auf das andere Geschlecht. Die doktrinär energetische Theorie der Psychoanalyse nimmt das physikalische Gleichnis wohl zu ernst. Nicht »freigewordene Libidomengen zu übertragen«, sondern einem mit sich und der Welt zerfallenen Menschen zu helfen ist die Aufgabe. An geistigen Interessen fehlt es einer großen Zahl von

Neurotikern wahrlich nicht. Manchen gelingt es sogar, die sogenannte Sublimierung selber zur Krankheit zu machen und über Büchern, Spielen, Liebhabereien ihre einfachsten Menschenpflichten zu vernachlässigen. Welche Korrektur würde die Psychoanalyse in solchen Fällen anempfehlen? In Wahrheit muß es der Psychoanalyse an der Fähigkeit zur Neuerziehung fehlen, weil ihre Methode von Anbeginn nichts anderes als eine Methode der Ausforschung und dogmatischen Interpretation darstellt, die aus dem Patienten ein Konglomerat fossiler Libidofixierungen herauspräparieren will und für die Einheit der Persönlichkeit kein Verständnis hat. Um einem Menschen den richtigen Weg zu weisen, gilt es zu verstehen, worin er gefehlt hat. Aufgrund unserer Erkenntnisse aber können wir die synthetische Aufgabe des Psychotherapeuten vom individualpsychologischen Standpunkt aus klar formulieren: Freilegung des durch das Minderwertigkeitsgefühl und seine Kompensationen, durch Ichsucht, Geiz, Habsucht, Neid, Mißtrauen, Eitelkeit, verschütteten Gemeinschaftsgefühls[7]. Erziehung zum Menschen in diesem, durch seine biologischen Bedingungen definierten Sinne der Sozialität, Erziehung zum Leben in der Gemeinschaft; nicht Richter zu sein über andere, sich auszusöhnen mit der Welt und mit den Menschen, so wie sie sind, Sachlichkeit in der Arbeit und in der Beziehung zur Umwelt, Hilfsbereitschaft, freundschaftliche Beziehung zum Leben, zu den Menschen und der Arbeit.

Die hier gekennzeichneten Grundlinien können sich natürlich nur in ständiger Anwendung auf die konkrete Wirklichkeit bewähren. Ihr Wert will darin liegen, daß sie uns den einheitlichen Strom psychischer Kraft aufzuspüren lehren, der die vielgestaltige Persönlichkeit durchflutet. Und so stellt uns jeder neue Einzelfall, handle es sich nun um einen Kranken, handle es sich um das psychologische Erfassen einer Künstler- oder Denkerpersönlichkeit, handle es sich um das psychologische Eindringen in ein Kunstwerk, vor eine neue Aufgabe. Der neuen Seelenkunde, die sich hier anbahnt und für die die Erforschung der Persönlichkeit im Vordergrunde steht, soll eben nicht nur das Besondere den Weg zum Allgemeinen, sondern auch ebenso das Allgemeine den Weg zum Besonderen bahnen. Diese le-

---

7 Das ist die psychische Realität, der die »Verdrängung der Libido und Aufhebung der Verdrängung durch Analyse« der Freudschen Doktrin entspricht.

bendige Durchdringung des Konkreten und Abstrakten auch in der Darstellung zum Ausdruck gebracht zu haben, bildet einen besonderen Reiz von Adlers Werken »Über den nervösen Charakter« und »Praxis und Theorie der Individualpsychologie«, in denen er die Ergebnisse seiner Forschungen vorläufig abschließend dargestellt hat.

Erziehung der Erzieher

Wer voraussetzungslos an die Frage der Kindererziehung herantritt, muß sich zunächst über die Situation des Kindes innerhalb seiner Umgebung im klaren sein. Allzusehr sind wir in Anthropomorphismen und traditionelle Irrtümer verstrickt, als daß diese Forderung immer schon erfüllt wäre. Und da nun einmal Einfühlung nur aus dem Denken und Empfinden des Erwachsenen möglich ist, wird uns hier ein Gleichnis vom wirklichen Leben Verständnis ermöglichen. Nehmen wir an, ein Fremder käme in die Stadt, deren Sprache, Sitten und Lebensformen ihm vollkommen fremd wären, und er hätte die Aufgabe, fortan in dieser Stadt zu leben. Er wird sich anfangs nicht sehr wohl fühlen; um so mehr wird er bestrebt sein, so rasch und so vollkommen als möglich die in seiner neuen Umgebung üblichen Lebensformen zu erlernen. Ob und wie schnell ihm dies gelingt, hängt freilich nicht von ihm allein ab. Eine fremdenfeindliche Bevölkerung, die ihm nicht hilft, die ihn wegen seiner von der Majorität abweichenden Lebensweise verspottet und ihn für die Übertretung von Gesetzen bestraft, die er noch nicht kennt, verschärft seine Isolierung und erschwert ihm die Anpassung, zu der er von Anfang an bereit ist. Die Feindseligkeit der anderen wird leicht auch bei ihm neben dem Gefühl der Verlassenheit auch das des Hasses erzeugen, das durch die immer wieder empfundene Hilflosigkeit nur verstärkt wird. Oder aber er findet in der Masse der gleichgültigen oder übelwollenden Fremden einzelne Menschen, die ihm freundlich entgegenkommen, die Verständnis für seine Schwierigkeiten zeigen und sich bemühen, ihm zu helfen. Gewiß wird er nach solchen Freunden Umschau halten, und er wird, wenn er klug ist, seine Bundesgenossen gerade unter den einflußreichen Bürgern der Stadt suchen. So mag es ihm früher oder später gelingen, die Kluft, die ihn von seiner neuen Umgebung trennte, zu überbrücken und sich in sie einzufügen. Die Situation des Zugereisten in der fremden Stadt haben wir alle einmal erlebt, denn sie gleicht weitgehend der des Kindes, das unvorbereitet, hilflos und ohne die Fähigkeit der Verständigung in eine fremde, teils gleichgültige, teils ohne Verständnis liebevolle Umgebung geboren wird. Es ist gewiß nur ein Gleichnis, wenn wir als subjektives Korrelat dieser kindlichen Situation beim Kinde ein »Gefühl der Minderwertigkeit« postulieren. Das besagt nur, daß sich das Kind zu seiner Umgebung ungefähr ebenso verhält wie jener Zugereiste in der fremden Stadt, dem etwas wie ein Gefühl der Minderwertigkeit ja gewiß zum Bewußtsein kommt; daß auch das Kind seine Entwicklung in der Richtung auf möglichst rasche und vollständige Anpassung orientiert; daß ihm aber diese nur in dem Maße und in dem Tempo gelingt, wie es das Verhalten der erwachsenen Umgebung, feindlich oder freundlich, töricht oder verständnisvoll, zuläßt. Je nachdem wird sich der Prozeß der Einfügung als Geltungskampf oder als friedlicher Ausgleich darstellen. Es liegt in der Natur der Sache, daß sich in der Wirklichkeit die Schärfe dieses theoretischen Entweder-Oder nicht wiederfindet. Tatsächlich geht es niemals ganz ohne Kampf ab, und andererseits ergeben sich selbst unter den ungünstigsten Verhältnissen Situationen, in denen das Kind den Wert der friedlichen Einfügung in die Gemeinschaft kennen lernt. Aber in dem Mehr oder Weniger dieser beiden Lebensmethoden ist nicht nur das Tempo und die Richtung der kindlichen Entwicklung, sondern das Schicksal des künftigen Menschen – sein Charakter – beschlossen.

Man könnte den Prozeß der Charakterbildung in einer Gliederung darstellen, in der rechts der Charakter, links die verschiedenen Faktoren und Komponenten seines Entstehens ihren Platz fänden; also etwa die psychophysische Konstitution des Individuums (Temperament, Blutdrüsenformel), die Organminderwertigkeit, soziale und ökonomische Bedingungen, die Konstellation im Elternhaus (das jüngste, das älteste, das einzige Kind), schließlich pädagogische Einflüsse, diese im weitesten Sinne, also das beabsichtigt pädagogische oder unbeabsichtigt aus dem Charakter der umgebenden Personen entspringende Verhalten derselben. Von diesen Faktoren läßt sich jeder auf besondere Art modifizieren: psychophysische Konstitution und Organminderwertigkeit durch medizinisch-therapeutische Maßnahmen, die sozialen und ökonomischen Bedingungen durch soziale Fürsorge, die Konstellation im Elternhaus etwa durch Übergabe in Gemeinschaftserziehung und schließlich der pädagogischen Einflüsse durch Belehrung und Erziehung der Erzieher. Von diesem letzten und, wie uns scheint, wichtigsten Punkt soll des Näheren die Rede sein.

Hier sei zunächst der herkömmlichen »Erziehungsprinzipien« gedacht. Systematisch geübt und mit Argumenten vertreten wird eigentlich nur eines: die Autoritätserziehung, deren Ideal das gehorsame Kind darstellt. Über die Gefahren dieser Methode wurde von individualpsychologischer Seite schon viel gesprochen. Das Kind, das ursprünglich weder ein Rechtsgefühl hat noch die Handlungen der Erwachsenen vom Standpunkte der Erwachsenen zu beurteilen vermag, empfindet jedes Verbot, jede Strafe, jeden Zwang als Vergewaltigung, gegen die es mit allen Mitteln protestiert. Werden diese Mittel der strengen Erziehung systematisch angewendet, so ist damit die ohnehin schwierige Situation des Kindes noch mehr erschwert. Vor der übermächtigen Autorität eines strengen Vaters muß das Kind in seiner Hilflosigkeit daran verzweifeln, jemals die Spannung zwischen dem, was es ist, und dem, was es als Machtposition des Erwachsenen kennengelernt hat, zu überwinden. Dringt es mit seiner Offensive nicht durch, so muß es Umwege und Abwege wählen: Es lernt die Kunstgriffe der List und Lüge anwenden, oder es flüchtet vor der trostlosen Wirklichkeit in das Gebiet der Phantasie und verliert in Traum- und Märchentriumphen den Boden der Realität. Das eingeschüchterte und doch heimlich gegen den Vater revoltierende Kind sucht Wege, seiner Revolte zum Durchbruch zu verhelfen, ohne daß man es fassen kann; zum Beispiel durch Mißerfolge in der Schule: Die scheinbare Talentlosigkeit ist nichts als eine Art passiver Resistenz in Form einer hinterhältigen Schüchternheit und Gehemmtheit, gegen die keinerlei Zwangsmittel helfen. Die kindliche Situation aber wirkt beispiel- und richtunggebend auf das spätere Leben. Die Kniffe und Umwege, die das verprügelte Kind erlernt hat, werden zur Hemmung und Initiativlosigkeit bei jedem Versuch selbständigen Auftretens. Immer wieder stellt sich ihm im Leben die Situation des Elternhauses her, zu deren Bewältigung ihm die unter Qualen erlernte neurotische Technik zu Gebote steht; immer wieder sorgt es dafür, daß es unter fremdem Kommando, unter fremder Verantwortung stehe. Versagt es, so ist immer der kommandierende Teil, der Vater oder sein Nachfolger im Leben, schuld. Seine mit heimlicher Wut geladene passive Resistenz geht bis zur Selbstvernichtung.

Wir kennen dieses Bild. Aber betrachten wir einmal den Gegenspieler dieser Alltagstragödie: den Träger der väterlichen Autorität, den strengen Erzieher. Sind es wirklich nur die Irrlehren einer überwundenen Kulturperiode, einer patriarchalischen oder feudalistischen Gesellschaftsordnung, durch die der Vater sich verpflichtet glaubt, seiner persönlichen Neigung entgegen streng mit dem Kinde zu verfahren, dem Kinde zuliebe? Wer Gelegenheit hatte, mit Vätern dieser Art pädagogische Diskussionen zu führen, weiß, daß diese Irrtümer tiefer verankert sind. Von all den Argumenten, die der strenge Erzieher für seine Methode ins Treffen führt, ist vielleicht nur eines wahr, aber von einer psychologischen Wahrheit, auf die es nicht abgesehen war: daß er selbst streng erzogen wurde. Eben diese strenge Erziehung mag ihm den Mut zur verständnisvollen Einfügung ins Leben genommen haben. Kampfgewohnt und egozentrisch von Jugend auf, wird ihm jede Situation im Leben zum Kampf, aus dem er nur als Sieger oder Besiegter hervorgehen kann. Sein empfindliches, leicht gereiztes Persönlichkeitsgefühl faßt jede Unart, jede Selbständigkeit seines Kindes als Herausforderung auf. Dieser Vater führt einen Kampf um sein Prestige, wenn er sein Kind züchtigt. Er teilt mit diesem das kindliche Niveau. In der Familie um jeden Preis seinen Willen durchzusetzen, um jeden Preis Sieger zu bleiben ist sein Grundsatz gerade dann, wenn seine Unsachlichkeit, seine Unsicherheit und mangelnde Menschenkenntnis ihm Erfolge im äußeren Leben versagten. Solche Väter sind an das Prinzip der Autoritätserziehung nicht durch ihre Einsicht, sondern durch die Defekte ihres Charakters gebunden. Hier werden Argumente der Individualpsychologie nur dann verfangen, wenn es Argumente *ad hominem* sind; wenn der Vater selbst zum Patienten wird und in seiner eigenen Lebensmethode jene Fehler entdeckt, die er nur auf psychischem Wege seinem Kinde zu vererben im Begriffe ist. Erst wenn er geheilt ist, wird er imstande sein, die individualpsychologischen Argumente gegen die Autoritätserziehung zu würdigen, den Prestigekampf gegen sein Kind aufzugeben und es in Ruhe zu lassen. Es wäre von kulturpsychologischem Interesse, zu verfolgen, wie die Idee der Autoritätserziehung einer autoritätstrunkenen Kultur- und Menschheitsepoche genauso entspricht wie die Tyrannei des Hausvaters seinem nervösen Charakter. Das soll jedoch hier nur angedeutet sein.

Das scheinbare Gegenteil der strengen Erziehung ist die Überzärtlichkeit, die »Affenliebe«, das Verziehen der Kinder. Das Kind wird wie eine Puppe behandelt. Die unsinnigsten Wünsche werden ihm erfüllt. Die Erwachsenen gehorchen ihm in einer Weise, die Außenstehenden zuweilen geradezu komisch anmutet. Es ist der Mittelpunkt der Familie, ist maßgebend, tonangebend, es kommandiert das Haus. Das ist insbesondere häufig die Situation einziger Kinder. Hier ist wohl die Gefahr der strengen Erziehung, die Gefahr einer Verstärkung des Minderwertigkeitsgefühles vorläufig vermieden. Aber die Aufgabe der Anpassung an die Umgebung des wirklichen Lebens wird dem Kinde unnötig erschwert. Das verzogene Kind tritt mit Voraussetzungen an das Leben heran, die dieses ihm unmöglich erfüllen kann. Um so schwerer trifft es der erste Fehlschlag. Der ergibt sich gewöhnlich schon in der Kindheit. Denn alle Wünsche kann auch die zärtlichste Mutter nicht erfüllen. Wird aber eine Forderung abgelehnt, dann liegt der Tatbestand der Majestätsbeleidigung vor. Die Revolte der gehorsamen Diener, als welche das Kind seine Eltern bisher kannte, wird mit einem Wutausbruch quittiert. Gerade die zärtlichen Eltern verlieren aber in dieser Situation oft die Geduld und versuchen nun durch übertriebene Strenge, den Fehler der verzärtelten Erziehung, deren Folgen sie nun selbst empfinden, wieder wettzumachen. Und nun ist die Kampfsituation gegeben, in der das Kind gewöhnlich um den Preis seiner sozialen und seelischen Gesundheit Sieger bleibt. Tritt dieser kleine Tyrann ins Leben, dann folgt Enttäuschung auf Enttäuschung, Mißerfolg auf Mißerfolg. Nicht gewohnt, Schwierigkeiten systematisch und ohne fremde Hilfe zu überwinden, wird er vor dem ersten Hindernis auf der Strecke bleiben: Mutter und Vater müssen helfen, wie sie immer geholfen haben. Stehen ihm aber die Eltern nicht mehr zur Verfügung, dann wird sein Sinnen und Trachten immer nur darauf ausgehen, sich einen Ersatz für diese immer hilfsbereiten Eltern zu schaffen, andere Menschen in seinen Dienst zu stellen, aus seiner Hilflosigkeit Kapital zu schlagen. Die Hilfe der anderen ist ihm selbstverständlich, eine Gegenleistung kommt nicht in Betracht. So wird er egoistisch und sozial unbrauchbar, weil er aus der Kinderstube, wo alles so leicht war, nicht heraus will. Noch schlimmer sind die Folgen, wenn die zärtlichen Eltern in kritikloser Überschätzung ihres Kindes Erwartungen an seine Zukunft knüpfen, denen sich dieses nicht gewachsen fühlt. Unter der Last dieser Hoffnungen, daß es überall obenan sein, daß es geniale

Werke hervorbringen, eine Leuchte der Kunst oder Wissenschaft sein werde, bricht manches Kind entmutigt zusammen. Es sucht Ausreden und Vorwände, sein Versagen zu rechtfertigen, und leistet gar nichts, weil es sich nicht zutraut, das Höchste zu leisten.

Die Psychologie der zärtlichen Mutter ist leicht verständlich. Scheint nicht jedes ihrer Worte, jeder ihrer Küsse zu sagen, daß sie, gerade sie, das beste, schönste, einzigmögliche Kind auf Erden hat? Tyrannisiert sie nicht durch ihr Kind das ganze Haus? Der neurotische Mechanismus ist durchsichtig: Die ausschließliche Beschäftigung mit ihrem Kinde ermöglicht es ihr, ihr Leben auf einen ganz kleinen Kreis zu beschränken, innerhalb dessen sie sich sicher fühlt, wo sie jeder Niederlage vorzubeugen hofft. Die Illusion, das beste und schönste Kind der Welt zu haben, gibt ihr das Erlebnis des Triumphes über andere Frauen, die vielleicht tüchtiger und lebensklüger, aber nicht solch verliebte Mütter sind wie sie. Oder die ausschließliche Hingabe an das Kind bietet ihr den willkommenen Vorwand, den Mann links liegen zu lassen, sich der Ehe, mit der sie sich von Anfang an nur scheinbar abgefunden hat, zu entziehen. Die tief eingewurzelte Unzufriedenheit mit der Geschlechtsrolle äußert sich so, nicht auf den ersten Blick verständlich, in der übertriebenen Hingabe an das Kind. In dieser Hingabe steckt aber auch ein gutes Stück ungesunder Herrschsucht. Solche Mütter tyrannisieren ihre Söhne, auch wenn diese schon längst erwachsen sind, durch ihre Liebe in der törichtesten Weise, hängen sich an sie, suchen sie in jedem ihrer Entschlüsse zu beeinflussen, wollen alles besser wissen, treiben Mißbrauch mit ihrem vorgeblichen Recht auf Dankbarkeit. Auch hier ist jede bloße Belehrung über pädagogische Grundsätze vergeblich. Der hohe sittliche Wert der Mutterliebe bemäntelt all die eigensüchtigen Beweggründe, es wird dieser Mutter meist gelingen, »recht« zu haben. Nur die individualpsychologische Einsicht in die Fehler des eigenen Lebens ermöglicht ihr die Korrektur der Irrtümer, die sie bei der Erziehung begeht. Die falsche Erziehung ist nichts als eine Einzelerscheinung im Symptomenkomplex des nervösen Charakters, freilich eine besonders folgenschwere, weil sie nicht nur das Individuum, sondern auch dessen Kinder und Kindeskinder bedroht.

Aber es gibt auch Eltern und Erzieher, die weder streng noch überzärtlich, die einfach gleichgültig sind. Sie kümmern sich möglichst wenig um ihre Kinder, sie wollen nur Ruhe haben, weil sie mit ihren eigenen Angelegenheiten beschäftigt sind. In mancher Beziehung kann diese Gleichgültigkeit von Vorteil sein. Sie vermeidet die Gefahren der Strenge und der Verzärtelung, erzieht das Kind weder zum Duckmäuser noch zum Tyrannen. Aber auch die Lieblosigkeit hat schlimme Folgen. Das Kind ist ja wirklich schwach und hilfsbedürftig. Sich darum nicht kümmern, ihm nicht helfen, wo es Hilfe braucht, ihm nicht Mut machen, wo es verzagt, heißt, ihm die großen Schwierigkeiten des Lebens noch vervielfachen. Daß solche Kinder den Mut verlieren, wenn sie dem Leben ganz allein ohne Rat und Hilfe gegenüberstehen, daß sie die Flinte ins Korn werfen, daß sie sich fallen lassen, ist sehr verständlich, um so verständlicher, wenn andere Umstände, etwa körperliche Schwäche oder ungünstige ökonomische Verhältnisse, hinzukommen. Hier liegt wohl die Erklärung für die von der Statistik erhobenen ungünstigen Schulerfolge und die große Kriminalität unehelicher Kinder. Es ist gewiß nicht der Mangel an guten Lehren, an »sittlicher Erziehung« in Worten, auf die von älteren Pädagogen soviel Wert gelegt wird. Das verwahrloste Kind ist entmutigt, weil es ohne Hilfe ist. Darum verzweifelt es daran, sich auf dem geraden Wege der Arbeit, der wirklichen Leistung durchzusetzen. So sucht es andere Wege, die auch ohne die Hilfe und Führung der Erwachsenen, ja, gerade nur so, Erfolg versprechen: Es lügt, stiehlt, prügelt seine Kameraden, spielt Lehrern und anderen fremden Menschen – alle Menschen sind ihm fremd, da durch die Lieblosigkeit der Eltern sein Gemeinschaftsgefühl nicht entwickelt ist – bösartige Streiche. Der Drang nach oben ist auch im Rhythmus solcher Lebensführung unverkennbar. Solche Menschen können zu Verbrechern werden, weil es ihnen an Mut gebricht, den geraden Weg zu gehen, und weil sie nie gelernt haben, sich mit anderen Menschen eins zu fühlen, sie zu lieben, auf sie Rücksicht zu nehmen.

Die Ursachen der gleichgültigen Erziehung wurzeln zu sehr in sozialen und ökonomischen Verhältnissen, als daß sie einheitlich psychologisch erfaßbar wären. Soviel läßt sich sagen, daß Eltern, die sich um ihre Kinder nicht bekümmern, ihre Aufgabe im Leben und in der Gemeinschaft der Menschen nicht richtig erfaßt haben. Der genußsüchtige Egoismus etwa, der Essen und Lieben als die wesentlichen Lebenszwecke betrachtet und für den Kinder nur die unerwünschten Begleiterscheinungen der Liebe sind, stammt aus ähnlichen Quellen wie all die anderen Charakterfehler, die wir als Folgen ungünstiger

Kindheitseinflüsse kennengelernt haben. Wem in der Kindheit kleine Liebhabereien und Genüsse aus »pädagogischen« Gründen grundsätzlich versagt wurden, wer als Kind jede heimliche Näscherei als Triumph über den Vater empfand, der wird ins Leben eine Überschätzung des Genusses mitbringen, die fortan für ihn charakteristisch ist. Solchen Menschen bedeutet der Genuß eine Erhöhung des Persönlichkeitsgefühls in einem ganz spezifischen Sinne. Sie empfinden in ihm noch immer den Triumph über die väterliche Autorität, der sie glücklich entlaufen sind. Mangel an Pflichtgefühl aus Trotz gegen erzieherische Einflüsse, die Pflicht und Entbehrung einseitig betonten, fügt sich in dieses Bild. Daß diese Menschen auch ihren Kindern gleichgültig gegenüberstehen, ist begreiflich.

Es ist nicht unsere Absicht, der Mannigfaltigkeit individueller Persönlichkeits- und Charakterentwicklung bei Eltern und Erziehern gerecht zu werden. Die wenigen halbschematisch gezeichneten Typen mögen hinreichen, um zu zeigen, was wir meinen. Wie alle Lebensäußerungen des Menschen, so bildet besonders die Art, wie er seine Kinder behandelt, den Ausdruck seiner Persönlichkeit, ist für ihn charakteristisch. Man kann nicht, wie es wohl zuweilen behauptet wird, »sonst ein ausgezeichneter Mensch, aber ein schlechter Erzieher« sein, sofern unter guter und schlechter Erziehung das verstanden wird, was die Individualpsychologie darunter versteht (denn wer etwa von einem Anhänger der Autoritätserziehung in obiger Weise charakterisiert wird, mag es als Ehrentitel hinnehmen und stolz darauf sein). Wer die großen Probleme des persönlichen Lebens, die Probleme der Arbeit, des Geschlechts und des Anschlusses an die Menschen, im wesentlichen gelöst hat, dem wird es – auch ohne pädagogische Schulung – gelingen, Kindern ein guter Erzieher zu sein. Wer als Erzieher versagt, versagt eben in jenem Punkt, wo seine Persönlichkeit nicht zur Reife gediehen ist.

Für die Kinder solcher Eltern aber, die aus diesen persönlichen Gründen zur Erziehungsaufgabe nicht geeignet sind, sollte staatliche Fürsorge die Gemeinschaftserziehung durchsetzen. Kein Zweifel: Kindererziehung ist nicht die Privatsache der Eltern. Der Standpunkt, daß jeder mit seinen Kindern anfangen könne, was er wolle, mußte konsequenterweise schon zu einer Zeit verlassen werden, als man es Menschen untersagte, ihre Kinder zu töten. Eine einsichtige soziale Gesetzgebung hätte nicht erst dann einzugreifen, wenn Kinder mißhandelt oder wenn sie kriminell werden, sondern zu einer Zeit, wo noch nicht alles verdorben ist. Daß eine gute Gemeinschaftserziehung besser ist als eine schlechte Erziehung in der Familie, wird auch von den hartnäckigsten Verteidigern der Familienerziehung zugegeben werden. Wir wollen die große pädagogische Bedeutung der Elternliebe nicht unterschätzen. Aber wir wollen auch nicht übersehen, was die Gemeinschaft von Altersgenossen, die von einsichtigen und unbedingt wohlwollenden Pädagogen ohne Autoritätsdünkel geführt wird, dem Kinde an sittlichen und geistigen Werten zu geben vermag. Es ist doch einmal Aufgabe der Erziehung, das Kind für ein Leben in der Gemeinschaft vorzubereiten, die ihm unendlich viel bietet, aber auch einiges an Leistung von ihm verlangt. Für die Erfüllung dieser Aufgabe bringt die Gemeinschaftserziehung in der Art ihrer Organisation gute Voraussetzungen mit. Ob diese Hoffnungen sich erfüllen, wird jeweils von der Persönlichkeit und von der Einsicht der pädagogischen Leiter abhängen. Die entscheidende Frage ist die, ob es möglich ist, diese Erzieher nicht nur nach ihrer wissenschaftlichen Bildung, sondern auch nach ihren allerpersönlichsten Qualitäten, nach ihrer charakterologischen Eignung auszuwählen. Wir zweifeln nicht, daß dies möglich ist. Aber an der Spitze der Grundsätze für diese bedeutsame Auswahl müßte der Satz stehen: Für den Beruf des Erziehers sind die Besten unter uns eben gut genug.

Organminderwertigkeit, Angst,
Minderwertigkeitsgefühl*

Wieder einmal ist das Neurosenproblem Gegenstand der Aufmerksamkeit einer aufs Somatische gerichteten Neurologie geworden. Als natürliche Reaktion auf die rein psychologische Auffassung der Psychoanalyse und verwandter Richtungen ist man am Werke, das körperliche Geschehen der funktionellen Erkrankung als solches zu begreifen und, soweit es geht, die somatische Kausalreihe zurückzuverfolgen. Neue Anregungen boten sich dieser Forschungsrichtung einerseits aus der vertieften Kenntnis extrapyramidaler, striärer, vegetativer Hirnfunktionen, die im Studium der *Encephalitis lethargica* und ihrer Spätfolgen gewonnen wurden, andererseits aus der insbesondere von Frankreich ausgehenden Erneuerung der Eppinger-Heßschen Lehre von den vagotonischen und sympathikotonischen Reaktionstypen, die in der französischen Lesart doch manches Beachtenswerte und dauernd Brauchbare zu enthalten scheint. Man lernte Störungen psychomotorischer Funktionen als typische Erscheinungsformen der chronischen Encephalitis kennen und vermochte die ihnen entsprechenden zerebralen Läsionen zu lokalisieren. Auffallend war, daß diese psychomotorischen Ausfallserscheinungen, ganz anders als etwa kortikale Symptome, weitgehend vom Willen des Patienten, von seinem Antrieb abhängig waren, daß derselbe Patient, der eben noch in hilfloser Starre, scheinbar kaum einer Bewegung fähig, dagesessen war, sich nach entsprechender Aufmunterung an einem Wettlauf mit Gesunden beteiligen konnte, um gleich danach wieder in den Zustand der Akinese zu versinken. Beziehungen zur Katatonie ergaben sich von selbst. Das Problem einer Pathophysiologie des Willens schien aufgerollt, die Psychogenese der Hysterie selbst fraglich (*Economo*). Man beschrieb typische postence-

---

* Nach einem Vortrag, gehalten auf dem Zweiten Internationalen Kongreß für Individualpsychologie zu Berlin (September 1925).

phalitische Charakterveränderungen bei Kindern. Noch einmal löste sich der Begriff des Seelischen in eine Reihe von Hirnfunktionen auf, die man diesmal in den Stammganglien und im Boden des dritten Ventrikels lokalisieren möchte.

Für die Individualpsychologie bedeuten neue Beobachtungen psychophysischer Zusammenhänge auch von der physischen Seite her, keine Verlegenheit. Ist doch gerade Alfred Adler von den körperlichen Grundlagen der Neurosen ausgegangen. Der Begriff der Organminderwertigkeit muß sich als weit genug erweisen, um auch die neuen Beobachtungen und ihre Beziehung zur Neurosenpsychologie in sich aufzunehmen. Daß er das vermag, läßt sich an einem den neusten Forschungsergebnissen entnommenen Beispiel demonstrieren. Seit einer Reihe von Jahren studieren die Brüder Jaensch und ihre Mitarbeiter die Erscheinungsformen eines psychophysischen Typus, den sie als den des Eidetikers bezeichnen. Es sind Individuen, bei denen im psychologischen Experiment nachweisbar das visuelle Moment in Vorstellung und Reproduktion eine dominierende Rolle spielt, während sie somatisch unter anderem durch Anomalien der Schilddrüse charakterisiert sind. Bei der Tagung der Gesellschaft deutscher Nervenärzte in Cassel, September 1925, berichtete nun Wilhelm Jaensch über kapillarmikroskopische Untersuchungen an Eidetikern. Er und seine Mitarbeiter, insbesondere Hoepfner, fanden fast durchgehend in ihren Fällen ausgesprochene »Hemmungsbildungen« der Hautkapillaren. Aber – und das ist das bemerkenswerte dieser Untersuchungen – dieselben Anomalien der Kapillaren fanden sich auch im Augenhintergrund, so daß man mit großer Wahrscheinlichkeit eine einheitliche Anomalie des Ektoderms annehmen konnte. Damit ist der *a priori* unbegreifliche Zusamenhang zwischen der körperlichen Anomalie und der seelischen Eigenart des eidetischen Typus für uns aufgeklärt: Bei der Prävalenz des visuellen Moments im Vorstellungsleben dieser Individuen handelt es sich offenbar um eine Überkompensation der unter anderem auch im Augenhintergrund nachweisbaren Organminderwertigkeit, die wohl als eine Minderwertigkeit des äußeren Keimblattes zu betrachten ist. Ein anderes Beispiel bezieht sich gerade auf die *Encephalitis lethargica*, die vielfach als stärkstes Argument für die somatogene Entstehung psychischer Veränderungen angeführt wird: Leiser (Gießen) versuchte mit Erfolg nachzuweisen, daß die typischen Charakterveränderungen bei

Kindern, die eine Encephalitis überstanden haben, ihre starke motorische Unruhe und Widerspenstigkeit, nicht primär auf Gehirnveränderungen, sondern auf die Stellungnahme des Kindes zu seiner veränderten Körperlichkeit, also auf ein durch die Erkrankung verstärktes Minderwertigkeitsgefühl zurückzuführen seien.

Was nun die vegetativen Störungen bei Neurosen und funktionellen Psychosen anbelangt, die derzeit den Gegenstand des Hauptinteresses innerhalb der französischen Neurologie bilden, so ist es nach den bisherigen Beobachtungen sehr wahrscheinlich, daß bei der großen Mehrheit neurotischer und neuropsychotischer Erkrankungen Anomalien des Sympathicus oder des Parasympathicus – gelegentlich auch beider – nachzuweisen sind. Eine ganze Reihe von Reflexen vasomotorischer Natur, pharmakologischen Reaktionen und experimentell zu erzeugenden klinischen Zeichen weist darauf hin, daß es sich da um mehr als zufällige Zusammenhänge handelt und daß tatsächlich Reaktionsanomalien des vegetativen Nervensystems einer großen Zahl nervöser Erkrankungen – vielleicht allen – zugrunde liegen. Viele Beobachter glauben damit der Kernfrage der Pathogenese neurotischer Phänomene nahegekommen zu sein und halten die Lehre von der Psychogenese derselben für im Wesen widerlegt. Die psychologischen Zusammenhänge, die man durch eingehende Analyse des Symptoms und der Persönlichkeit feststelle, seien gewiß sehr interessant, aber mit der Pathogenese der Symptome hätten sie schon deshalb nichts zu tun, weil man ja dieselben Mechanismen bei durchaus gesunden Individuen antreffe.

Nun läßt sich zweifellos derselbe Einwand auch gegen die pathogenetische Bedeutung der vegetativen Störungen erheben, von denen noch lange nicht festgestellt ist, ob sie nicht bei durchaus gesunden Individuen ebenso häufig vorkommen wie bei Nervösen. Von statistischen Erhebungen ist gerade auf diesem Gebiete nicht viel zu erwarten, nicht nur deshalb, weil es nicht leichtfallen dürfte, eine entsprechend große Anzahl wirklich Gesunder zu finden, die bereit wären, sich den erforderlichen Untersuchungen zu unterziehen, sondern vor allem, weil gerade auf dem Gebiete der funktionellen Nervenkrankheiten die Grenze zwischen gesund und krank durchaus nicht zu ziehen und ganz von der subjektiven Schätzung des Arztes und des betreffenden Individuums abhängig ist. Aber selbst wenn sich ergeben sollte, daß vegetative Anomalien bei Gesunden nicht wesentlich seltener vorkommen als bei Neurotikern, würde dies noch nicht gegen ihre pathogenetische Bedeutung sprechen, so wenig, als es uns anficht, daß wir Gefühl der Minderwertigkeit und männlichen Protest »mehr oder weniger« bei allen Menschen finden. Die pathogenetische Bedeutung der psychologischen Zusammenhänge bezieht ihre Beweiskraft nicht aus irgendwelchen statistischen Erhebungen, sondern aus der logischen Geschlossenheit des seelischen Systems, in welchem die neurotischen Symptome ebenfalls ihren Platz finden. Ebenso wird die Bedeutung der körperlichen Anomalien nur dann beweisbar sein, wenn es sich zeigt, daß zwischen ihnen und den neurotischen Erscheinungen ein sinnvoller, biologisch verständlicher Zusammenhang besteht.

Dieser Zusammenhang muß, sofern er vorhanden ist, mit der psychologischen Struktur der Neurose in naher Beziehung stehen und gewissermaßen ihre Ergänzung bilden. Denn die individualpsychologische Konzeption der Einheit der Persönlichkeit ist mit einer dualistischen Lösung des Leib-Seele-Problems nicht vereinbar, nicht einmal mit einem noch so strengen psychophysischen Parallelismus. Seelische und körperliche Abläufe stellen bloß zwei verschiedene Aspekte desselben Geschehens dar und müssen letzten Endes in einer höheren Einheit zusammenfallen. Daß wir gleichwohl zwischen psychisch und physisch unterscheiden, ist bloß der Ausdruck dessen, daß manche Vorgänge am lebenden Organismus in der einen Form, andere in der anderen Form unserer Apperzeption verständlicher erscheinen. Aber es ist unmöglich, in der Betrachtung eines einheitlichen Phänomens, wie es die Neurose darstellt, nach Bedarf den Standpunkt zu wechseln. Man verzichtet dadurch auf das Verständnis.

An unserer Auffassung, daß für die Neurose der psychologische Aspekt der angemessenere ist, vermögen auch die bedeutsamsten Feststellungen im Bereiche der somatischen Kategorie nichts zu ändern. Sie alle lassen sich, so wie die oben angeführten Beispiele, in das individualpsychologische Schema dort einfügen, wo der Begriff der Organminderwertigkeit seinen Platz hat.

Als angeborene Organminderwertigkeit ist zweifellos auch die Übererregbarkeit des vegetativen Nervensystems aufzufassen. Die Labilität der Gefäßinnervation, Unstimmigkeiten in der Regulierung des Wärmehaushaltes, der Drüsentätigkeit und der Motilität der Organe mit glatter Muskulatur gehören durchaus in die Kategorie jener Tatsachen, deren Wahrnehmung und subjektive Bewertung in der Struktur der Persönlichkeit eine bedeutsame Rolle spielen. Als das geläufigste Beispiel können hier die bekannten vegetativen Störungen auf thyreotoxischer Basis, vor allem in der Form des Sternschen Basedowoids, angeführt werden. Sie gehören zu den häufigsten Erkrankungen nervöser Natur bei Frauen, und je nach der Auffassung des Beobachters werden sie als Thyreotoxikosen mit psychogener »Überlagerung« oder als Psychoneurosen auf thyreotoxischer Basis gedeutet. Individualpsychologisch unterscheiden sich diese Fälle in nichts von Neurosen ohne spezifisch organische Grundlage. Wir finden dieselben Arrangements des Geltungsstrebens, Kunstgriffe zur Überwindung eines Gefühls der Minderwertigkeit, das sich außer auf Besonderheiten der Familienkonstellation, der Erziehung, der sozialen und wirtschaftlichen Bedingungen der Kindheitsentwicklung auch auf die in diesem Fall endokrin bedingte und in der Labilität des vegetativen Nervensystems sich äußernde Organminderwertigkeit gründet. Dem Aufbauschema der Neurose wäre also in diesem Punkte nichts hinzuzufügen.

Und doch nehmen die Organminderwertigkeiten der vegetativen Sphäre eine Sonderstellung ein, die meines Erachtens mit ihrer größeren Ichnähe – um mich eines Ausdruckes von Schilder zu bedienen – zusammenhängt. Ein Vergleich soll verständlich machen, was hier gemeint ist. Ein kleiner, etwa linsengroßer Furunkel am Oberarm wird, weil er keine besonderen Schmerzen verursacht, kaum beachtet. Sitzt derselbe Furunkel, in derselben Größe, im äußeren Gehörgang, so ist er erfahrungsgemäß so schmerzhaft, daß er eine mehr oder minder schwere Störung des Allgemeinbefindens zur Folge hat. Ganz ähnlich verdanken die vegetativen Anomalien ihre besondere Bedeutung für das Zustandekommen neurotischer Erkrankungen dem Umstand, daß sie gewissermaßen an einem empfindlichen Punkt unseres Organismus liegen, also eben der Tatsache, die wir als ihre Ichnähe bezeichnet haben.

Worin besteht nun die Ichnähe des vegetativen Systems? Offenkundig in seiner nahen Beziehung zur Affektivität. Charakteristische Modulationen der Atmung, des Herzrhythmus, des Blutdrucks, der Blutverteilung, der Drüsensekretion und der sympathischen Muskelinnervation stellen die objektive Seite des Affekterlebnisses dar. Einer vorgeschrittenen Physiologie wird es gelingen, die vegetative

Formel für jeden Affekt zu ermitteln, wie dies bezüglich der Respiration bereits von Benussi weitgehend durchgeführt ist. An der rein psychischen Determination der Affekte wird durch diese Erkenntnis natürlich nichts geändert. Der Schein einer Umkehrbarkeit der Beziehung zwischen dem Affekt und seinen körperlichen Erscheinungsformen ergibt sich im Symptomenbild gewisser Vergiftungen (Alkohol, Kokain, Atropin) und organischer Erkrankungen (progressive Paralyse, Psychosen bei Herzkrankheiten usw.), wo sich aus unserem Wissen um die primär körperliche Ursache der Schluß aufdrängen will, als wäre der Affekt nichts als der Ausdruck körperlichen Geschehens. In Wahrheit können auch die weitgehenden Übereinstimmungen im psychischen Symptomenbild dieser Erkrankungen die Tatsache nicht aus der Welt schaffen, daß das dominierende Element des psychischen Zustandsbildes immer die prämorbide Persönlichkeit bildet, die durch die körperliche Erkrankung zunächst nur insoweit direkt alteriert ist, als diese die Beseitigung normalerweise vorhandener Hemmungen bewirkt. Die Volksmeinung, daß sich im Rausch erst der wahre Mensch zeige, besagt eigentlich dasselbe. Die zornige Erregung des Betrunkenen bleibt seine Erregung, sie ist durch seine persönlichen Motive und Zielsetzungen determiniert, auch wenn es nur dem Alkohol zuzuschreiben ist, daß sie sich hemmungslos äußert. Als zweites, unverkennbar psychisches Element kommt aber die Stellungnahme der Persönlichkeit zu der von ihr wahrgenommenen Veränderung ihrer Körperlichkeit, ihres Allgemeingefühles hinzu, die daraus bezogene Verstärkung des Minderwertigkeitsgefühles, die zu Kompensationen drängt, dieser uns wohlbekannte Mechanismus, der neueren Beobachtungen zufolge auch bei durchaus organischen Affektionen (progressive Paralyse, *Encephalitis lethargica*) eine wichtige Rolle spielt.

Unter den Affektbereitschaften, die insbesondere auf dem Gebiete der Psychoneurosen, die Ichnähe des vegetativen Systems vermittelnd, eine beherrschende Rolle spielen, kommt nur der Angst eine besondere Bedeutung zu. Was ihren biologischen Ursprung und Sinn anbelangt, so gilt für sie ganz besonders das teleologische Prinzip, das ich an anderem Orte[1] im Anschluß an Darwins Untersuchung über die Gemütsbewegungen darzustellen versucht habe. Ich sagte dort,

1 Siehe meinen Aufsatz: Zur Biologie und Psychologie der Affekte (in diesem Band, S. 110ff.).

daß wir uns, um den Affekt zu verstehen, nicht an das introspektiv gewonnene Erlebnis, sondern an die Ausdrucksformen zu halten haben, die, wenn nicht in unserem heutigen Leben, so doch gewiß in den primitiveren Lebensformen unserer phylogenetischen Vorfahren unmittelbar zweckmäßig gewesen sein müssen. Anders wäre die Züchtung jener Summe von Reflexen, als die sich der körperliche Ausdruck eines Affekts darstellt, nicht zu erklären. So ergibt sich für das Phänomen der Angst aus der Beobachtung und Deutung der Ausdrucksbewegungen der biologische Sinn der Sicherung, vielfach einer angriffsweisen Verteidigung, wobei ich auf das Darwinsche Beispiel des Haare- und Federnsträubens der Tiere hinweisen konnte, das gleichzeitig den Ausdruck der Angst und der Kampfbereitschaft gegen den gefürchteten Gegner darstellt. Unter primitiven Lebensbedingungen konnte also der Ausdruck der Angst gleichzeitig ein wirksames Mittel der Abwehr eben jener Gefahr bilden, die zur Angst den Anlaß gab. Biologisch bedeutet demnach Angst in erster Linie Abwehrmaßregel und erst sekundär, durch die automatisierte, zwangsläufig gewordene Verknüpfung mit dem Anlaß, reaktiven Ausdruck der Gemütsbewegung. Psychologisch erleben wir das Letztere zuerst, und unter Umständen auch ausschließlich, als eine psychische Realität, die unsere verhältnismäßige Insuffizienz bestimmten Gegebenheiten des äußeren Lebens gegenüber in sich faßt. Mit anderen Worten: Die Angst ist der zum Affekt gewordene Ausdruck des Gefühls der Minderwertigkeit.

Für die individualpsychologische Betrachtung wird es nun ohne weiteres verständlich, daß die Angst in der Symptomatologie der Psychoneurosen eine dominierende Rolle spielen muß. Mag sie sich nun unverhüllt als Angstanfall, des seelischen Erlebnisgehaltes entkleidet als vegetativer oder hysterischer Anfall, gedämpft und kontinuierlich in der Form neurasthenischer Symptome, nervöser Schüchternheit und Gehemmtheit, kompensiert als nervöse Reizbarkeit, Jähzorn und Überempfindlichkeit äußern, immer steht sie, der Ausdruck des Minderwertigkeitsgefühls, im Zentrum des Systems. Wie sie verwertet, als Mittel der Distanzierung benützt, zum Machtmittel gegen die Umgebung gewendet werden kann, wissen wir aus zahlreichen individualpsychologischen Beobachtungen. Das neurotische Arrangement macht, wenn es sich als zweckmäßig erweist, aus dem ererbten Reflex einen Kunstgriff, der jenem sekundär wieder den Sinn der Sicherung verleiht, aus dem das Urphänomen der Angst unter primitiven Lebensverhältnissen entstanden sein muß. Hier wie ansonsten wird psychischer Realbesitz – die Angstbereitschaft – als »Trick« verwertet. Das subjektive Erlebnis der Passivität, des Überwältigtwerdens, das diesem Affekt wie allen anderen anhaftet, macht ihn durchaus geeignet, das Individuum scheinbar der Verantwortlichkeit zu entheben, so daß nunmehr alles, was vermöge der Angst geschieht oder unterbleibt, nicht der verantwortlichen Persönlichkeit, sondern dem Affekt zugerechnet werden soll – als ob dieser Affekt ein von außen über die Persönlichkeit hereingebrochenes Elementarereignis wäre.

Der subjektiv als elementar und unwiderstehlich empfundene Charakter des Angsterlebnisses rührt aber vor allem daher, daß bei diesem »Trick« der ganze Organismus »mitspielt«. Hierin vor allem liegt die Ichnähe des vegetativen Nervensystems begründet. Hier besteht aber auch die Möglichkeit einer somatopsychischen Rückwirkung in dem Sinne, wie wir sie bei der psychologischen Verarbeitung von Organminderwertigkeiten anderer Art kennen. Die oben erwähnten Anomalien im Bereiche des vegetativen Nervensystems auf konstitutioneller oder endokriner Basis müssen sich vor allem darin auswirken, daß die vegetativ innervierten Organe in einer von der Norm abweichenden Art auf Reize ansprechen. Dort, wo sich diese Anomalie im Sinne einer gesteigerten Erregbarkeit bemerkbar macht, muß nun das Angsterlebnis – vorläufig durchaus innerhalb des normalpsychologischen Rahmens der Kinderpsyche betrachtet – ein viel intensiveres sein, es muß subjektiv stärker, als man es gemeinhin annimmt, als elementar und überwältigend empfunden werden. Das will natürlich nicht besagen, daß ein Kind, welches konstitutionell im erwähnten Sinne übererregbar ist, schon darum ängstlicher sei als andere. Die Ängstlichkeit des Kindes ist eine Funktion seines Minderwertigkeitsgefühles, ist also durchaus psychologisch bestimmt. Aber das Gefühl der Minderwertigkeit ist unter anderem durch die körperliche Beschaffenheit des Kindes bedingt, und unter den Organminderwertigkeiten, welche geeignet sind, die innere Sicherheit und das Selbstvertrauen des Kindes zu erschüttern und seine Entwicklung zur Selbständigkeit und zum Gemeinschaftsgefühl zu hemmen, findet auch eine etwa vorhandene Übererregbarkeit des vegetativen Nervensystems ihren Platz, zumal dann, wenn sich diese im Angsterlebnis selbst äußert. Die Angst, körperlich empfunden, potenziert sich zur Angst vor der Angst, wie wir sie bei Neurosen Erwachsener oft genug beobachten können. Die weitere Entwicklung steht im Zeichen des Trainings. Konstitutionell begünstigt, wird sich der zielgerecht in der Richtung auf Sicherung und Befestigung des Persönlichkeitsgefühles verwertete Angstmechanismus mehr und mehr vervollkommnen. Das bedeutet aber eine weitere Steigerung der körperlichen Angstbereitschaft und damit die Herstellung eines *Circulus vitiosus*, gebildet von vegetativer Übererregbarkeit (Angstbereitschaft), Minderwertigkeitsgefühl und kompensatorischer Sicherungstendenz. Der Trick, der in der Verwendung der Angst im Dienste der Sicherung besteht, bewirkt es erst, daß durch Training und Reflexverstärkung der Ring geschlossen wird, aus dem der Nervöse nicht leicht den Ausweg findet.

Einzelfragen der Neurosenpsychologie werden durch Anwendung dieser Betrachtungsweise verständlich. Hier sei etwa auf die Psychopathologie der Schlaflosigkeit hingewiesen. Es ist bekannt und doch eigentlich kaum verstanden, daß bei Neurosen und funktionellen Psychosen Schlafstörungen eine so außerordentlich bedeutsame Rolle spielen. Bei der Melancholie stellt die Schlaflosigkeit geradezu ein Kardinalsymptom dar. Nun läßt sich bei Kindern nachweisen, daß Nacht und Schlaf gemeinhin Stichworte der Angstentwicklung darstellen. Die gesteigerte Angstbereitschaft des Schlafenden ist möglicherweise eine phylogenetisch uralte und biologisch sinnvolle Tatsache. Ich habe an anderer Stelle[2] die Vermutung ausgesprochen, daß eine Reihe schwer deutbarer Ausdrucksformen der Angst, unter ihnen vor allem das Herzklopfen, im primitiven Leben gefährdeter Tiergattungen die Funktion erfüllt haben könnten, schlafstörend zu wirken, wo der Schlaf eine Gefahr bedeutet – also etwa auf der Flucht vor einem Gegner. Tatsächlich stellt die ängstliche Erregung, vor allem in ihren vasomotorischen und kardialen Auswirkungen, fast den einzigen unfehlbar wirksamen Mechanismus dar, sich trotz großer Müdigkeit wach zu erhalten. Es gibt aber Anzeichen dafür, daß der Schlaf selbst physiologisch mit einer Erregbarkeitsänderung der vegetativen Zentren einhergeht, die einer gesteigerten Angstbereitschaft entsprechen. Bekannt ist das Aufschrecken aus leichtem Schlaf, etwa

2 Zur Biologie und Psychologie der Affekte (in diesem Band, S. 110 ff.).

durch ein ungewohntes Geräusch, mit einem verlangsamten und verstärkten Herzschlag, der als Vagusreizung gedeutet werden kann, der aber jedenfalls der Herztätigkeit beim Erschrecken durchaus entspricht. Die Eigenart des Traumes, die ihn für psychologische Interpretation so wertvoll macht, weil er im Bilde oft viel deutlicher und unverhüllter die Zielsetzung der Persönlichkeit verrät als das Verhalten im Wachen, beruht vielleicht in nichts anderem als in einer durch den Schlaf bedingten Veränderung der seelischen Tätigkeit, die ungefähr als eine Entfernung vom begrifflichen Denken und eine Annäherung an die Sphäre der Affektivität definiert werden kann. Das heißt aber wiederum gesteigerte Angstbereitschaft. Für den, der an der Lokalisation der Gehirnfunktion interessiert ist, sei in diesem Zusammenhang darauf hingewiesen, daß neuere, insbesondere an die Erfahrungen bei der Encephalitis und bei der Gelineau-Redlichschen Narkolepsie[3] anknüpfende Theorien ein wichtiges Schlafzentrum eben dort suchen, wo auch das Karplus-Kreidlsche Sympathikuszentrum und andere vegetative Zentren ihren Sitz haben: im Boden des dritten Ventrikels. Damit könnte die größere Affektnähe des schlafenden Menschen im Zusammenhang stehen, die sich ihrerseits wieder im obigen Sinne als eine biologische Notwendigkeit und Zweckmäßigkeit darzustellen scheint.

Unter diesen Voraussetzungen ist es aber wohl verständlich, daß nervöse Erkrankungen so außerordentlich häufig mit Schlafstörung einhergehen. Stellt wirklich das Gefühl der Minderwertigkeit in seiner affektiven Form als Angst das Zentrum des neurotischen Systems dar, so muß diese gerade zur Zeit des Schlafes und der mit ihm verbundenen an sich schon gesteigerten Angstbereitschaft am deutlichsten in die Erscheinung treten und demgemäß schlafstörend wirken. Auch hier wird das neurotische Arrangement, das sich souverän der physiologischen Gegebenheiten im Sinne seiner Zielsetzung bedient, meist unverkennbar sein. Der entmutigte Ehrgeizige bedarf der Schlaflosigkeit, um sich auf seine dadurch bedingte geringere Leistungsfähigkeit während des Tages berufen zu können. Es ist ihm aber ein Leichtes, sich den Schlaf zu stören, wenn er sich des Angstmecha-

3 Die Störungen der Affektäußerung (Mimik) bei der *Encephalitis lethargica* und der affektive Tonusverlust (Redlich) bei der Narkolepsie stehen offenbar in einem inneren Zusammenhang mit der bei beiden Erkrankungen auftretenden Schlafsucht.

nismus bedient. Es genügt, wenn er allabendlich die ihm zur Verfügung stehenden angst- und depressionserregenden Gedanken um sich sammelt, über die er gebietet. Damit erschwert er sich das Einschlafen nach Belieben. Oder er schläft wohl ein, benützt aber die Umstellung der physiologischen Abläufe und die größere Affektnähe des Schlafes zur Produktion ängstlicher Träume, aus denen er erwacht, um wieder längere Zeit nicht einzuschlafen. Dieser Mechanismen wird er oft nur im Anfang bedürfen. Ist die Schlaflosigkeit einmal trainiert, dann ergibt sie sich von selbst, auch ohne schlafstörende Gedanken und schreckhafte Träume. Ihr Sinn aber bleibt derselbe: Es ist der eines neurotischen Arrangements zur Sicherung gegen die Forderungen des Lebens, die als ebensoviele Gefahren und Gelegenheiten zur Niederlage empfunden werden.

Ein weiteres Kapitel, in welchem sich die hier dargestellten Zusammenhänge fruchtbar demonstrieren lassen, ist die Beziehung zwischen Angst und Sexualität. Das ist bekanntlich ein Lieblingsthema der Freudschen Schule. Freuds Formel für die Auffassung dieser Frage lautet, Angst sei verdrängte Libido[4]. Ferenczi und Rank wollen nun das Angsterlebnis noch weiter zurückverfolgen und gelangen dabei zu der Behauptung, das erste Angsterlebnis sei das Geburtstrauma. Anthropomorphistischen Vorstellungen kommt nun allerdings die Verknüpfung der Angst mit dem Geburtsakt, dieser schmerzvollen Befreiung aus furchtbarer Enge, sehr entgegen. Wir wissen nicht, ob das Neugeborene während des Geburtsaktes Angst empfindet; es ist möglich, wenn auch nicht wahrscheinlich. Es mag sogar vorkommen, daß in Träumen Erwachsener ein symbolhaftes Bild, das an den Geburtsakt erinnert, zur Darstellung angstbewegter Stimmung verwendet wird. Der naheliegenden Assoziation, die der psychoanalytischen Konzeption zugrunde liegt, sind gewöhnliche Träumer gewiß auch fähig. Daß dies aber gerade nur mit der persönlichen Erinnerung an die eigene Geburt zu erklären sei, kann nur von Psychoanalytikern geglaubt werden, die damit der Legende vom allgewaltigen Ödipuskomplex neue Kräfte zuzuführen glauben. In

---

4 Wie aus meinem in der vorhergehenden Nummer dieser Zeitschrift gegebenen Bericht (»Die Rezeption der Individualpsychologie durch die Psychoanalyse«) hervorgeht, hat Freud in jüngster Zeit diesen Standpunkt zugunsten eines neuen aufgegeben, welch letzterer sich nahezu mit dem der Individualpsychologie deckt. Internationale Zeitschrift für Individualpsychologie 4, 153–156, 1926.

Wahrheit wäre das Geburtstrauma als Erlebnis auch dann belanglos, wenn seine Erfassung und seelische Verarbeitung wahrscheinlicher wäre, als sie es ist. Die pathogenetische Bedeutung des sexuellen Traumas wurde von der Psychoanalyse selbst als unhaltbar aufgegeben. Vom Geburtstrauma gilt aber dasselbe. Der Nervöse, der angstbetonter Reminiszenzen bedarf, um seine Flucht vor dem Leben zu rechtfertigen, kann, wenn er will, auch auf das Geburtstrauma zurückgreifen. Wie er es macht, ist aber belanglos; nur was er macht, das gilt. Die Angstbereitschaft hat er geerbt. Er wird sich ihrer immer dann bedienen, wo er sie braucht. Die Verknüpfung zwischen Angst und Sexualität aber läßt sich, auch ohne Geburtstrauma und Ödipuskomplex, psychologisch verstehen, und auch hier scheinen physiologische Tatsachen, ähnlich wie beim Schlaf, determinierend und erleichternd zu wirken. Französischen Beobachtern zufolge ist der Zustand sexueller Erregung ein Zustand der Vagotonie, die wiederum zum Angstaffekt nahe Beziehungen hat. Auch die Sexualerregung hat ihr wichtigstes Zentrum am Boden des dritten Ventrikels. Der Nervöse also, der aus individualpsychologisch verständlichen Gründen die Tendenz hat, sich im entscheidenden Augenblick vor der Geschlechtsbeziehung in die Angst zu flüchten, findet einen physiologischen Mechanismus bereitliegend, der ihm dies erleichtert. Individuelle Prädisposition könnte auch hier eine Rolle im Sinne der Organminderwertigkeit spielen, eine vegetativ bedingte Schwierigkeit im Ablaufe der Sexualfunktion bei Männern so gut wie bei Frauen die Verstärkung eines auch aus anderen Quellen gespeisten Minderwertigkeitsgefühls und in weiterer Folge neurotische Angsterscheinungen als Arrangement veranlassen. Auch die Masturbation im Zustande der Entmutigung, der Angst oder des Trotzes, wie man sie bei Knaben und bei erwachsenen Neurotikern findet, ist individualpsychologisch wohl verständlich. Sie bedeutet symbolischen Hinweis auf die Männlichkeit und die Flucht in den Lusthunger, die man bei entmutigten Ehrgeizigen als Praxis des Lebens und als Weltanschauung so oft beobachtet. Daß sich aber die Angst unmittelbar in sexuelle Erregung umzusetzen vermag, ist eine physiologische Tatsache, deren sich der Nervöse bedient, wo er ihrer bedarf.

Was hier für die Psychologie der Schlafstörungen und für den Bereich der Sexualität dargestellt wurde, gilt zweifellos für das ganze Gebiet der Neurosenpsychologie. Wir wissen, daß jeder Neurose ein Gefühl der Minderwertigkeit zugrunde liegt. Dieses Gefühl der Minderwertigkeit ist, in der Sprache des Affekts ausgedrückt, nichts anderes als Angst. Als Angst wird es vom Nervösen oft unmittelbar erlebt, weil es so, affektiv verschleiert, den Irrtum des Patienten und seine Verantwortlichkeit nicht verrät. Wo die Angst nicht unmittelbar als Symptom in Erscheinung tritt, dort ergibt sie sich durch richtige Interpretation der Symptome und der Persönlichkeit. Dies ist bei vielen Fällen von Zwangsneurose der Fall, in welchen die straffe Organisation des Zwangszeremoniells das unmittelbare Erlebnis der Angst als Sicherung ersetzt. Der Affekt tritt gewöhnlich mit der ihm geflissentlich verliehenen elementaren Kraft in Erscheinung, sobald der Zwangsneurotiker daran gehindert wird, seinen Zwangsimpulsen zu folgen. Verfolgt man das Einzelphänomen der Angst durch die Struktur der Persönlichkeit hindurch, so findet man sie zunächst mehr oder weniger unmittelbar gegeben als neurotisches Symptom. Arrangement und Sicherung, weiterhin als unmittelbaren affektiven Ausdruck des Minderwertigkeitsgefühls und schließlich, jenseits des Psychischen, als physiologische Affektbereitschaft.

Der dominierenden Rolle der Angst entspricht die Methodik der Neurosentherapie. Die individualpsychologische ist die erste unter allen psychotherapeutischen Methoden, welche bewußt die Ermutigung als Ziel der Behandlung erklärt. Damit ist gesagt, daß Charakterzüge, die sich um den Begriff der Angst gruppieren, also Feigheit, Ängstlichkeit, Unsicherheit das Wesentliche des nervösen Charakters ausmachen. Das übersteigerte Geltungsstreben des Nervösen, sein maßloser Ehrgeiz, zeigt denselben Fehler von einer anderen Seite. Ist es gelungen, den Patienten von der Irrtümlichkeit jener Voraussetzungen zu überzeugen, aus denen sein Minderwertigkeitsgefühl entspringt, und ihm zu zeigen, daß alle seine Schwierigkeiten und seine nervösen Symptome bloß Ausdruck und Folgen des Grundirrtums sind, so ist die psychotherapeutische Indikation im wesentlichen erfüllt. Die Ermutigung gelingt auf diesem Wege, weil sie auf dem restlosen Verständnis der Persönlichkeit beruht.

Was die Individualpsychologie bewußt und unter voller Kenntnis der Zusammenhänge unternimmt, das versuchen alle anderen psychotherapeutischen Methoden, ohne sich darüber Rechenschaft abzulegen. Nur in dem Maße, als sie den Mut des Patienten zu heben vermögen, können sie heilend wirken. Daß ihnen dies nur unvollkommen gelingt, liegt am Mangel an Verständnis. Aber es ist zuzugeben, daß allein schon die wohlwollende Beschäftigung des Arztes mit der Person des Kranken und sein freundschaftliches Interesse ermutigend zu wirken vermögen. Elektrotherapeutische und hydrotherapeutische Prozeduren bedeuten nicht viel mehr als ein Symbol jener ärztlichen Bemühung, für die der Kranke auf jeden Fall dankbar ist. Suggestion und Hypnose vermögen in manchen Fällen der neurotischen Angst wirksam entgegenzutreten, indem sie dem Kranken die erleichternde Fiktion darbieten, als hätte er keinen eigenen Willen und keine Verantwortung mehr und alles stünde beim Arzt, der bei ihm, dem Kinde, Vaterstelle vertritt. Daß die Unselbständigkeit des Patienten, seine Feigheit und Unsicherheit, auf diesem Wege gewiß nicht behoben werden, ist freilich unverkennbar, Dauererfolge sind daher mit dieser Methode kaum zu erzielen. Etwas psychologischer geht offenbar die Coué-Baudouinsche Methode der Erziehung zur Autosuggestion vor, indem sie dem Kranken durch den Pendelversuch und andere Kunstgriffe die Überzeugung zu vermitteln versucht, daß er das könne, was er wolle. Daß auch hierin das Prinzip der Ermutigung enthalten ist, liegt auf der Hand. Die Psychoanalyse schließlich wirkt wie eine Entlastungsoffensive: Sie verschiebt die seelischen Vorgänge auf den Nebenkriegsschauplatz der Sexualität und bietet dem Patienten eine einigermaßen plausible Theorie seines seelischen Wesens, die zwar das Wichtigste außer acht läßt, aber den Kranken so weit in die Methodik der Selbsterkenntnis einführt, daß er manche Arrangements zu durchschauen vermag.

Der Zweck meiner Ausführungen bestand hauptsächlich darin, die neueren Ergebnisse pathophysiologischer Forschung, soweit sie das Neurosenproblem betreffen, in die individualpsychologische Theorie und Praxis einzufügen. Daß es hierzu keiner Modifikation unserer Anschauungen bedarf, daß vielmehr die individualpsychologische Lehre, insbesondere was die Organminderwertigkeit und ihre seelischen Folgeerscheinungen anbelangt, durch die erwähnten Befunde bestätigt und bestärkt wird, glaube ich, gezeigt zu haben.

Zur Biologie und Psychologie der Affekte

Wer sich über Sinn und Bedeutung der Gemütsbewegungen in den Lehrbüchern der Psychologie unterrichten will, findet in ihnen kaum mehr als eine systematische Darstellung von Einsichten, die jeder von uns auf dem Wege der Innenschau ganz allein gewinnen kann. Die Gemütsbewegung wird im allgemeinen als die spezifische Antwort oder »Reaktion« der seelischen Materie auf bestimmte Reize der Außenwelt dargestellt. Das Gleichnis der chemischen Reaktion beherrscht die Fragestellung. Und entsprechend diesem Bilde, das unserer subjektiven Erfahrung durchaus entgegenzukommen scheint, wird die mit Gemütsbewegungen reagierende Seele jeder Aktivität entkleidet; sie ist, wo es sich um affektbetonte Erlebnisse handelt, nichts anderes als der Schauplatz ablaufender Gemütserregungen, der »Spielball der Leidenschaften«.

Doch gibt es vielfältige Erfahrungen auf dem Gebiete des gesunden und kranken Seelenlebens, die mit der herkömmlichen Auffassung schwer vereinbar sind. Die Tatsache, daß die Stärke der Affektreaktion durchaus nicht in direktem Verhältnis zu der Stärke des auslösenden Reizes steht, zwingt uns schon, die reagierende Persönlichkeit als wesentlich bestimmendes Moment mit in Rechnung zu ziehen. Mehr als das: ein und dasselbe Individuum kann auf dasselbe Erlebnis zu verschiedenen Zeiten verschieden reagieren; es kann – alltägliche Erfahrung lehrt es – Affektäußerungen willkürlich unterdrücken und willkürlich verstärken. Hier ist von der reinen Passivität des Reagierens nicht mehr die Rede.

Der Einwand liegt nahe, Affektäußerungen und Affekte seien zweierlei. In jenen sei zweifellos ein gut Teil Aktivität zu finden, die in der Gemütsbewegung selbst noch nicht enthalten sei. Das Schema des Affekterlebnisses sei also etwa dieses: Die Außenwelt liefert einen Eindruck, der durch die Sinne aufgenommen, gedanklich verarbeitet und sodann – reaktiv – mit einer Gemütsbewegung beantwortet wird.

Ob und wie stark diese Gemütsbewegung geäußert wird, hängt von mannigfaltigen Umständen ab. Der Ausdruck der Gemütsbewegung aber habe mit dieser selbst schon fast nichts mehr zu tun.

Lassen wir diesen Einwand einstweilen auf sich beruhen. Sprechen wir zunächst vom Ausdruck der Gemütsbewegung und nicht von dieser selbst.

Über diesen Gegenstand hat vor mehr als 50 Jahren Charles Darwin ein bedeutsames Buch geschrieben. Eine Fülle von eigenen und fremden Naturbeobachtungen diente ihm als Material zum Studium des Ausdrucks der Gemütsbewegungen bei Tieren und Menschen. Es hat ihm ermöglicht, die geniale Idee der natürlichen Zuchtwahl, die seiner Lehre von der Entstehung der Arten zugrunde liegt, auf dieses Sondergebiet der Affektäußerung anzuwenden. Darwins grundlegender Gedanke besteht bekanntlich darin, daß im Kampf ums Dasein nur jene Tier- und Pflanzenarten sich behaupten konnten, die den besonderen Lebensbedingungen ihrer Umgebung verhältnismäßig am besten angepaßt waren. Angenommen etwa, es hätte irgendeinmal eine große Anzahl von Eidechsen der verschiedensten Färbung in einem bestimmten steinigen Terrain gegeben, so hatten unter den zahlreichen Abarten derselben Gattung diejenigen die größte Aussicht, ihren Verfolgern und Feinden zu entgehen, die sich in ihrer Farbe am wenigsten von ihrer Umgebung abhoben und daher der Aufmerksamkeit ihrer Verfolger am leichtesten entgingen. Diese, ihrer Umgebung angepaßten Eidechsen, überleben also in größerer Zahl als die anderen und können sich daher auch zahlreicher fortpflanzen. Unter ihren Nachkommen wird es eine viel geringere Zahl von mangelhaft angepaßten Individuen geben als in der vorhergehenden Generation. Und wieder vollzieht sich die Auswahl durch den Kampf ums Dasein: Die am besten angepaßten Individuen überleben und pflanzen sich fort. So ergibt sich im Ablauf der Generationen eine Züchtung der zweckmäßigen Eigenschaften, eine fortschreitende Vervollkommnung der Schutzfarbe, Mimicry genannt. Das Ergebnis der durch ungezählte Generationen fortgesetzten natürlichen Zuchtwahl sind Tiere, deren anatomischer Bau und deren physiologische Funktionsbereitschaft den Eindruck einer »gottgewollten« Zweckmäßigkeit erwecken, wie etwa die flinke, kleine Lazerte des Karstgebietes, die genau dieselbe Farbe hat wie die Steine, innerhalb deren sie lebt, so daß man sehr gute Augen haben muß, um sie zu sehen, wenn sie in Ruhe ist; bewegt sie sich aber, so ist sie durch ihre Schnelligkeit noch wirksamer geschützt.

Wir sehen: Die Darwinsche Theorie zeigt den Weg, die unverkennbare Zweckmäßigkeit in der Organisation von Lebewesen gewissermaßen mechanisch entstanden, denken und zu verstehen, ohne die Annahme einer göttlichen Vernunft, die in ihrer Weisheit jedem Wesen die Eigenschaften verliehen hätten, deren es bedarf. Fortan war man imstande, den Zweckgedanken in der Biologie zu verfolgen und doch auf die Hypothese vom göttlichen Ursprung alles Seienden zu verzichten. Es gab gewissermaßen eine Teleologie, frei von Theologie.

Auf die Frage vom Ausdruck der Gemütsbewegungen angewandt, wurde dieser Gedanke zum heuristischen Prinzip: Es galt, für jede Ausdrucksbewegung des Tieres oder der Menschen jene naturgegebene Situation zu finden, in der sie sich als zweckmäßig und notwendig im Kampf ums Dasein erwies. Damit war gleichzeitig ihr biologischer Sinn und der Mechanismus ihrer Züchtung gegeben.

Nun darf man sich die biologische Forschung in dieser Richtung durchaus nicht als leicht und einfach vorstellen. Die große Mehrheit der Ausdrucksbewegungen bei Tieren und Menschen ist zunächst scheinbar sinn- und zwecklos. Gelingt es, nur hie und da eine unter vielen teleologisch zu verstehen, so will das schon viel besagen. Ein Beispiel: Als Ausdruck des Entsetzens fand Darwin weit aufwärts in der Tierreihe einen und denselben Reflex: das Sträuben der Haare bei Säugetieren, der Federn bei Vögeln. Es gelang ihm nun, mit großer Sicherheit nachzuweisen, daß dieser zunächst rätselhafte Vorgang einen guten Sinn hat: Durch das Sträuben der Haare und Federn erscheinen diese Tiere größer, ansehnlicher – man denke etwa an den gereizten Löwen, der seine Mähne sträubt –, sie sind dadurch imstande, den Gegner im Kampfe, den sie selbst fürchten, in Angst zu versetzen und so wirksam einer Gefahr zu begegnen, der sie durch die Flucht nicht zu entrinnen vermöchten. So wird eine und dieselbe Ausdrucksbewegung, die nichts Willkürliches an sich hat, sondern durchaus als Reflex abläuft, zum Ausdruck der Angst und der Kampfbereitschaft und Wut, wie dies etwa bei der Henne, die mit gesträubten Federn ihre Jungen gegen einen Angriff verteidigt, ganz deutlich ist. Beim Menschen, der schon seit unzähligen Generationen domestiziert, das heißt dem Leben in der freien Natur entzogen ist,

ist von jenem Reflex des Haaresträubens nicht mehr viel übriggeblieben: die »Gänsehaut«, die uns überläuft, wenn uns gruselt, und das Sträuben der Kopfhaare im höchsten Entsetzen, von dem man in übertreibenden Schilderungen nicht selten liest, das aber nur wenige Menschen wirklich erlebt haben dürften. Der uralte ererbte Reflex ist, zwecklos geworden, offenkundig in Rückbildung begriffen. So wie er heute besteht, hat er für uns wohl keinen aktuellen Sinn mehr; aber für die Menschenvorfahren, die gewiß noch am ganzen Körper behaart waren, muß er jenen Sinn der »moralischen« Erschütterung des Gegners gehabt haben, den er bei anderen Tiergattungen noch heute besitzt.

Damit haben wir aber ein psychologisch äußerst bedeutsames Prinzip entdeckt: Der Ausdruck jener Gemütsbewegung, die die Reaktion auf eine Gefahr darstellt, ist gleichzeitig ein sinnvolles Mittel zur Abwehr der Gefahr. Im Sinne Darwins haben wir anzunehmen, daß jene Tierindividuen, die über den Reflex des Haaresträubens im Augenblick der Gefahr verfügten, im Kampf ums Dasein vor den andern, die das nicht konnten, etwas voraus hatten und daß daher dieser Reflex dank seiner Zweckmäßigkeit gezüchtet wurde.

Nun ist es ohne weiteres ersichtlich, daß in diesem Mechanismus, der sich durch die Formel »Gefahr–Entsetzen–Haaresträuben« ausdrücken läßt, der Affekt »Entsetzen« selbst eine ganz nebensächliche Rolle spielt. Von entscheidender Wichtigkeit sind offenbar vor allem Anfangs- und Endpunkt der Reihe, die Gefahr und ihre Wahrnehmung einerseits, das Aufrichten der Haare anderseits. Sinn und Zweckmäßigkeit dieses Vorgangs würden durchaus erhalten bleiben, wenn sein subjektiver Anteil – die Empfindung der Furcht oder des Entsetzens – wegfiele und nur sein objektiver Anteil vorhanden wäre. Wir können noch weitergehen und fragen: Woher wissen wir überhaupt, daß das Pferd, das die Mähne sträubt, Angst und Entsetzen empfindet? Wir nehmen es an, weil wir uns unter ähnlichen Bedingungen ähnlich verhalten und dabei das subjektive Erlebnis der Angst haben. Aber zwingend ist dieser Analogieschluß durchaus nicht. Streng genommen ist er es nicht einmal, wenn wir aus der Ausdrucksbewegung eines Menschen auf eine bei ihm ablaufende Gemütsbewegung schließen. Wir haben keinerlei Möglichkeit, das Subjektive, das wir bei uns Angst nennen, mit dem Subjektiven, das jener Angst nennt, zu vergleichen. Keine Brücke führt von unserem Ich zu seinem, es sei denn die der Ausdrucksbewegungen und sprachlichen Äußerungen, die doch immer wieder nur Objektives und nie Subjektives darstellen.

Demnach kann sich also exakte naturwissenschaftliche Beobachtung wohl mit dem Ausdruck der Gemütsbewegung befassen, nicht aber mit diesen selbst, weil diese uns nicht objektiv gegeben sind. Damit ist nicht behauptet, daß sie uns gar nicht gegeben wären. Aber sie fallen nicht in die Ebene der objektiven Erscheinungen und haben deshalb im Rahmen einer biologischen Psychologie keinen Platz. Was uns hier interessiert, ist immer nur die Affektäußerung, nie der Affekt als solcher.

Ähnlich dem Haaresträuben lassen sich noch eine ganze Reihe von Affektäußerungen teleologisch als Sicherungsmaßnahmen verstehen. Der Schrei des Entsetzens z. B. mag einmal dem jungen Tier gedient haben, um im Augenblicke der Gefahr seine Eltern herbeizurufen, sowie der Brunstschrei des Hirsches, der Gesang der Drossel nicht eigentlich der poetischen Darstellung der Liebesempfindung, sondern vor allem der Anlockung des Weibchens dienen. Das durch Generationen vererbte Training hat diese ursprünglich zweckhaften Äußerungen automatisiert und derart unwillkürlich gemacht, daß sie anscheinend rein reaktiv, als Ausdruck von Gemütsbewegungen, auch dann eintreten, wenn im gegebenen Fall der Zweck nicht erreicht werden kann. Das weit aufgerissene Auge, der vortretende Augapfel des ängstlich-gereizten Tieres hat offenbar denselben Sinn wie das Sträuben der Haare: Es soll dem Gegner Furcht einjagen (Darwin). Das Reh, das auf die Wahrnehmung eines bedrohlichen Geräusches blitzschnell zusammenzuckt, bringt auf diese Art seine gesamte Muskulatur in Bereitschaftsspannung zum rettenden Sprung ins Dickicht. Daß wir Menschen noch bei einem plötzlichen Geräusch zusammenfahren, kann uns freilich nichts mehr nützen, weil wir nicht mehr in primitiven Verhältnissen leben. Was sich geändert hat, ist nicht der Reflex, sondern es sind unsere Lebensbedingungen. So wird aus dem ursprünglich sinnvollen ein scheinbar reaktiver Reflex. Wenn ungeheure, unabwendbare Gefahren lähmend wirken und den Atem stocken lassen, so haben wir es vermutlich mit den Überresten jenes Totstellreflexes zu tun, den man auch bei Käfern sieht: Gegner, die nur lebende Beute suchen, Kadaver aber verschmähen, ließen das »angstgelähmte«, wie tot hingestreckte Tier liegen. So kann auch die

Schreckhypnose unter naturgemäßen Lebensbedingungen lebensrettend wirken. Ist sie aber einmal durch Training, Automatisierung und Vererbung in den physiologischen Besitzstand einer Tiergattung übergegangen, dann bleibt sie als scheinbar reaktive und zweckfreie Affektäußerung auch dann bestehen, wenn die äußeren Lebensbedingungen sich längst geändert und den Totstellreflex überflüssig oder zwecklos gemacht haben.

Schwerer zu deuten sind andere Erscheinungen der ängstlichen Erregung, wie etwa das Herzklopfen, Muskelspannungen und Zittern, unwillkürliche Blasen- und Darmbewegungen. Sie entsprechen einem Zustand der Erregung des vegetativen Nervensystems, den wir auch unabhängig von Gemütsbewegungen bei gewissen Krankheiten, wie etwa der Basedowschen Krankheit, auftreten sehen. Ich habe, von klinischen Beobachtungen ausgehend, die Vermutung, daß ein Teil dieser Erscheinungen, insbesondere die lebhafte Herztätigkeit, den biologischen Zweck verfolgt, in gefahrvollen Situationen schlafstörend zu wirken. Man denke an eine von Raubtieren verfolgte Herde, die todmüde auf der Flucht haltmacht. Die Einrichtung eines Wachtpostens besteht bei höher organisierten Herdentieren ohne Zweifel. Dieser Wachtposten würde offenbar von Müdigkeit überwältigt werden und einschlafen, wenn er nicht über physiologische Mechanismen verfügte, die ihn daran hindern. Das Herzklopfen und die sonstige Steigerung der unwillkürlichen Muskeltätigkeit sind offenbar geeignete Mittel, den Schlaf hintanzuhalten. Jeder von uns, der einmal versucht hat, im Zustande ängstlicher Spannung zu schlafen, weiß, daß das unmöglich ist. Trauer läßt uns schlafen; Zorn über ein vergangenes Ereignis legt sich in der Stille der Nacht, und die Augen fallen uns zu; aber wer Angst hat, liegt mit klopfendem Herzen wach, solange die Ursache der Beängstigung nicht beseitigt ist. Es gibt also anscheinend eine Form der Angst, die, in verständliche Worte übersetzt, etwa folgenden Sinn hat: ich will nicht schlafen. Es sind naturgemäße Lebensbedingungen denkbar, in denen die Angst als Schlafstörung lebensrettend wirken konnte.

Was von den Ausdrucksformen der Angst gilt, läßt sich *mutatis mutandis* bei anderen Gemütsbewegungen ebenso durchführen. So versuchte in neuerer Zeit ein englischer Autor in geistvoller Weise eine Biologie des Weinens zu begründen. Die Tränendrüsen haben zunächst keine andere Aufgabe als die, die Hornhaut des Auges von

Verunreinigungen, die das Sehen behindern, zu befreien. Ferner treten sie bei großer Ermüdung in Tätigkeit, kurz bevor die Augenlider, vom Schlaf überwältigt, sich schließen. Dieses reflektorische »Weinen« aus körperlichen Ursachen stellt nun bei einem Tier, das mit anderen seinesgleichen im Rudel läuft, ein Symptom höchster Bedrohung dar. Denn das Tier, das durch Behinderung seines Sehvermögens – weil ihm ein Sandkorn ins Auge geraten ist – oder durch äußerste Müdigkeit Tränen in den Augen hat, kann alsbald nicht mehr mit und geht, von seinem Rudel getrennt, unfehlbar zugrunde. Wenn aber seine Nachbarn im Rudel in seinen tränenden Augen die Gefahr lesen, die ihm droht, so werden sie, anstatt den Gefährten im Stiche zu lassen, bei ihm bleiben, bis er sich erholt hat. Überdies wird die mühsam angestrengte Atmung des übermüdeten Tieres – Vorläufer des Schluchzens – als akustisches Notsignal den andern gemeldet: Helft mir, ich kann nicht mehr weiter! So werden Weinen und Schluchzen zum Signal der Kampf- und Laufunfähigkeit und der Hilfsbedürftigkeit überhaupt. Und heute noch ist das Weinen, eine willkürlich-unwillkürliche Reflexverstärkung, vor allem ein Appell an das Mitleid der Umgebung, dann aber ein Ausdruck des Mitleids mit sich selbst. Wieder zeigt uns das Beispiel, daß vom objektiven Anlaß – dem Unglücksfall, der durch äußere Umstände eingetretenen Hilflosigkeit – zum ebenfalls objektiv gegebenen Ausdruck der Gemütsbewegung – dem Weinen – eine direkte Linie der biologischen Zweckmäßigkeit führt, zwischen die sich bloß subjektiv, unkontrollierbar sozusagen, die Gemütsbewegung selbst, der Schmerz oder die Trauer, einschiebt.

Von der Biologie des Ausdruckes der Gemütsbewegungen bis zur Psychologie der Affekte ist nur ein Schritt. Es war Alfred Adler, dem Begründer der Individualpsychologie, vorbehalten, den Grundsatz von der immanenten Teleologie des Seelenlebens auch auf die Gemütsbewegungen auszudehnen. Um sie individualpsychologisch zu verstehen, braucht es nur eines: Die künstliche Trennung zwischen dem subjektiven und dem objektiven Anteil der Erscheinung, zwischen der Gemütsbewegung und ihrem Ausdruck, muß fallen und die Erscheinung als Ganzes muß dem Ganzen der Persönlichkeit eingeordnet betrachtet werden.

Ein sechsjähriges Mädchen fürchtet sich, abends allein ein dunkles Zimmer aufzusuchen. In die Unterhaltung über diesen Gegenstand mischt sich ihre um ein Jahr ältere Freundin, die in ähnlichen Lebenslagen auch nicht immer viel mutiger ist, mit der sachverständigen Bemerkung: »Ach, sie fürchtet sich ja gar nicht, sie will bloß, daß jemand sie begleitet!« Die kleine Psychologin hat recht und unrecht: recht insofern, als sie das Zielgerechte des ganzen Vorganges einwandfrei durchschaut. Denn daß die Sechsjährige es darauf abgesehen hat, von irgend jemand begleitet zu werden, steht ganz außer Zweifel. Unrecht hat aber ihre Freundin darin, daß sie die Furchtempfindung als solche bestreitet und die Jüngere so gewissermaßen der Lüge zeiht. Wir haben keinen Grund zu bezweifeln, daß das Kind sich »wirklich« vor dem dunklen Zimmer fürchtet, das es allein betreten soll. Der Affekt stellt sich dort ein, wo er notwendig ist; er ist eins mit seiner Äußerung, in diesem Fall also eins mit dem Wunsch nach Begleitung. Gemütsbewegung und ihr zweckgerechter Ausdruck sind ein und dasselbe, die streitbare Angst vor der Henne ist vom Reflex des Federnsträubens nur künstlich zu trennen. Was uns beim ängstlichen Kind den Vorgang unverständlich macht, ist zweierlei: erstens die unmittelbare Einfühlbarkeit des Affekts – aus unserer Erinnerung können wir ganz leicht ähnliche Situationen wachrufen, in denen wir Angst empfanden und keinerlei bewußten Zweck damit verfolgten; zweitens aber die Tatsache, daß uns die angenommene Zielsetzung des ängstlichen Kindes – nicht allein gelassen zu werden – nicht unmittelbar einleuchtend erscheint, weil wir keine reale Gefahr sehen, der die Sicherungstendenz des Kindes dienen könnte.

Was nun den ersten Einwand anbelangt, so lehrt uns das der Affektpsychologie nahe verwandte Gebiet der Neurosenpsychologie, daß Zielsetzungen dem Individuum durchaus nicht immer bewußt sind. Im Gegenteil: Gewisse Ziele können wir nur dann wirksam verfolgen, wenn wir uns über die Tatsache, daß wir sie verfolgen, nicht ausdrücklich Rechenschaft ablegen. Man denke etwa an die große Zahl von »Kriegszitterern«, die während des Weltkrieges die Krankenhäuser aller Nationen füllten. Die Bedauernswerten hatten jenes Zittern der Angst und des Entsetzens, von dem sie beim Einschlag einer Granate in den Schützengräben befallen worden waren, gewissermaßen über den Anlaß hinaus beibehalten und zitterten, längst im Hinterland geborgen, weiter, ohne dabei noch Angst zu empfinden, ohne sich selbst darüber klar zu sein, daß das Zittern ursprünglich eine Ausdrucksbewegung ihrer Angst war, daß sie sich also noch immer so verhielten, als ob sie Angst hätten. Die an Zehntausenden wiederholte Beobachtung aber hat uns bald unzweifelhaft darüber aufgeklärt, daß das Zittern dieser Nervenkranken eines ganz bestimmten Zweckes nicht entbehrte: Solange sie es nämlich beibehielten, konnten sie nicht wieder zur Front geschickt werden. Hier hat also die Ausdrucksbewegung der Angst in dem hochdifferenzierten Milieu des modernen Lebens für einen besonderen Fall ihre ursprüngliche biologische Funktion wiedererhalten: Sie dient als Sicherung vor eben jener Gefahr, der die Angst entstammte.

Daß aber den Kranken selbst der Zusammenhang nicht bewußt war, ergab sich von selbst. Hätten sie es gewußt, sie wären vor sich selbst Simulanten und nicht Kranke gewesen, eine Erkenntnis, die mit dem sittlichen Persönlichkeitsideal der meisten von ihnen unvereinbar war. Dazu kommt aber auch, daß der bewußte Vorsatz, nervöses Zittern zu simulieren, niemals ein Krankheitssymptom von solcher Vollkommenheit und Stetigkeit zustande brächte wie die unbewußt ablaufende Automatisierung auf dem Umweg über den Affekt. Wir dürfen sagen: Das Zittern des Kriegsneurotikers ist Angst vor der Front und es ist gleichzeitig die Tendenz, sich dem Frontdienst zu entziehen, mag der Betreffende subjektiv dabei denken und empfinden was immer. So betrachtet, ist es freilich nicht verwunderlich, daß das Zittern regelmäßig aufhörte, wenn der Betreffende durch irgendwelche Umstände dem Frontdienst ohne sein Zutun entzogen war; ebensowenig verwunderlich, wenn die Armen durch schmerzhafte elektrische Ströme, die einer Erpressung durch Folter gleichkamen, »geheilt« wurden.

Was für den Kriegsneurotiker gilt, gilt in gleichem Maße für das gesunde, aber ängstliche Kind. Die Forderung, immer begleitet und behütet zu werden, wagt es nicht zu erheben. So produziert es die Angst, um ohne Verantwortung vor sich und den andern dasselbe Ziel zu erreichen. Es zwingt etwa die Mutter unter Hinweis auf seine Angst, abends stundenlang an seinem Bette zu sitzen und ihm Geschichten zu erzählen, bis es einschläft. Es wacht nachts aus einem ängstlichen Traume schreiend auf, Mutter eilt zu seinem Bette und bleibt doch wieder eine halbe Stunde lang bei ihm. Sollte es für den Angsttraum nicht »verantwortlich« sein? Dann wäre es kaum verständlich, daß dasselbe Kind niemals Angstträume hat, wenn es bei Mutter im Bette schlafen darf. Aber das Bild der höchsten Angst und

Hilfsbedürftigkeit, das die Mutter zu ihm zwingt, bringt kein Kind durch »Simulation« zustande. Und es bedarf auch der Simulation nicht. Die Tendenz »man soll zu mir kommen und bei mir bleiben« ist gleichbedeutend mit wirklicher Angst, die ihren physiologischen Ausdruck in Zittern, Herzklopfen, Aufschreien und dergleichen findet. Wie die Angst aber »rationalisiert«, das heißt begründet wird – durch »Gespenster«, Einbrecher, ängstliche Träume – ist eigentlich belanglos.

Die zweite Frage aber: Warum denn das Kind durchaus die Mutter bei sich haben will – mit anderen Worten, die Frage nach seiner Angstbereitschaft –, führt uns weiter. Sie zwingt uns, die seelische Struktur des Kindes in den Kreis unserer Betrachtung zu ziehen, wie Alfred Adler sie uns kennen gelehrt hat.

Daß das neugeborene Menschenkind durchaus unselbständig, schwach, wehrlos und auf die Hilfe der Umgebung angewiesen ist, hat es mit den Jungen der meisten höheren Tiergattungen gemeinsam. Wodurch es sich aber von diesen unterscheidet, ist die Tatsache, daß dieser Zustand der Hilflosigkeit und Unselbständigkeit noch weit in eine Entwicklungsperiode hineinreicht, wo Sinnesfunktionen und Verstandestätigkeit schon hoch entwickelt und wo vor allem die Unterscheidung zwischen Ich und Außenwelt schon vollzogen ist. Während also die Tiere zum mindesten gleichzeitig mit ihrer geistigen Erlebnisfähigkeit auch schon ihre volle Selbständigkeit erreichen, gelangt das Menschenkind dazu, seine Hilflosigkeit zu erleben. Das Erlebnis der eigenen Hilflosigkeit – Adler nennt es das Gefühl der Minderwertigkeit – steht am Beginn der seelischen Entwicklung beim Kinde. Wollen wir dieses Gefühl der Minderwertigkeit, das sich affektiv als Angst äußern muß, biologisch verstehen, so werden wir in ihm eine Zielsetzung suchen, die nur in der Tendenz bestehen kann, von dem Gefühl der Schwäche und Hilflosigkeit weg zu einem Gefühl der Selbständigkeit, der Geltung, Macht und Sicherheit zu gelangen.

Das kindliche Geltungsstreben – letzten Endes selbst ein Ausdruck seines Minderwertigkeitsgefühls, seiner Angst – kann verschiedene Wege einschlagen. Einer von ihnen ist etwa das Streben nach Vervollkommnung seiner Funktionen, nach realem Fortschritt: Das Kind lernt, sich aufsetzen, es lernt sprechen, seine Bedürfnisse äußern, es lernt gehen. Ein zweiter Weg knüpft an die Tatsache an, daß das Kind von seinen ersten Lebenstagen an die Hilfsbereitschaft der erwachsenen Umgebung als wertvolle Bundesgenossenschaft kennenlernt. Wie das Mitglied der Urhorde, das weinen lernt, um sich der Hilfe seiner Gefährten zu versichern, so gelangt nun auch das Kind dazu, unter Ausnützung seiner Hilflosigkeit die Erwachsenen in seinen Dienst zu stellen. So knüpfen sich die ersten Beziehungen zur Mitwelt in einer Form, die der besonderen Situation des Kindes angepaßt ist: als Herrschsucht oder als Kinderangst, die das Kind mit einer Schar bereitwilliger Helfer umgibt und es seine Schwäche vergessen läßt. In gewissem Sinne ist dieser zweite Weg dem ersten entgegengesetzt; denn je mehr das Kind sich durch reale Fortschritte zur Selbständigkeit entwickelt, desto mehr muß es auf die Hilfsbereitschaft der Erwachsenen, mit der es rechnet, verzichten. Es kommt die Zeit, wo es geneigt ist, den nahegerückten Augenblick weitgehender Selbständigkeit noch hinauszuschieben, um nicht der täglichen Hilfe der Erwachsenen entbehren zu müssen. In dieser Zeit – im Ausgang der ersten Kindheit – pflegen sich Regungen von Kinderangst auch bei gesunden Kindern oft deutlich zu zeigen. Daß dasselbe Kind in realer Gefahr sehr mutig sein kann, wenn sein Ehrgeiz, sein trotz allem lebendiger Wunsch nach Selbständigkeit im Spiele ist, beweist nur, daß es sich bei der Kinderangst oft wirklich nur um eine Geste handelt, für die Erwachsenen bestimmt: Vergeßt nur nicht, daß ich euer noch bedarf!

Im gleichen Schrittmaß wie die Entwicklung zur Selbständigkeit macht sich aber der biologisch gegründete Herdeninstinkt geltend, den wir beim Menschen als Gemeinschaftsgefühl bezeichnen. Er stellt die vollendetste Stufe der Sicherung dar, die einzige Form der Sicherung, die geeignet ist, zur endgültigen Überwindung der kindlichen Angst, des Minderwertigkeitsgefühls zu führen. Es ist leicht ersichtlich, daß das Gemeinschaftsgefühl erst dann wirklich lebendig werden kann, wenn das Kind durch den natürlichen Fortschritt seiner Funktionen bereits zu einem erheblichen Grad innerer Sicherheit und des Glaubens an sich gelangt ist. Denn der biologische Sinn des Gemeinschaftsgefühls ist Gegenseitigkeit der Hilfe. Erst wenn der Mensch zu dem Bewußtsein erwacht, daß er selbst den anderen ebensoviel zu geben hat wie sie ihm, wird er reif zur Liebe ohne Herrschsucht und ohne Angst. Diese Stufe zu erreichen, ist Aufgabe eines ganzen Menschenlebens, nicht nur der Kindheit, und sie wird nie vollkommen erreicht. Wir sind alle weder Engel noch Götter, und die leiseste Erschütterung unseres Selbstwertgefühls genügt, uns wieder auf kindliche Methoden zurückgreifen, in der Angst und ihren mannigfaltigen Ausdrucksformen unser Heil suchen zu lassen.

Auf dieser Stufe der Entwicklung nimmt die Affektivität neue Formen an. Liebevolle Hingabe entspricht der gesunden Sicherungstendenz des Gemeinschaftsgefühls. Nichts anderes als einen speziellen Fall dieser Menschenliebe stellt die erotische Zuneigung zu einem Menschen des anderen Geschlechts dar. Freilich ist dies das Ideal, dem man sich nähern, das man aber nie erreichen kann. Was wir gemeinhin erotische Zuneigung nennen, ist ein individuell wechselndes Gemisch aus infantilem Geltungsstreben und Gemeinschaftsgefühl, als solches unverkennbarer Ausdruck der Persönlichkeit. Die Liebe nimmt Zielsetzungen in sich auf, die mit dem Gemeinschaftsgefühl wenig zu tun haben. Sie ist vor allem die anhängliche Herrschsucht des Kindes, die dem Partner Verpflichtungen auferlegt, um, wenn möglich, mehr an Hingabe zu erhalten, als es zu geben geneigt ist. Lieben heißt in solchen Fällen Besitzenwollen. Sie ist auch das angemaßte Recht auf Eifersucht, die unter dem Titel »Liebe« den Partner tyrannisiert und feindselig mit Konkurrenten anbindet. Oder sie ist die nach Bewunderung dürstende Eitelkeit eines, der nicht an sich glaubt und der sich in dem Augenblick »verliebt«, wo er beim Partner Anzeichen der anbetenden Verehrung wahrzunehmen glaubt. Sie ist wohl auch gelegentlich Lusthunger, der sinnlichen Genuß – biologisch die Prämie für die Erfüllung einer Lebensaufgabe – als Selbstzweck und Triumph eines Persönlichkeitsgefühls mißversteht, das aus innerer Unsicherheit diesen bequemen, aber gefährlichen Irrweg sucht.

Die Theorie der Gemütsbewegungen wäre nicht vollständig, wenn wir es unterließen, auf Sinn und Bedeutung des Lusthungers einzugehen. Weit über das sexuelle Gebiet hinaus stellt die Fähigkeit zur Lustempfindung biologisch einen Wegweiser dar, der unabhängig von Einsicht und Verstehen die Erreichung gewisser Lebensziele – Selbsterhaltung, Arterhaltung – garantieren soll. Ein wohlorientierter Instinkt läßt das Tier die richtige Nahrungsaufnahme, den richtigen Wärmeschutz, die richtige Körperbewegung, die richtige Geschlechtsbetätigung und anderes mehr als lustvoll empfinden. Zweifellos hängt es mit der Tatsache der menschlichen Domestikation zusammen, daß diese Lustinstinkte, zum Teil biologisch überflüssig geworden, durch soziale, wirtschaftliche, kulturelle Vorkehrungen ersetzt sind und nun, durch Vererbung immer noch vorhanden, dem Mißbrauch, der Verwertung im Dienste lebensfremder Tendenzen zur Verfügung stehen. Es beginnt beim Kinde, dem Näschereien fürsorglich verweigert werden, während die Erwachsenen sich ihrer ungehemmt bedienen, und das nunmehr den uneingeschränkten Genuß von Süßigkeiten zur Frage des persönlichen Prestiges erhebt. »Erwachsensein«, »Selbständigsein« bedeutet nun vor allem, genießen dürfen, was ihm beliebt, Naschwerk, Zigaretten, Alkohol, Belustigungen aller Art. Aus kindlicher Genäschigkeit wird durch andauerndes Training ein Lusthunger, der seinem Ursprung und seiner Bedeutung nach nichts anderes ist als eine besondere Art des Ehrgeizes. Wer niemals einen Rausch gehabt, so meint man, der sei kein rechter Mann. Und ein rechter Mann zu sein, ist doch wohl des Lebens höchstes Ziel? So sehen wir einen ganzen Typus von Menschen ihr Leben in der Jagd nach Genuß vertun und, ganz im ängstlichen Geltungstrieb des naschhaften Kindes befangen, ihre Lebensaufgabe verkennen.

Als innere Rechtfertigung dient ihnen allen aber die angeblich elementare Gewalt eines Triebes, den sie selbst systematisch im Sinne des Lusthungers und ihres Geltungsstrebens gezüchtet haben, den sie so groß gemacht haben, daß er nun stärker zu sein scheint als sie selbst. Einzig dieser Tendenz ist nunmehr das ganze Affekterleben untergeordnet. Abstinenz wird unerträglich, weil es den Beweis gilt, daß der Wille nichts sei, der Trieb alles. Scheinkämpfe gelten den angeblichen Versuchen zur Entwöhnung von Masturbation, Alkohol- oder Nikotinmißbrauch, Versuchen, die unschwer gelingen müßten, wenn sie ernst gemeint wären, die aber in Wahrheit immer nur der Demonstration dienen, daß der Geist stark, das Fleisch aber schwach sei, Selbstanklage und angemaßtes Heldentum zugleich. Entwöhnungsversuche, die mit der überspannten Zielsetzung der siegreichen Willensstärke, die »alles kann, was sie will«, unternommen werden, sind von Anfang an zum Scheitern verurteilt.

So liegt auch den Affekterlebnissen der entfesselten und gehemmten Lustinstinkte letzten Endes das Gefühl der Minderwertigkeit, die Angst und ihre Folgeerscheinungen zugrunde. Damit soll natürlich die Sinnenfreude als solche nicht in Acht und Bann getan werden. Sie dient beim gesunden, lebens- und arbeitsfähigen Menschen der Entspannung und Erholung zu weiterer Arbeitsfähigkeit oder – im Bereiche des Geschlechtlichen – der Krönung und festlichen Besiegelung des Bundes zweier Menschen, die sich lieben. Wo aber die Lust zum eigentlichen Lebenszweck erhoben wird, dort kann man recht eigentlich von Mißbrauch natürlicher Instinkte sprechen. Auch damit ist ein Werturteil nicht gemeint, sondern nur festgestellt, daß die Lustinstinkte ihrem biologischen Sinn entzogen und in den Dienst des der Angst entstammenden Geltungsstrebens gestellt wurden.

Einen ähnlichen Mechanismus sehen wir bei der Affektlage des Zornes am Werke. Hier kann freilich von einer »legitimen«, biologisch gerechtfertigten Gemütserregung unter den jetzt gegebenen Kulturverhältnissen nicht mehr die Rede sein.

Für Urmenschenhorden mögen Kampfinstinkte unentbehrlich gewesen sein. Doch schon unter natürlich-tierischen Verhältnissen sahen wir in der oben geschilderten Darwinschen Beobachtung des Haaresträubens die nahe Verknüpfung zwischen Angst und Zorn, der Kampfsituation entsprechend, gegeben. Im heutigen Zustande der weitgehenden Domestikation der Menschen jedoch könnte man die Zornmütigkeit fast als atavistischen Rückschlag betrachten, wenn sie nicht allzusehr verbreitet wäre, um als Ausnahme zu gelten. Sicher ist, daß die zornige Erregung, ihrer biologischen Wertigkeit als eines Kampfmittels entkleidet, nur mehr der Verknüpfung mit der Angst ihr Fortbestehen als Überkompensation eines Minderwertigkeitsgefühls verdankt. Der ausgeglichene, seiner selbst sichere Mensch kann nicht aufbrausen. Mit Recht wird Jähzorn als Kennzeichen der Nervosität betrachtet, wenn wir unter »Nervosität‹ nicht etwa eine Krankheit, sondern eine spezifische Charakterbildung verstehen, die aus einem verstärkten Minderwertigkeitsgefühl und den daraus erwachsenden Sicherungen und Bereitschaften erwächst. Wer nicht an sich glaubt, wird um so eher geneigt sein, jede Bedrohung seines künstlich erhaltenen Prestiges mit einer Aufwallung gereizter Männlichkeit zu beantworten, die den Gegner einschüchtern und so das eigene Selbstwertgefühl wiederherstellen soll. Daß auch unter den körperlichen Begleiterscheinungen der zornmütigen Erregung beim Menschen – ebenso wie bei Tieren – solche sind, die genau so dem scheinbar entgegengesetzten Affekt der Angst zukommen – Zittern, Herzklopfen, Blässe – kann nur als Bestätigung für die nahe Verknüpfung zwischen Angst und Zorn bewertet werden. Suchen wir uns nun abschließend in der Mannigfaltigkeit der Erscheinungen, die sich in der Form von Gemütsbewegungen darbieten, vorläufig zu orientieren, so können wir im Sinne unserer teleologischen Betrachtungsweise zwei Grundaffekte unterscheiden, die man einfach als den Affekt der Angst und den Affekt der Liebe bezeichnen könnte. Sie entsprechen den beiden Grundtendenzen des Seelenlebens, wie sie uns Alfred Adler kennen gelehrt hat: Gefühl der Minderwertigkeit mit seinen Folgen, Geltungsstreben usw. auf der einen Seite, Gemeinschaftsgefühl auf der anderen Seite. Die nicht eigentlich zu den Gemütsbewegungen zu rechnende, aber ihr nahe benachbarte Gruppe der Lustinstinkte tritt hinzu, und aus der vielfältigen Verschränkung (Adler) der mannigfaltigen Triebe und Affektbereitschaften ergibt sich das buntbewegte Innenleben des menschlichen Wesens, individuell, zeitlich und örtlich verschiedenartig bewegt und bestimmt durch Charakter und Situation.

Die Einwände gegen die Individualpsychologie *

Man darf von einer Diskussion über Individualpsychologie nicht zuviel verlangen; vor allem nicht dies, daß irgendein Teilnehmer an ihr mit einer neuen Überzeugung, bekehrt und nicht bloß belehrt, weggehe. Denn wir wissen sehr wohl, daß auch wissenschaftliche Stellungnahme, wie jede andere Lebensäußerung, nicht einfach das Ergebnis eines Syllogismus ist, sondern Ausdruck der Persönlichkeit. So könnte es sein, daß mancher, der heute die Individualpsychologie dezidiert und, wie man wohl annehmen darf, mit guten Gründen ablehnt, morgen oder in einem Jahr sie gelten läßt und gegen Einwände verteidigt – mit mindestens ebenso guten Gründen. Denn die Vernunft ist listig, und wenn es gilt, ist sie um Gründe nicht verlegen.

So kann es nicht Aufgabe der Diskussion sein, der Individualpsychologie neue Anhänger zu schaffen – wo hätte je eine wissenschaftliche Doktrin das Recht beanspruchen dürfen, Proselyten zu machen? –, sondern vor allem die: Mißverständnisse aus dem Wege zu räumen, Begriffe zu klären und sich über die Meinungsverschiedenheiten hinweg zu verständigen. Denn es ist wichtig, zu wissen, worüber man sich nicht einigen kann.

Schilder greift die theoretischen Positionen der Individualpsychologie an. Aber er tut es von der für ihn selbstverständlichen Plattform der psychoanalytischen Trieblehre aus. So wird es schwer, sich zu verstehen. Wie wir es sehen, geht es doch nicht an, etwa den »Willen zur Macht« mit dem Sexualtrieb auf eine Stufe zu stellen. Läßt man den Triebbegriff als physiologische Kategorie gelten, dann ist er Rohmaterial für die psychische Verarbeitung, vor jedem Psychischen im eigentlichen Sinne vorhanden, und wird erst von diesem her gestaltet, das heißt in die seelische Finalität eingeordnet. Faßt man aber den

---

* Schlußwort zur Diskussion über Individualpsychologie auf dem III. Kongreß für Psychotherapie in Baden-Baden, April 1928

Trieb als seelisches Gebilde, dann bedeutet seine Hypostasierung den Verzicht auf die Einheit der Persönlichkeit, bedeutet Persönlichkeit als unorganisiertes Konglomerat von Partialtrieben. Hier scheiden sich die Geister. Die Adlersche Konzeption des teleologischen Personalismus kann ja gar nicht so gemeint sein, daß sie etwa die Realien des Lebens, zu denen auch die Sexualität gehört, nullifiziert. So wenig ein Mensch schreiben kann, dem der periphere und zentrale physiologische Apparat dazu fehlt, so wenig kann er sexuell handeln, ohne mit einem Sexualapparat ausgestattet zu sein. Aber den Sinn des Geschriebenen werden wir nicht von der Anatomie und Physiologie der Hand, den Sinn der erotischen Haltung nicht vom Sexualapparat her erfassen können. Schilder ist recht zu geben, wenn er betont, daß die Liebesbeziehung des Kindes zu bestimmten Personen seiner Umgebung für den Aufbau seiner Leitlinie von großer Bedeutung ist. Die Individualpsychologie hat oft darauf hingewiesen. Aber selbst angenommen, daß diese Liebesbeziehung des Kindes zur Mutter, zum Vater, zu Geschwistern irgend etwas mit der Sexualität im eigentlichen Sinne zu tun hätte: Hätten wir diese Bindung, diese Hinneigung im individuellen Fall dadurch schon verstanden, daß wir sie mit dem Kennwort »Sexualität des Kindes« rubrizieren? Bedürfen wir zum Verständnis nicht erst recht psychologische Elemente, die uns sehen lehren, warum dieses Kind sich gerade der Mutter, jenes sich der älteren Schwester zuneigt? Dieses Spezifische der Liebesbeziehung ist bereits durch Erlebnisse und durch die persönliche Stellungnahme des Kindes zu diesen Erlebnissen determiniert, setzt also die Leitlinie schon voraus. Also kann die Leitlinie nicht erst aus der Stellungnahme des Kindes zu den Personen seiner Umgebung abgeleitet werden.

Die Leitlinie ist eben jenes Individuelle, was Schilder in der Individualpsychologie vermißt. Weil wir die autochthone Genese der Individualität zwar nicht leugnen, aber aus heuristischen Gründen von ihr absehen, so folgt doch daraus noch nicht, daß wir blind sind für individuelle Differenzen. Aber nicht dieses Individuelle ist es, was uns Menschenkenntnis ermöglicht. Wäre das Einzigartige, Unvergleichbare der Persönlichkeit wirklich ihr Wesentlichstes, wäre jeder Mensch eine einzige, unwiederholbare Naturtatsache, die nicht ihresgleichen hat, gäbe es nichts Allgemein-Menschliches, dann wäre nicht nur Psychologie als Menschenkenntnis, sondern Psychologie überhaupt am Ende ihrer Weisheit angelangt. Menschenkenntnis insbesondere kann nur das Allgemein-Menschliche, nicht das Individuell-Einmalige betreffen. Dieses Allgemein-Menschliche zu sehen, es im Individuellen immer wiederzuerkennen, hat sich die Individualpsychologie zur Aufgabe gestellt.

Die individualpsychologische Tendenz, das Gemeinsame, nicht das Trennende hervorzuheben, gilt nun natürlich auch für die Stufen der seelischen Entwicklung beim einzelnen. So kommt es, daß in der individualpsychologischen Betrachtungsweise die Unterscheidung zwischen Kind und Erwachsenen nicht allzusehr in den Vordergrund tritt. Freilich nicht so, wie Schilder meint, daß das Kind ein Erwachsener mit untauglichen Mitteln, sondern eher umgekehrt, daß der Erwachsene ein Kind mit tauglicheren Mitteln zu sein scheint. Wir sind also weit davon entfernt, das Kind im Erwachsenen zu verkennen. Wir erblicken vielmehr gerade in jenen seelischen Haltungen, die uns beim Erwachsenen wesentlich zu sein scheinen, in seiner persönlichen, allzu persönlichen Finalität, jenen Teil seelischer Struktur, der, in der Kindheit entstanden, zeitlebens festgehalten und von der rationalen Finalität des reifen Menschen stets nur unvollkommen korrigiert wird.

Was die Bedeutung der Organminderwertigkeit und ihre Beziehung zum Konstitutionsbegriff anbelangt, so darf ich auf mein Referat verweisen, in welchem Schilders Einwände zum großen Teil vorweggenommen sind. Primäre Unterschiede des Temperaments und, wenn man will, auch der Gehirnfunktionen zu leugnen, hat die Individualpsychologie gar keine Ursache. Wir halten es aber für methodisch richtig, auf diese primären Differenzen nur dort zu rekurrieren, wo es notwendig ist, also dort, wo sich, sei es durch positive Befunde, sei es *per exclusionem*, die Annahme konstitutioneller Faktoren als unumgänglich erweist. Das gilt auch für die Frage der Begabung. Es gibt nicht zwei gleiche Menschenherzen, nicht zwei gleiche Menschenhände auf der Welt. Es wird wohl auch nicht zwei gleiche Gehirne geben. Aber ebenso wie sich die innere Medizin mit Erfolg bemüht hat, in der Pathologie der Endokarditis das »Erlebnis« der Infektion nachzuweisen – hätte sie von Anfang an dogmatisch erklärt, nur angeborene Veranlagung könne eine Endokarditis bewirken, so wäre ihre Pathogenese noch heute nicht geklärt –, ebenso bemüht sich die Individualpsychologie, die Verschiedenheit intellektueller Funktionen zunächst einmal erlebnismäßig abzuleiten. Gelingt ihr dies, so bedeutet das auf jeden Fall einen Fortschritt. Gelingt es ihr nicht, so haben wir noch immer Zeit, primäre Differenzen zerebraler Struktur anzunehmen, die allerdings, so wie es heute steht, nicht viel mehr als ein *Asylum ignorantiae* bedeuten. Bis dahin aber liegt, so glaube ich, noch ein weiter, erforschbarer Weg. Es könnte sein, daß etwa gewisse Regeln der Familienkonstellation für die Verteilung musikalischer Begabung innerhalb einer Familie wesentlicher waren als die Mendelschen Vererbungsgesetze. Daß z. B. die jüngere Schwester eines musikalisch begabten Bruders gewöhnlich »unmusikalisch« ist, während der jüngere Bruder einer musikalischen Schwester nicht selten diese übertrifft, daß bei gleichgeschlechtlichen Geschwistern die starke Begabung des Älteren auf die Leistung des Jüngeren ungünstig wirkt, all diese aus der Soziologie der Familie verständlichen Relationen werden von dem einseitig auf Vererbungsforschung eingestellten Begabungstheoretiker einfach übersehen werden müssen.

Die persönliche Zielsetzung, die nicht, wie Schilder meint, nur das rationale Element des Menschen umfaßt – nicht einmal dieses in erster Linie –, sondern auch und vor allem sein »Herz«, durchdringt den ganzen psycho-physischen Organismus. Zielsetzung bedeutet eben nicht einfach rationales Wollen und Planen. Wäre sie nur das, sie würde kaum die oberflächlichsten Schichten seelischer Haltung bestimmen können. Wir sehen also die Affektivität sehr wohl; wir sehen aber auch noch, was hinter der Affektivität steht, und es ist die Errungenschaft der Individualpsychologie, daß sie den Affekt seiner Würde als eines letzten Argumentes entkleidet, die Subalternität des »Triebes«, der die Affekte speist, gegenüber der persönlichen Zielsetzung erkannt, die wilde Autonomie der Affekte als Schein entlarvt hat. Das will nicht sagen, daß die Individualpsychologie jeden Affekt als »unecht« betrachtet, das Elementare der Affekthandlung übersieht. Nein: eben auch der echte Affekt steht, biologisch und psychologisch gesehen, im Dienste der personalen Einheit, der tiefsten Zielsetzung der Persönlichkeit. Der rationale Apparat ist nur eines der Mittel, und nicht einmal das wichtigste; die Affektivität ist ein anderes; Bewußtsein oder Unbewußtsein ein drittes oder viertes.

Wenn sich Schilder vorwiegend mit der Theorie der Individualpsychologie beschäftigt, so wendet sich Schultz-Hencke ausdrücklich der Praxis zu. Die beabsichtigte Einseitigkeit beider psychoanalytischen Referenten macht es auch verständlich, daß sie zueinander teilweise widersprechenden Ergebnissen gelangen. Während Schilder die Individualpsychologie durch Negation bekämpft, will Schultz-Hencke sie durch Zustimmung umbringen. Aber es ist weder so, wie Schilder meint, daß er als Psychoanalytiker alle theoretischen Positionen der Individualpsychologie ablehnen müßte, noch trifft Schultz-Henckes Meinung zu, daß die richtigen empirischen Beobachtungen der Individualpsychologie ohnehin schon alle in der Psychoanalyse enthalten seien. An sich wäre es erstaunlich, daß die Individualpsychologie, wie Schultz-Hencke und zum Teil auch Schilder zugeben, so oft zu richtigen und bedeutungsvollen Ergebnissen kommt, wenn ihre Voraussetzungen, wie Schilder behauptet, so grundfalsch sind. Andererseits aber ist es nicht damit getan, daß man nach dem Vorgang Schultz-Henckes die einzelnen empirischen Beobachtungen der Individualpsychologie, die sie nur ihren heuristischen Voraussetzungen verdankt, hernimmt und nun sucht, unter welchen Titeln sie sich in psychoanalytischen Arbeiten wiederfinden. Denn abgesehen davon, daß ein gut Teil der heutigen Psychoanalyse, auch in ihren grundsätzlichen Thesen, bereits mit Kenntnis der Individualpsychologie konzipiert wurde – es ist nicht allzu schwer, hinter dem Kastrationskomplex das Gefühl der Minderwertigkeit, hinter dem Narzißmus das Geltungsstreben, hinter dem Penisneid den männlichen Protest zu entdecken –, ist die Differenz in der Theorie durchaus nicht belanglos, weil diese sich eben nicht im Rahmen der Theorie hält, sondern in der Praxis, insbesondere in der therapeutischen Praxis, ihre bedeutsamsten Auswirkungen hat. Schultz-Henckes Grundtendenz, die Individualpsychologie als in der Psychoanalyse bereits enthalten nachzuweisen, läßt sich denn auch nur um den Preis schwerwiegender theoretischer Mißverständnisse durchführen. Dies gilt schon von der Frage »Kausalität und Finalität«. Daß in individualpsychologischen Krankengeschichten gelegentlich die Wendung »Das Verhalten des Patienten ist daraus zu erklären, daß…«, in psychoanalytischen die Wendung »Der Kranke bezweckt mit dieser Haltung…« vorkommt, kann doch noch nicht beweisen, daß beide kausal, beide final gerichtet sind. Was hier wesentlich, ist dort belanglos, und umgekehrt. Entscheidend ist bei der Psychoanalyse eine *vis a tergo* – der Trieb –, bei der Individualpsychologie eine *causa finalis*, die Zielsetzung, die eine spezifisch psychologische Kategorie und durchaus nicht mit der allgemein biologischen Finalität zu identifizieren ist, wie Schultz es will. Gewiß kann man, wenn man will, Künkels »Subjekt« in der billigenden oder verurteilenden Instanz, wie sie Freud beschreibt, wiederfinden. Aber während für den Psychoanalytiker sich diese Billigung oder Verurteilung in den oberflächlichen Schichten der Seele abspielt, das triebhaft Unbewußte dagegen, eine unpersönliche, elementare Kraft, eine Art seelischen Automatismus im Sinne der französischen Psychiatrie, sich schließlich diesen hemmenden Instanzen gegenüber konflikthaft durchsetzt oder zu Kompromißbildungen zwingt, sieht Adler hinter der scheinbaren dunklen Triebhaftigkeit des Unbewußten erst recht wieder die persönliche Leitlinie des Subjekts sich geltend machen, sieht, wie das Triebhafte erst recht wieder im Dienste der persönlichen Finalität steht, die eben weit mehr ist als Freuds Realitätsprinzip: nämlich das eigentliche Zentrum der Gesamtpersönlichkeit. So stimmt es auch nicht, daß die Individualpsychologie, wie Schultz-Hencke meint, ebenso wie die Psychoanalyse von kindlichen Trieberlebnissen spricht. Sie tut es nicht. Es ist in unseren Augen theoretisch wie praktisch gleich unrichtig, die Minderwertigkeitserlebnisse des Kindes auf Erlebnisse des Liebesentzuges zurückzuführen. Das Minderwertigkeitserlebnis spielt sich auf der Ebene des Selbstwertgefühls ab, nicht, wie der Liebesentzug Freuds, auf der Ebene des Lustprinzips. Das Selbstwertgefühl aber ist der höhere und weitere Begriff, in dessen Dienst Lust- und Unlusterlebnis nur als Material, als Rohstoff der psychischen Gestaltung eine Rolle spielen. Das gilt auch von Organminderwertigkeiten. Wie sich Adlers Erlebnis der Organminderwertigkeit zu Freuds Begriff des somatischen Entgegenkommens verhält, dürfte aus meinem Referat verständlich geworden sein. Adler meint vor allem die Stellungnahme der Persönlichkeit zum Erlebnis der Organminderwertigkeit, Freud jedoch nur die Organminderwertigkeit selbst als *Punctum minoris resistentiae*.

Die Schwierigkeit nun, die Schultz-Hencke so ernste Sorge macht: daß die Individualpsychologie das Wozu des Symptoms, die Psychoanalyse das Woher in den Vordergrund stellt, beweist eben die von ihm geleugnete Bedeutsamkeit der theoretischen Differenzen. Der finale Gesichtspunkt der Individualpsychologie wird durchgreifend angewendet. Auch der Individualpsychologe wird, wenn es sich aus den Äußerungen, aus den Träumen und Fehlhandlungen des Patienten ergibt, zu der Feststellung gelangen können, daß etwa ein Waschzwang im Anschluß an den Onanieentwöhnungskampf eingesetzt hat und wird diese Feststellung nicht für belanglos halten. Aber während der Psychoanalytiker mit dieser Aufklärung schon den Schlüssel für die Neurose des Patienten in der Hand zu haben glaubt, indem er nun feststellt: Das Waschen des Patienten ist also nichts anderes als Onanieersatz, er ist auf der autoerotischen Stufe der Libidoentwicklung stehengeblieben, Aufgabe der Therapie muß es nun sein, eine Übertragung auf den Arzt herzustellen und auf diese Art überhaupt erst übertragungsfähige Libido zu schaffen –, während, sage ich, der Psychoanalytiker von dieser Aufdeckung eines historisch-psychologischen Zusammenhangs aus frei schweifend in die Gefilde der alles erklärenden Libidotheorie abirrt, setzt die Individualpsychologie eigentlich mit Überlegungen einer verstehenden Psychologie erst dort ein, wo die Psychoanalyse aufgehört hat. Der Individualpsychologe fragt sich: Welchen finalen Sinn hatte in der Situation des Kindes, die Situation als ein Ganzes (einschließlich der Onanie) betrachtet, das Einsetzen des Waschzwangs? Es könnte sein, daß das Kind, dem die Onanie mit Ausdrücken der Verachtung und mit starker Entwertung von seiten der Erwachsenen als etwas Schmutziges verboten worden war, nunmehr durch die Symbolhandlung des Waschens den Versuch machte, alle anderen an Reinlichkeit zu übertreffen, sie nun seinerseits zu entwerten. Würde sich diese Haltung – wie ich sie gelegentlich gefunden habe – im konkreten Fall nachweisen lassen, so hätten wir Grund zu der Annahme, daß ebendieselbe Entwertungstendenz, die schon in der Kindheit an der Entstehung des Symptoms wesentlich beteiligt war, auch jetzt noch am Bestande desselben mitwirkt. Damit wäre aber der Zusammenhang des Waschzwanges mit dem Onanieverbot, mit dessen Aufdeckung der Psychoanalytiker den Schlüssel für das Verständnis dieser Neurose gefunden zu haben glaubt, seiner Würde eigentlich entkleidet. Wir hätten es mit einem Menschen zu tun, der von früher Kindheit an die Kompensation seines Gefühls der Minderwertigkeit in blinder Entwertung der anderen Menschen gesucht hätte. Stimmt das, dann müssen sich außer dem Waschzwang noch andere seelische Haltungen bei ihm nachweisen lassen, die dasselbe Motiv verraten. Haben wir aber einmal – gesetzt, wir hätten uns nicht geirrt – die Formel für diese Persönlichkeit gefunden, dann ist es nicht mehr schwer, vorauszusagen, wie sie sich in bestimmten Situationen benehmen wird, und eine Technik zu finden, um sie in einer bestimmten Richtung – etwa therapeutisch – zu beeinflussen. Das und nichts anderes nennt man Menschenkenntnis. Die Tatsache aber, daß sich die individuelle Melodie dieses Menschen unter anderen – sei es auch zum erstenmal – anläßlich des Onanieverbots manifestiert hat, hat nun bloß mehr die Bedeutung eines illustrativen Details.

Natürlich wird eine sozusagen lineare Ableitung des Symptoms, wie sie hier schematisch und beispielsweise versucht wurde, der unendlichen Mannigfaltigkeit des Lebens nicht gerecht. Die menschliche Persönlichkeit stellt eben, um im musikalischen Gleichnis zu bleiben, keinen einstimmigen, sondern einen kontrapunktischen, vielstimmigen Satz dar, in welchem die einzelnen Stimmen, scheinbar unabhängig, ja im Konflikt miteinander, doch zur Einheit zusammenklingen. Aber schon aus diesem simplen Schema wird ersichtlich, daß die Finalität der Neurose weit über das hinausgeht, was Freud als »sekundären Krankheitsgewinn« beschrieben hat. Dieser Krankheitsgewinn – wenn man etwa bei einer fiktiven Entwertung, wie sie durch das Symptom des Waschzwangs gegeben wäre, von Gewinn reden kann – ist nämlich durchaus kein sekundärer, sondern ein höchst primärer, von Anbeginn im Symptom enthalten, Ausdruck der zentralen Persönlichkeit des Patienten. Verhältnismäßig belanglos ist es, gegen welche Personen der Umgebung sich die neurotische Haltung richtet, welches die jeweilige Beziehungsperson ist (Künkel), ob die Mutter, eines der Geschwister, die Gattin, Kinder oder dergleichen. In jeder menschlichen Beziehung wird die für diesen Neurotiker charakteristische Melodie durchklingen, die eben nichts anderes ist als der Ausdruck seiner Leitlinie.

Was vom sekundären Krankheitsgewinn Freuds gilt, gilt in noch erhöhtem Maße von den anderen psychoanalytischen Konzeptionen, die Schultz-Hencke in Parallele zu den individualpsychologischen setzt. Es gibt doch noch – auch wenn es manche Psychoanalytiker nicht glauben wollen – Dinge zwischen Himmel und Erde, die in ihrer Lehre nicht vorkommen. So etwa Künkels »Teufelskreis«, der, wie ich Herrn Schultz-Hencke versichern kann, mit Freuds Wiederholungszwang durchaus nichts zu tun hat. Ähnliches gilt von der angeblichen Beziehung zwischen Sadismus und Machtstreben. Adlers Machtstreben hat mit dem Sadismus durchaus nicht mehr zu tun als mit irgendwelchen anderen »Komponenten« des Sexualtriebes; man kann es auch im Masochismus finden, in der Anal-, Urethral-, Oral-erotik, wenn es derlei gibt, und das ist gar nicht verwunderlich, weil es die ganze Persönlichkeit durchsetzt und, genau genommen, in der kleinsten Geste des Menschen ebenso zu finden sein muß wie in jeder seiner intellektuellen oder affektiven Haltungen. Es geht nicht an, die individualpsychologische Lehre zu deuten, wie man den Traum eines Patienten deutet, und aus oberflächlichen Assoziationen, wie der zwischen Sadismus und Machtstreben, auf Identität zu schließen. Wir wollen einander ernst nehmen und bei der sachlichen Diskussion tiefenpsychologische Deutungsmethoden beiseite lassen. Die Individualpsychologie möchte nicht in psychoanalytischer Behandlung stehen, so wenig wie umgekehrt.

Hattingberg spricht über den Mechanismus der Heilung und glaubt in der Individualpsychologie eine einfach kalmierende, der Suggestion nahestehende Methode zu erkennen. Er vermißt die analytische Erschütterung, die bei der Psychoanalyse Auftakt und Bedingung der Heilung sei. Nun möchte ich gerade hier vor Schematisierung warnen, die theoretisch wie praktisch in die Irre führen könnte. Die Idee der Katharsis war es ja, die in den ersten Arbeiten Breuers an der Geburtsstätte der Psychoanalyse stand. Daß es diese Katharsis, die reinigende Erschütterung aus den Tiefen unerledigter Kindheitserlebnisse gibt, daß dieses Erlebnis in vielen psychotherapeutischen Behandlungen eine wesentliche Rolle spielt, läßt sich nicht leugnen. Aber um diese Beobachtung zur Grundlage der theoretischen Auffassung zu machen, wie es die Psychoanalyse tut, wäre es erforderlich, nachzuweisen, daß sie ausnahmslos ist. Das kann ich nun durchaus nicht bestätigen. Die analytische Erschütterung ist weder eine notwendige noch eine hinreichende Bedingung des therapeutischen Erfolges. Es gibt Fälle, in denen weitgehende Heilung – nicht nur Beseitigung der Symptome, sondern eine grundlegende Änderung der Lebensmethode – eintritt, ohne daß eine Katharsis in obigem Sinne vorangegangen wäre. Es gibt andere, in welchen die Behandlung geradezu in Form einer Kette derartiger Erschütterungen abläuft – jedesmal glaubt der Patient die letzte Wahrheit gefunden zu haben, seiner Neurose auf den Grund gekommen zu sein –, und doch ändert sich im Grunde nichts. Ich habe den Verdacht, daß die analytische Erschütterung durchaus nicht das Wesentliche, sondern ein Epiphänomen des Heilungsvorgangs ist, dessen Vorhandensein oder Fehlen von der individuellen Struktur der betreffenden Persönlichkeit abhängt. Man könnte die Menschen, für die das Auftreten derartiger Erschütterungen charakteristisch ist, als Katastrophennaturen bezeichnen und sie einem anderen Typus gegenüberstellen, bei welchem sich seelische Abläufe mehr in Form einer stillen Entwicklung abspielen. Das ist anscheinend eine Frage des psychischen Tempos, des individuellen Rhythmus. Wesentlich für die Erkenntnis dessen, was geschieht, ist weder die episodische Tatsache der »Erschütterung«, noch etwa das subjektive Erleben des Patienten, sondern einzig und allein die Richtungsänderung, die nur aus seinem Tun im sozialen Zusammenhang zu entnehmen ist.

Oswald Schwarz ist es zu danken, daß er in seinem Vortrag »Leistung oder Symptom?« eine Frage in die Diskussion brachte, an der man freilich nicht vorübergehen kann. Es ist ihm zuzugestehen, daß Psychotherapie einer Wertaxiomatik nicht entraten kann und daß die Wertblindheit der Psychoanalyse eine ihrer Schwächen bildet. Aber wenn Schwarz die von Adler proklamierte Zielsetzung der »Nützlichkeit« als platten Utilitarismus mißversteht und infolgedessen ablehnt, so kann dies nicht unwidersprochen bleiben. Vielleicht sind Adlers Formulierungen in dieser Frage noch nicht bis zu jenem Grade der Deutlichkeit gediehen, wo Mißverständnisse ausschließlich dem anderen zur Last fielen. Vielleicht ist es mir in meiner kürzlich erschienenen systematischen Darstellung der Individualpsychologie (letztes Kapitel) gelungen, das, was gemeint ist, klarer zu machen. Ich meine die dort auseinandergesetzte antiindividualistische Tendenz der Individualpsychologie. Für die überwiegende Mehrzahl der empirisch gegebenen Fälle, zumal in der Neurosenbehandlung, läßt sich diese Tendenz mit dem Ideal der Nützlichkeit leicht zur Deckung bringen. Es ist unmittelbar einleuchtend, daß etwa die Patientin, die an Waschzwang leidet, sich mit dieser ihrer Tätigkeit auf der Seite des Unnützlichen bewegt, daß die Aufgabe der Psychotherapie hier nur darin bestehen kann, ihr den Mut zu nützlicher Betätigung beizubringen. Unzulänglich wird diese Formulierung naturgemäß in Grenzfällen, die der Natur der Sache nach der Alltagsbetrachtung entrückt sind, also z. B. beim neurotischen Künstler, oder bei dem von Schwarz angeführten Beispiel des Dilemmas zwischen Menschheitsinteresse und Familieninteresse. Aber wohl vor allem wegen der Problematik der Werte selbst, um die es sich handelt und die zu lösen nicht des Amtes der Psychotherapie sein kann. Oder sollte eben nur der Psychotherapeut zu entscheiden haben, welchen Ewigkeitswert die Bilder eines Malers, die heute niemand versteht und die man verrückt nennt, oder die Musik eines Musikers, die heute einen großen Publikumserfolg hat und morgen vielleicht schon vergessen ist, beanspruchen dürfen? Kann der Psychotherapeut beurteilen, ob der revolutionäre Politiker das Recht hat, das Leben ungezählter Menschen aufs Spiel zu setzen, um die Existenz aller späterer Generationen auf eine neue Grundlage zu stellen, oder ob er nichts anderes ist als ein verbrecherischer Illusionist? Daß der Künstler, der Politiker, der Wirtschaftsmagnat aus Ehrgeiz und Eitelkeit handeln, mag man ruhig als gegeben annehmen. Das will doch für Wert oder Unwert ihres Endziels nichts besagen. Wir alle handeln aus Geltungsstreben, wir alle haben Minderwertigkeitsgefühle zu kompensieren. Aber – und darin liegt der entscheidende Unterschied – die einen unter uns sind so sehr Individualisten, daß ihre persönliche Zielsetzung, die spezifische Art ihrer Kompensation jetzt und für alle Zeiten gemeinschaftsfremd bleibt, die anderen jedoch haben soviel Gemeinschaftsgefühl – sie mögen es wahr haben wollen oder nicht –, daß eine Art prästabilierter Harmonie zwischen ihrer persönlichen Zielsetzung und der Wertsetzung der Menschen im allgemeinen besteht. Ich meine: Nie kann Wert aus Unwert erwachsen. Der neurotische Künstler ist nicht Künstler, »weil, sondern obwohl er neurotisch ist. Es ist der gesunde, gemeinschaftsverbundene Teil seiner Persönlichkeit, aus dem der künstlerische Wert erwächst. Das widerspricht unserer These von der Einheit der Persönlichkeit durchaus nicht. Denn ein Ganzes ist der Mensch und bleibt es, auch wenn man zugesteht, daß er Übergang und Entwicklung ist, jeweils auf verschiedenen Stufen zwischen Individuation und Integration. Mehr als diese allgemeine Feststellung ist für die Psychotherapie durchaus nicht erforderlich, auch nicht möglich. Denn sie hat sich ja nicht mit den Werten, sondern mit den Unwerten ihrer Patienten zu befassen. Sie urteilt nonisch, um mit Künkel zu reden. Sie zeigt dem Patienten, an welchen Punkten und in welchem Sinne seine Zielsetzungen unhaltbar sind – vom Standpunkt einer antiindividualistischen Grundtendenz gesehen – und der Korrektur bedürfen. Der positive Wert ist immer schon da, wenn es einmal gelingt, den Unwert zu beseitigen. Ist die Psychotherapie in einem gegebenen Falle so weit gediehen, daß der Kranke zur Einsicht in die Unhaltbarkeit und Irrtümlichkeit seines Lebensplanes gelangt ist – unhaltbar und irrtümlich nicht aus ethischen, sondern aus logischen Gründen –, so kommt unfehlbar der Augenblick, wo er selbst sein Leben in einer neuen Richtung – dem kleineren Irrtum zu – schöpferisch gestaltet. Dem Therapeuten bleibt die Freude des Zusehens. Wir vermeiden nicht nur Moralpredigten, sondern auch positive Vor- und Ratschläge. Gegeben ist bloß die Richtung, das heißt die Region, von welcher der gesundende Neurotiker sich entfernen soll: die Region des extremen, neurotischen Individualismus. Der Zielpunkt ist nicht zu bestimmen. Was für den einen Stillstand und neurotische Enge, kann für den anderen Fortschritt und Beginn der Heilung bedeuten.

Erschöpft sich so der individualpsychologische Wertbegriff in der eindeutigen Angabe einer Richtung, so ergibt es sich von selbst, daß wir an der Relativität des Gegensatzpaares »Gesund-Krank« festhalten müssen. Jeder von uns ist neurotisch, insofern sein Leben noch ichhaft beschränkt verläuft, jeder von uns gesund in dem Maße, als es ihm gelungen ist, von sich selbst loszukommen, ein Zentrum außerhalb des eigenen Ich zu finden. So wird klar, daß etwa die Frage: War Beethoven ein Neurotiker? kindlich falsch gestellt ist. Beethoven, der Mensch, war so gut Neurotiker wie wir alle, und nach allem, was man über sein Leben weiß, dürften die neurotischen Züge in seinem Wesen nicht eben geringfügig und leicht übersehbar gewesen sein. Aber Beethoven, der Künstler, darf uns als Verkörperung höchster Werte von überindividueller Art, wenn man also will, als Ideal der Gesundheit gelten. Denn nicht der neurotische Mensch, sondern diesem zum Trotz der gesunde, starke Künstler hat die »Missa solemnis« geschaffen. Besteht eine tiefere Beziehung zwischen Neurose und künstlerischem Schaffen, so kann es nur eine Beziehung der Negation sein; es könnte sein, daß sich gerade nur aus tiefster Ichproblematik die schöpferische Gestaltung als eine Art individueller Selbstheilung dialektisch entbindet. Denn das künstlerische Ergebnis liegt selbst auch in der Richtung der Überwindung der Individuation, die wir als Richtung der Gesundheit bezeichnet haben. Wir sehen es in der psychotherapeutischen Praxis daran, wie auch bei nicht aktivschöpferischen Menschen die neuerwachende Erlebnisfähigkeit in Kunst und Natur auf dem Wege der Gesundung liegt. Manchem Mühseligen und Beladenen gelingt es im Hochwald, auf stürmischer See – oder eines begnadeten Abends am Klavier von sich loszukommen; für einen anderen stellt eine lebendige menschliche Beziehung – sei es auch die zum Psychotherapeuten – das entscheidende Erlebnis dar. Die Richtung ist wohl immer dieselbe.

Unterwegs aber sind wir alle. Wen von uns man krank, wen gesund nennt, das hängt vielleicht mehr von sozialen, als von psychologischen Momenten ab.

Neurosenwahl

Die Individualpsychologie gilt mit Recht als eine monistische Betrachtungsweise. Es geht nicht an, den Begriff der zielgerichteten Einheit der Persönlichkeit auf das Psychische zu beschränken. Denn das individualpsychologische Prinzip erweist sich gerade dann erst als fruchtbar, wenn es mit seiner Hilfe gelingt, körperliches Geschehen als in die Kette der persönlichen Finalität eingegliedert zu erfassen. Ich habe schon oft die individualpsychologische Methodik mit der Anwendung einer bestimmten Projektionsebene verglichen. In dieser Projektionsebene wird dargestellt, was eben in sie hineinfällt. Es ist das Verdient der Individualpsychologie, daß es ihr gelingt, das Wesentliche des sozialen und individuellen Lebens innerhalb dieser Projektionsebene der persönlichen Finalität darzustellen. Diese Arbeitshypothese hat sich als fruchtbar erwiesen, hat uns die Möglichkeit geboten, Prognosen zu stellen und Psychotherapie zu treiben.
Ganz besonders gilt dies von der Neurosenpsychologie. Wir haben es als unsere psychotherapeutische Aufgabe erkannt, jedes neurotische Symptom auf die persönliche Zielsetzung zu beziehen und auf diese Weise den Hebelpunkt zu gewinnen, von dem aus das neurotische System erschüttert und schließlich beseitigt werden kann. Aber die über jeden Zweifel erhabene Wirksamkeit der individualpsychologischen Psychotherapie hat uns hart an die Grenze einer psychologischen Auffassung geführt, der neurotische Symptome eigentlich schon nicht mehr viel anderes bedeuten als simulierte Krankheitserscheinungen. Wenn uns ein Patient über Kopfschmerzen, Schwindel, Herzklopfen, Schlaflosigkeit klagt, die es ihm unmöglich machen, zu arbeiten, Beziehungen zu Menschen, Beziehungen zum anderen Geschlecht zu finden, so gehört es zum Wesen unserer therapeutischen Methodik, daß wir ihm direkt oder indirekt, verblümt oder offen, sofort oder nach und nach zu verstehen geben: Sie machen das, um sich der Arbeit, der Beziehung zu Menschen, der Beziehung zum

anderen Geschlecht unter schicklichem Vorwand zu entziehen. So deuten wir den Kausalnexus, den der Patient erlebt, in einen Finalnexus um. Und in dem Maße als uns das gelingt, in dem Maße, als uns der Patient auf dem Wege dieser Interpretation folgt, schreitet die Heilung fort. Also – so folgern wir, wenn der Patient geheilt die Behandlung verläßt – war unsere Interpretation mehr als eine Arbeitshypothese. Sie ist, zum mindesten in technischem Sinne, wahr.

Diese technische Bedeutung des Wahrheitsbegriffes, die dem pragmatischen Wahrheitsbegriff – wahr ist das, was nützt – außerordentlich nahesteht, ist eigentlich die wissenschaftstheoretische Basis der Individualpsychologie. Aber wir dürfen uns dabei nicht verhehlen, daß technische Wahrheit nicht theoretische Wahrheit ist. Wir dürfen nicht vergessen, daß es neben dem Finalnexus, der unser eigentliches Arbeitsgebiet darstellt, auch einen Kausalnexus gibt. Adler hat dies von Anbeginn erkannt und hat seiner final orientierten Psychologie einen kausalistischen Unterbau gegeben: die Organminderwertigkeitslehre. Sie ist, darüber kann kein Zweifel sein, zum großen Teil reine Naturwissenschaft, also auf kausalem Denken aufgebaut. Wenn wir sehen, daß bei einem bestimmten Individuum der Magen das *Punctum minoris resistentiae* darstellt, an welchem neurotische Phänomene, sofern sie sich innerhalb der finalen Persönlichkeitsstruktur als zweckmäßig und notwendig erweisen, zutage treten, so ist gewiß das magenneurotische Symptom in die Persönlichkeitseinheit eingebaut. Aber die Tatsache, daß sich die Persönlichkeit gerade dieses Organdialekts bedient, die Tatsache, daß sie die Ziele eines überspannten Geltungsstrebens gerade mit Hilfe von Magensymptomen und nicht mit Hilfe von Herzbeschwerden, Schlaflosigkeit oder Angstzuständen erreicht, ist offensichtlich kausal determiniert. Wir dürfen, ja, wir müssen diese kausale Determination, die in die monistische Betrachtungsweise der Individualpsychologie ein dualistisches Moment hineinzutragen scheint, innerhalb der Psychotherapie als belanglos beiseite lassen. Denn es kommt alles darauf an, daß wir dem Patienten unsere Auffassung, nicht das Mittel, sondern das Ziel sei das Wesentliche, nahebringen. Aber für die theoretische Betrachtung können wir die kausale Verknüpfung der Erscheinungen nicht ausschalten. In der Wahl seiner neurotischen Mittel ist der Patient nicht unbedingt frei. Er ist durch seine körperliche Konstitution gebunden, kann sich nur solcher Mittel bedienen, die ihm von seinem Körper zur Verfügung gestellt werden. Ein Gleichnis aus einem ganz anderen Gebiet mag uns helfen: Wenn wir von Berlin nach Hamburg wollen, so können wir, wenn wir wollen, zu Fuß gehen, allerdings nur, wenn wir gesunde Beine haben. Wir können mit der Eisenbahn fahren, aber nur, wenn wir Geld haben, die Fahrkarte zu bezahlen. Wir können Auto oder Motorrad benützen, aber nur, wenn uns diese Beförderungsmittel zur Verfügung stehen, was vor allem wieder eine Geldfrage ist. Und wir können auch fliegen, wieder vorausgesetzt, daß wir die sehr beträchtlichen Kosten einer Luftreise aufbringen. Man sieht: Jedes dieser Beförderungsmittel zur Erreichung des Zieles ist gleichzeitig kausal bedingt, die Möglichkeiten sind begrenzt. Wir können sagen – und wir sagen es auch: Wie wir nach Hamburg kommen, ist belanglos, wichtig ist nur, daß wir hinwollen und daß wir auch tatsächlich dorthin gelangen. Aber die Frage der Beförderungsmittel ist eben nur solange belanglos, als wir uns nicht gerade für diese Frage der Beförderungsmittel interessieren. Ist unsere Aufmerksamkeit dieser Frage zugewandt, dann ist es nicht richtig, sie immer wieder als unwesentlich beiseite zu schieben. Dann müssen wir eben die Bedingungen untersuchen, die den einen zwingen, zu Fuß zu gehen, den anderen veranlassen, ein Auto, den dritten, ein Flugzeug zu benützen. Bei dieser Betrachtungsweise aber verlieren wir zum großen Teil das Reiseziel aus den Augen. Denn wenn es in erster Linie eine Geldfrage ist, ob ich mir eine Luftreise leisten kann, dann wird diese Geldfrage bei jeder Reise, und nicht eben nur bei der Reise nach Hamburg, die Hauptrolle spielen. Bin ich ein armer Teufel, dann ist es ganz gleichgültig, wo ich hin will: Ich werde zu Fuß gehen müssen. Habe ich Geld, dann habe ich freilich auch die Wahl, und wenn ich die Wahl habe, dann tritt wieder die Zielsetzung in den Vordergrund. Ich kann mich entschließen, lieber mit dem D-Zug zu fahren, weil mir die Luftverbindung zwischen Berlin und Hamburg hinsichtlich der Fahrzeiten nicht paßt oder weil ich Angst vor der Luftreise habe. Hier spielen schon finale Momente eine Rolle. Aber bevor überhaupt festgestellt ist, ob ich mir eine Luftreise leisten kann, ist es auch müßig, sonstige Erwägungen anzustellen, denn ich habe keine Wahl.

Ganz dasselbe gilt von der Neurosenwahl. Ich habe diese Wahl nur dann, wenn mir eine Vielheit von Mitteln zur Verfügung steht, was durchaus nicht immer der Fall ist. Es wäre falsch, zu behaupten, daß jeder Mensch, wenn er ihn braucht, einen hysterischen Anfall produzieren, nervöse Diarrhöen oder Herzbeschwerden hervorrufen könne. Sondern er ist in der Wahl seiner Mittel durch seine somatische Konstitution eingeengt. Der Kausalnexus ist hier ausschlaggebend.

Dem scheint nun ein bedeutsames Wort Adlers entgegenzustehen: Betrachten wir das Verhalten des Neurotikers unter dem Gesichtspunkt seiner Zielsetzung und versetzen wir uns versuchsweise an seine Stelle, so ergibt sich, daß wir auch nichts anderes tun könnten als er; daß also seine Neurose das beste Mittel zur Erreichung seines Zieles darstellt. Falsch ist nicht das Mittel, sondern das Ziel. Das könnte den Eindruck erwecken, als wäre das neurotische Symptom ausschließlich durch die neurotische Zielsetzung determiniert. Aber wenn auch Adlers Satz durchaus in dem Sinne gilt, daß keiner von uns an der Stelle des Neurotikers etwas Besseres tun könnte als er, um sein Ziel zu erreichen, so ist damit nicht gesagt, daß jeder von uns imstande wäre, genau dasselbe zu tun. Ich meine, daß, eine bestimmte Zielsetzung gegeben, jeder Mensch die für ihn geeignetsten Mittel zur Erreichung dieses Zieles anzuwenden vermag, daß aber nicht jedem die gleichen Mittel zur Verfügung stehen. Adlers Satz gilt also mit der Einschränkung, daß wir an der Stelle des Neurotikers, seine Zielsetzung und seine somatische Konstitution vorausgesetzt, auch nichts anderes tun könnten als er. Damit ist aber schon die somatische Konstitution als der entscheidende kausale Faktor mit im Spiele.

Unter diesen Umständen erscheint es zweckmäßig, um Mißverständnissen auszuweichen, die nicht von der Individualpsychologie, sondern von älteren Schulen aufgestellte Lehre von der »Psychogenie« des neurotischen Symptoms zu revidieren. Nicht das neurotische Symptom ist psychogen, sondern jene finale Verhaltensweise, in welche das aus somatischen Quellen fließende Symptom eingebaut ist. Das Symptom selbst ist kausal durch die individuelle somatische Konstitution determiniert, und es ist nicht psychogen, sondern psychotrop, das heißt, es ist von anderen somatischen Krankheitserscheinungen dadurch unterschieden, daß es sich leichter und vollständiger als diese der persönlichen Finalität unterwirft, sich eingliedern läßt in das System der persönlichen Zielsetzung. Ist dies einmal geschehen, dann kann das Symptom durch eine Änderung des Lebensplans geändert, verstärkt oder ausgeschaltet werden, soweit es nicht Eigenleben besitzt. Aber – und das scheint mir gegenüber einer Überspannung des psychologistischen Prinzips wesentlich festzustellen –

das neurotische Symptom besitzt Eigenleben. Es kann – wenn auch selten – ohne psychologische Wertigkeit vorhanden sein, sei es auch nur vorübergehend. Es gibt z. B. neurotische Angstzustände, die final indifferent sind. Es gibt final indifferente Organneurosen und selbst Zwangserscheinungen. Die Tatsache, daß solche Fälle selten sind, enthebt uns nicht der Aufgabe, uns mit ihnen auseinanderzusetzen.

Das somatoneurotische Symptom entspringt, als solches betrachtet, einem besonderen Erregungszustand des vegetativen Nervensystems. Ich habe vor Jahren in anderem Zusammenhang* darzustellen versucht, daß das Phänomen der Angst so gut wie ausschließlich im Zentrum der neurotischen Symptomatologie steht.

Wenn Kretschmer für das Sondergebiet der Hysterie uralte, biologisch finale Reflexe – Totstellreflexe und Bewegungssturm – als pathogenetische Grundlage der Krankheitserscheinungen darstellt, so fügt sich dies sehr gut in unsere Betrachtungsweise. Denn diese Reflexe sind ihrem biologischen Sinn nach nichts anderes als Verhaltungsweisen, die, von der subjektiven Seite her gesehen, Angst sind. Ganz dasselbe läßt sich für alle anderen neurotischen Symptome, für die Gruppen der Angstneurosen, der Zwangsneurose, der Neurasthenie nachweisen. Auch bei den Organneurosen läßt sich zeigen, daß alle Reflexe, die als neurotische Erscheinungen auftreten können, gleichzeitig Ausdruck der Angst sind: Nervöses Erbrechen, Diarrhöen, Blasenstörungen, Kehlkopfkrämpfe, Schwindel, Kongestionen, Zittern, Herzbeschwerden usw. Eine kleine Gruppe von Erscheinungen, die als Ermüdungserscheinungen aufzufassen sind – Kopfschmerzen, Mattigkeit, Schlafsucht, Konzentrationsunfähigkeit usw. –, kommt vielleicht noch gesondert hinzu. Aber auch von diesen dürfte gelten, daß es sich durchwegs um Erregungs- und Ausfallserscheinungen im Bereich des vegetativen Systems handelt, das mit dem endokrinen System in naher Beziehung steht.

So spricht auch vieles dafür, daß alle Organminderwertigkeiten, die bei der Determination neurotischer Symptome eine Rolle spielen, nur insofern neurotisierend zu wirken imstande sind, als sie gleichzeitig das vegetative System betreffen. Eine Minderwertigkeit des Magen-

---

* Die Angst als Kernproblem der Neurose. Deutsche Zeitschrift für Nervenheilkunde, Bd. 88, S. 271, 1925.

Darmtrakts wird nur dann eine geeignete Basis für eine Neurose ab-
geben, wenn der vegetative Apparat, sei es der periphere Apparat, der
in die Organe selbst eingebaut ist, sei es der zentrale Überbau, Sym-
pathicus-Parasympathicus und die zugeordneten spinalen und zerebralen Zentren, daran beteiligt ist. Vegetative Begleiterscheinungen
wird man freilich kaum bei irgendeinem Organleiden ganz vermissen.
Dort, wo sie aber nicht vorhanden sind, ist das betreffende Organleiden auch nicht neurosefähig. So mag es kommen, daß Menschen, die
wir charakterologisch mit Sicherheit als »Neurotiker« erkennen,
gleichwohl von einem etwa auftretenden organischen Leiden keinen
neurotischen Gebrauch machen. Eine Patientin, die neben ihren nervösen Angstzuständen an einer röntgenologisch nachgewiesenen
Cholezystitis leidet, vermag gleichwohl das Kommen und Gehen der
Schmerzanfälle in keiner Weise final zu beherrschen. Allerdings hat
sie – das kann sie natürlich immer tun – das organische Leiden als
solches sehr wohl in ihren Lebensplan eingebaut. Aber sie vermag,
obwohl sich ihre Zielsetzung noch durchaus nicht geändert hat, die
medikamentöse Heilung der Cholezystitis nicht zu verhindern.
Wie ist man aber zu der heute von mir bekämpften Anschauung von
der Psychogenie der neurotischen Symptome gelangt? Einfach dadurch, daß man Neurosen im Anschluß an psychische Vorgänge auftreten sah. Das seelische Geschehen scheint in den Kausalnexus der
Neurosenentstehung eingebaut zu sein. Eine Patientin, bis dahin
praktisch gesund, heiratet. Die Ehe ist unglücklich, die Patientin leidet im Geltungskampf gegen den Gatten. Prompt treten nervöse Beschwerden – Angstzustände, Herzbeklemmungen – auf, die vorher
nicht vorhanden waren. Hier scheint der psychische Faktor durchaus
die Rolle der *Causa finalis* zu spielen; denn wir verstehen wohl, daß
diese neurotischen Erscheinungen nur dadurch sinnvoll sind, daß sie
nicht nur der Ausdruck einer verzweifelten Stimmung, sondern
gleichzeitig ein Mittel sind, die Situation der Patientin in einer Richtung, die ihr günstig erscheint, zu ändern: Wenn sie sich bis dahin
über mangelnde Rücksicht und Zärtlichkeit von seiten des Mannes zu
beklagen hatte, so zwingt sie ihn vermittels der Neurose, sich mehr
als bisher mit ihr zu beschäftigen. Die individualpsychologische Analyse mag nun etwa nachweisen, daß die Patientin ein verwöhntes
Kind war und daß sie es schon in der Kindheit verstand, durch Kinderfehler aller Art die Fürsorge ihrer Angehörigen auf sich zu kon-

zentrieren. Sie wendet nun diese Kindheitsschablone in ihrer Ehe an und erreicht mit Hilfe der Neurose eine Neuauflage der Kindheitssituation.

Das sieht nun ganz »psychogen« aus, man hat den Eindruck, daß das psychische Geschehen als *Causa finalis* in die Kausalreihe eingeschaltet ist. Und doch ist eine andere Betrachtungsweise vielleicht eher am Platze, eher geeignet, die zweifellos vorhandenen erkenntnistheoretischen Schwierigkeiten zu lösen. Herzbeschwerden, Angstzustände sind und bleiben, was sie sind: körperliche Krankheitserscheinungen, Ausdruck einer Gleichgewichtsstörung im vegetativen System. Eine derartige Gleichgewichtsstörung ist nur auf der Basis einer gewissen Labilität des Systems möglich. Diese Labilität ist also das Wesentliche des Krankheitszustandes. Das ist die eigentliche Neurose, und die hat natürlich schon bestanden, bevor das Symptom manifest wurde. Wir dürfen hier vielleicht den Begriff der latenten Neurose einführen. Er läßt sich ganz gut mit dem der latenten Tetanie in Analogie setzen. Unter latenter Tetanie verstehen wir einen Zustand, der ohne Krankheitsgefühl, ohne subjektive Beschwerden besteht und dessen objektive Kennzeichen erst bei darauf gerichteter Untersuchung als Anomalien der Reflexe, der mechanischen und elektrischen Erregbarkeit zutage treten. Kommt nun irgendein vielleicht minimaler äußerer Anstoß hinzu – alimentäre Vergiftung, klimatische Einflüsse, eine irgendwie verursachte Funktionsänderung der Nebenschilddrüsen –, so setzen spontane Tetanieanfälle ein, das scheinbar bis dahin gesunde Individuum wird krank. Und doch wäre es falsch, diesen äußeren Anlaß als Krankheitsursache zu betrachten, da doch die Tetanie schon lange vorher latent vorhanden war.

Dasselbe Verhältnis besteht zwischen der latenten Neurose und dem auslösenden psychischen Moment. Es ist die Eigenart der neurotischen Labilität des vegetativen Systems, daß es auf psychische Reize besonders leicht anspricht. Die somatoneurotische Disposition ist psychotrop, wie wir es oben nannten. Damit ist nicht gesagt, daß nicht auch somatische Faktoren gelegentlich auslösend wirken können. Immerhin ist die Auslösung durch die seelische Situation weitaus häufiger. Diese Wirkung ist über die Affektivität geschaltet und ist als solche durchaus als »Causa« zu betrachten. Das Erfolgsorgan der Affekterregung ist ja eben jenes vegetative System, dessen Labilität als die eigentliche Neurose zu betrachten ist. Da man annehmen muß, daß auch die vegetative Situation kein konstanter Faktor ist, sondern gewissen autochthonen Schwankungen unterliegt, wird eine Neurose besonders dann zum Ausbruch kommen, wenn der psychische Reiz auf eine Phase erhöhter vegetativer Labilität trifft. Das läßt sich in folgender Weise schematisch veranschaulichen:

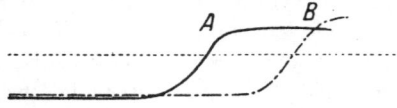

Abb. 1

Die ausgezogene Linie entspricht der Kurve des vegetativen Labilitätszustandes, und wir nehmen im gegebenen Fall an, daß diese Labilität im Zeitpunkt A aus endogenen Ursachen den durch die punktierte Linie angedeuteten Schwellenwert überschreitet und durch einige Zeit diese Höhe beibehält. Ursache dieser Änderung der vegetativen Situation könnte z. B. eine Phase des weiblichen Sexuallebens – Schwangerschaft, Klimakterium – sein. Die Punkt-Strich-Linie stellt die jeweilige seelische Situation dar. Solange sie ruhig und konfliktlos ist, geschieht nichts. Nehmen wir aber einmal an, daß durch eine Situationsänderung im Zeitpunkt B sich die seelische Situation plötzlich zuungunsten des Individuums verändert; das wird durch Ansteigen der Strich-Punkt-Kurve veranschaulicht. Schneidet sie die ausgezogene Kurve oberhalb des Schwellenwertes, wie dies eben im Zeitpunkt B der Fall ist, so setzt die manifeste Neurose ein.
Bei dieser schematischen Darstellung der Pathogenese neurotischer Erkrankungen ist geflissentlich der finale Gesichtspunkt ganz beiseite gelassen.
Wenn demnach hier eingewendet wird, eine derartige Auffassung habe nichts mit Individualpsychologie zu tun, so ist das natürlich richtig. Aber man muß einmal mit voller Klarheit zu Ende denken. Insoweit als wir es überhaupt hier mit Krankheitszuständen zu tun haben, brauchen wir eine pathogenetische Theorie. Und für diese pathogenetische Theorie – der Ausdruck selbst besagt es schon! – muß sich die Individualpsychologie, die Lehre von der immanenten Teleologie der Persönlichkeit, unzuständig erklären. Was die Individual-

psychologie zu diesen Fragen zu sagen hat, liegt auf einer ganz anderen Ebene. Sie hat gar nicht mit Krankheitszuständen zu tun, sondern mit Anomalien der Zielsetzung. Diese als »neurotisch« zu bezeichnen, ist eigentlich irreführend, solange wir unter »Neurose« einen Krankheitszustand verstehen. Nur für den Zweck dieser Untersuchung will ich hier einen neuen Ausdruck einführen, von dem ich weiß, daß er nicht gut ist. Er soll uns nur vor Mißverständnissen bewahren. Bezeichnen wir den seelischen Zustand, den Adler unter dem Titel des »nervösen Charakters« beschrieben hat und der durch eine aus verstärktem Minderwertigkeitsgefühl erwachsene falsche Zielsetzung gekennzeichnet ist, als Parabulie (von »παρά« und »βούλομαι«: falsche Willensrichtung). Dann stellt also in unserem Schema die ausgezogene Linie die somatoneurotische, die Strich-Punkt-Linie die parabulische Kurve dar, genauer gesagt, die affektdynamische Kurve, die von der parabulischen Zielsetzung funktional abhängig ist. Eine Interferenz der beiden Bewegungen kann nur in dem psychophysischen Zwischengebiet des vegetativen Systems erfolgen. Hier läßt sich nach Bedarf der Kausalnexus oder der Finalnexus anwenden. Im ersteren Fall stellen die Gemütsbewegungen Erregungen des vegetativen Nervensystems dar, die, eine konstitutive Labilität dieses Systems vorausgesetzt, zur Gleichgewichtsstörung, also zur Neurose führen können. Im letzteren Falle betrachten wir Erregungen des vegetativen Apparats durchaus als Mittel der personalen Finalität; der Begriff der Krankheit kommt hier gar nicht vor, es sei denn als psychischer Inhalt der betreffenden Person, die sich für krank hält. Diese doppelte Betrachtungsweise ist auf anderen Gebieten eigentlich ganz selbstverständlich. Man hat es nur bisher unterlassen, sie bei den Neurosen anzuwenden. Wenn wir im Zeitungsbericht lesen, daß A den B mit einer Axt getötet hat, so wird sich der Kriminalpsychologe eingehend für die Motivierung, das heißt also für die Zielsetzung der Tat, interessieren, und dafür ist die Psychologie auch zuständig. Aber es wird ihm nicht einfallen, zur Frage der Physiologie jener Muskelbewegungen, vermöge deren der Mord geschehen ist, das Wort zu ergreifen, denn er weiß wohl, daß er dazu nichts zu sagen hat. Das Wie des Geschehens unterliegt durchaus der kausalen Betrachtungsweise. Nur der Physiologe wird darlegen können, mittels welcher Muskelinnervationen der tödliche Hieb geführt wurde. Ganz dasselbe gilt aber auch von der Neurose – *mutatis mutandis.*

146

Wozu die Neurose dient, kann uns die Individualpsychologie lehren. Wie sie möglich ist, erfahren wir aus der Neuropathologie des vegetativen Nervensystems.

Vom neuropathologischen Standpunkt sind also auch die Erörterungen, die sich an unser Schema knüpfen, zu werten. Liegen beide Kurven tief, so ist das Individuum gesund und seelisch ausgeglichen. Steigt die somatoneurotische Kurve an – was, wie gesagt, aus somatischen Ursachen geschehen kann –, dann haben wir es noch immer nicht mit einer Psychoneurose zu tun. Das Individuum wird in diesem Fall eventuell körperliche Beschwerden haben, die aber in keiner Weise verwertet, personal umfinalisiert werden. Deshalb handelt es sich nicht um eine Psychoneurose, sondern bloß um vegetative Störungen. Erst wenn die parabulische Kurve, wie dies in B der Fall ist, so sehr ansteigt, daß sie die neurotische Kurve oberhalb der Schwellenlinie schneidet, setzt die wirkliche Psychoneurose ein. Die ursprünglich rein somatischen Symptome – wenn sie überhaupt vorher schon bestanden – werden personal umfinalisiert, sie treten in den Dienst der persönlichen Zielsetzung. Von da an hat das Individuum Herzklopfen, Übelkeiten, Zwangsideen, um ein Ziel auf der Linie des übersteigerten Geltungsstrebens zu erreichen. Wissenschaftstheoretisch ist dazu zu bemerken, daß wir uns absichtlich einer μετάβασις εἰς ἄλλο γένος schuldig machen, von dem Augenblick an, wo die Parabulie eingreift. Man kann den ganzen pathogenetischen Prozeß natürlich auch rein kausal darstellen. Dann haben wir es gar nicht mit Zielsetzungen, sondern mit affektiven Erregungen des vegetativen Nervensystems und ihren Folgen zu tun. Aber es sind rein pragmatische Gründe, die uns veranlassen, vom Zeitpunkte B an die finale an die Stelle der kausalen Interpretation zu setzen: Wir könnten sonst keine Psychotherapie betreiben. Das Recht zur finalen Betrachtungsweise aber steht außer Frage.

Was geschieht nun, wenn, wie dies in der Zeit nach B der Fall zu sein scheint, die neurotische Kurve wieder fällt? Dieser Fall tritt in der Regel nicht ein. Denn hier setzt ein Geschehen ein, das Künkel unter der Bezeichnung »vitale Dialektik« beschrieben hat. Wir haben es schon immer als *Circulus vitiosus* gekannt. Der Sturm des psychoneurotischen Geschehens, der mit der Schneidung der Kurven begonnen hat, erhöht die Labilität des vegetativen Nervensystems, die sonst vielleicht gesunken wäre. Das sieht im Schema so aus:

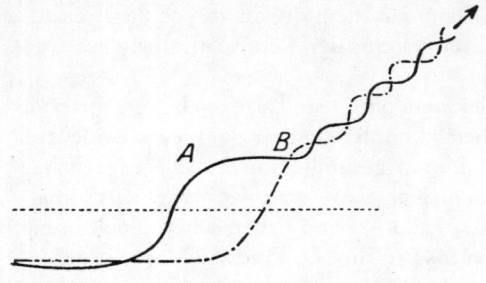

Abb. 2

Das ist der Ausdruck dafür, daß der Affekt gleichzeitig ein seelisches und ein vegetatives Geschehnis ist, daß er also selbst imstande ist, die vegetative Situation zu verändern. Von der anderen Seite her gesehen, stellt sich der *Circulus vitiosus* folgendermaßen dar: Das Erlebnis der somatoneurotischen Erscheinungen – etwa eines Angstanfalles – erschüttert das Persönlichkeitsgefühl des Parabulikers noch mehr, das vom Somatischen her gesteigerte Gefühl der Unsicherheit und Minderwertigkeit bewirkt eine weitere Verschärfung der parabulischen Zielsetzung, die nun wieder ihrerseits auf das Somatische zurückwirkt. So konstituiert sich eine dialektische Wechselwirkung, die in eigengesetzlicher Steigerung immer tiefer in die Psychoneurose hineinführt.

Diese Auffassung macht es verständlich, daß die Auflösung der Parabulie durch die psychotherapeutische Behandlung auf einen Widerstand stößt, der sich immer von neuem bildet. Der Widerstand stammt aus der somatischen Neurose. Sie ist da, sie ist dem unmittelbaren Einfluß des Patienten entzogen, durch Training automatisiert und kann nicht plötzlich abgebaut werden. Die fortdauernde Neurose wirkt auf dem Umwege über das Persönlichkeitsgefühl im Sinne einer Verstärkung der Parabulie, diese auf dem Umweg über die Affektspannung immer wieder neurotisierend. So kann die Heilung trotz vollster Einsicht nicht schlagartig erfolgen, sondern langsam, wie gegen einen zähen Widerstand, immer wieder von Rückfällen unterbrochen. Die typische Heilungskurve ist der Springprozession von Echternach zu vergleichen: immer zwei Schritte vor, einen zurück. In dem Maße als die parabulische Haltung des Patienten durch Einsicht gelöst wird, fällt eine wesentliche Quelle der psychoneurotischen Störung weg. Immer noch besteht jedoch der neurotische Automatismus, der nur allmählich veröden kann (siehe Abb. 3, C bezeichnet den Zeitpunkt der »Einsicht«).

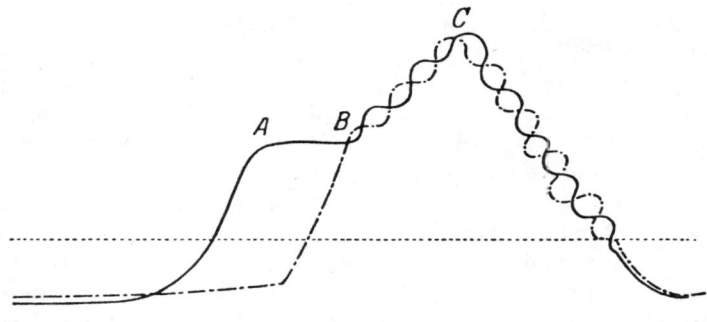

Abb. 3

Die Interferenz der somatoneurotischen mit den parabulischen Momenten wäre ganz so einfach, wie es im Schema dargestellt ist, wenn es sich um rein quantitative Unterschiede der Erregbarkeit im vegetativen Nervensystem handeln würde. Das ist aber bekanntlich nicht der Fall. Vielmehr müssen wir mit einer heute noch gar nicht restlos bekannten Anzahl von qualitativen Varianten der somatoneurotischen Disposition rechnen. Dies gilt schon lokalisatorisch: Die Grundstörung kann im Zentrum der vegetativen Vorgänge liegen, wie dies z. B. bei der Zwangsneurose der Fall sein dürfte. Als eine (vielleicht nicht für alle Fälle geltende) Grundstörung der Zwangsneurose betrachte ich, wie a. a. O. des Näheren ausgeführt[1], eine »rhythmische Insuffizienz« der höheren psychomotorischen Zentren.

Die Störung wäre topisch etwa dort zu suchen, wo die typischen Herde bei der epidemischen Enzephalitis liegen (Zwischenhirn, Stammganglien, *Substantia nigra*). Klinisch manifestiert sie sich darin, daß zwei einander nahestehende, rein neurologisch aufzufassende Symptomreihen, die der »Iteration« und die des »Klebens«,

1 »Die Grundstörung der Zwangsneurose«. Zeitschrift für die gesamte Neurologie und Psychiatrie, Bd. 121, S. 236, 1929.

unterschwellig bereitgestellt sind. Sobald die parabulische Kurve die somatoneurotische oberhalb der Reizschwelle schneidet, setzt die manifeste Neurose ein. Aber gerade die Zwangsneurose bietet gutes Belegmaterial für die Darstellung einer Gesetzmäßigkeit, die der unmittelbare Ausdruck der »inneren Dialektik« des psychoneurotischen Geschehens ist: ich möchte es das Gesetz der psychosomatischen Konvergenz nennen. Es lautet etwa so: Die somatoneurotisch determinierte Form des Geschehens tritt erst dann als Psychoneurose manifest in die Erscheinung, wenn sie durch einen parabulischen Impuls mit Inhalt erfüllt wird. Auf die Zwangsneurose angewendet, heißt das: Die somatoneurotische Bereitschaft zur Iteration und zum Kleben bleibt solange latent, als noch in keiner Weise determiniert ist, woran geklebt werden soll. Dieses Was des neurotischen Geschehens, das die Form mit Inhalt erfüllt und dadurch das Manifestwerden der Neurose bewirkt, kommt von der psychologischen Seite her, als Ergebnis einer Parabulie, die an sich noch nicht imstande wäre, die Zwangsneurose zu erzeugen. Ein Mädchen produziert seine ersten Zwangserscheinungen von dem Zeitpunkt an, wo sie von den Eltern in autoritär nörgelnder Weise zu Ordnungsliebe und Reinlichkeit angehalten wird. Weil es parabulisch sinnvoll ist, den Zwang mit einem Gegenzwang zu beantworten, gegen den Druck der elterlichen Autorität in wirksamer und dabei unverantwortlicher Weise zu protestieren, wird nun der Komplex »Ordnungsliebe« zum Gegenstand der Iteration und des Klebens gemacht. Fortan ist der Patientin nichts mehr genau und ordentlich genug, sie wiederholt alle Handlungen, die mit diesem Komplex zusammenhängen, ins Unendliche, sie kann von einer Beschäftigung, die auf dieser Linie liegt, nicht loskommen; und sie erreicht damit, daß die Eltern die Geister, die sie riefen, nicht mehr loswerden und über die krankhafte Ordnungsliebe ihrer Tochter in Verzweiflung geraten. Gleichzeitig gelingt es ihr auf diesem Wege Zeit zu vertrödeln und im Sinne des ihrer Mutlosigkeit entsprechenden Zögerns jeder gefährlichen Aktivität auszuweichen. Ist sie aber einmal in dieses Fahrwasser geraten, dann wirkt sich der Teufelskreis aus. Sie selbst wird die Geister, die sie rief, nicht mehr los, der Zwang – das Erlebnis ichfernen Geschehens in ichnaher Sphäre – scheint stärker als sie, und nun besteht wirklich ein Defekt, der das Minderwertigkeitsgefühl, verstärkte Parabulie, neuerlich – aus einer Art verkrampften Affekts – verstärkter Zwang, da die intensive Affektspannung, die, da erlebnismäßig gegeben, rückwirkend die somatoneurotische Krise verstärken muß. Wenn unsere Erfahrungen nicht für die überlegene Macht der Einsicht sprächen, so könnte man an der Heilbarkeit einer Zwangsneurose von dem Augenblick an, wo sie tatsächlich besteht, verzweifeln. In Wahrheit ist sie erst dann nicht mehr heilbar, wenn sie in dialektischer Fortentwicklung zur Isolierung des Patienten geführt und ihn außerstande gesetzt hat, die Sprache des Therapeuten zu verstehen. Solange der Patient wenigstens für den Therapeuten kontaktfähig ist, vermag dessen geduldige Arbeit schrittweise dem Teufelskreis entgegenzuwirken, um schließlich seine Richtung umzukehren: Erste Ermutigung – erster Erfolg – Stärkung des Persönlichkeitsgefühls – affektive Beruhigung – Nachlassen der somatoneurotischen Spannung – weitere Ermutigung usw.

Die psychosomatische Konvergenz ist nun vor allem darin zu erkennen, daß bestimmte somatoneurotische Formen eine Prädilektion für bestimmte seelische Inhalte zu haben scheinen, und umgekehrt. Das ist gerade bei der Zwangsneurose am deutlichsten. Autoritäre Erziehung, trotziger, aber immer wieder unterdrückter Widerstand gegen sie (die »in der Tasche geballte Faust«), insgeheim anwachsender Haß gegen den Erzieher, Todeswünsche gegen ihn, darauf als Antwort Schuldgefühle, die in Anlehnung an religiöse Ideologien und im Dienste eines ethischen Persönlichkeitsideals zu Buße und Selbstbestrafung in der Form der Zwangszeremonien drängen – dies ist die typische seelische Situation des künftigen Zwangsneurotikers. Aber der latente Haß einer unterdrückten Kindheit vermag für sich allein nicht zur Zwangsneurose zu führen. Fehlt die Grundstörung, so wird sich die Parabulie rein charakterologisch auswirken, oder sie wird sich einer andersgearteten Grundstörung, die etwa vorhanden ist, bedienen und jeweils als Angstneurose, Organneurose, Neurasthenie oder dergleichen erscheinen.

Im Erscheinungskreis der somatoneurotischen Erscheinungen spielen anfallsweise auftretende Symptome eine Rolle, die vor Jahren von Paul Löwy unter dem Titel »vegetative Anfälle« beschrieben wurden. Diese vegetativen Anfälle treten in verschiedenen Formen auf, wobei in manchen Fällen vagotonische, in anderen sympathicotonische Symptome im Vordergrund stehen. Sie erstrecken sich mehr oder weniger auf alle Organe, in erster Linie auf Herz und Gefäßsystem. Vaguspuls in einem Fall, Sympathicus-Tachykardie im andern, Blasenerscheinungen, Darmstörungen, Schweißausbrüche, Schwindel, spielen in individuell verschiedenem Ausmaß eine Rolle. Es ist kein Zweifel, daß Anfälle dieser Art rein somatoneurotisch auftreten können. Viel öfter aber macht sich die somatopsychische Konvergenz in dem Sinne geltend, daß der vegetative Anfall – man kann ihn auch Angstanfall nennen; es ist dasselbe – in den Dienst einer parabulischen Zielsetzung gestellt und auf dem Umweg über den Affekt dort produziert wird, wo die Parabulie ihn braucht. Gleichzeitig ist unverkennbar, wie in diesen Fällen die psychologische Situation determinierend auf den Inhalt des Anfalls wirkt, so daß tatsächlich der sogenannte hysterische Anfall, dessen somatoneurotischer Kern eben der vegetative Anfall ist, wie eine traumhaft symbolische Darstellung einer dramatischen Krise, wie ein Wutanfall, die Abwehr einer sexuellen Vergewaltigung oder dergleichen erscheint, oft mit unbewußter Reproduktion von Kindheitsszenen. Das ganze Schauspiel, mehr oder weniger durch die simulatorisch-aggravatorische Tendenz der parabulischen Frau stilisiert, fügt sich gleichwohl sehr gut in den Rahmen des von Kretschmer so genannten »Bewegungssturms«, ist und bleibt um die Angst als Kern gruppiert. Ebenso gilt dies von hysterischen Paresen und Anästhesien, die von vielen Neurologen als glatte Simulation betrachtet werden, obwohl auch da eine Intervention organvegetativer Mechanismen sehr wahrscheinlich ist. Findet man lokale Zirkulationsstörungen, Urticaria, Temperaturdifferenzen daneben, so ist das vegetative Moment unverkennbar.

Ferner ist auf das große Sammelbecken pathogenetisch nicht einheitlicher Krankheitsbilder hinzuweisen, die man unter dem Titel »Neurasthenie« zusammenfaßt. Zum großen Teil handelt es sich hier um milder und minder akut verlaufende Erscheinungen derselben Art, wie man sie bei der Hysterie sieht; eine vegetative Disposition, die, parabulisch gestaltet, situativ zu Schwindel, Kopfschmerzen, Magen- und Darmbeschwerden führt, wo man sie braucht, wo sie eindrucksvoll für den Patienten selbst und seine Umgebung, sinnvoll als Mittel zum Zweck, als Weg zum Ziel erscheinen. Hierher gehört auch die Schlaflosigkeit, die ein gutes Beispiel für das Ineinanderspielen somatoneurotischer und parabulischer Momente bildet. Die nahe topische Beziehung der Schlafzentren zu den vegetativen Zentren im Zwischenhirn ist seit Economo gut bekannt. Nun gibt es unter allen Affektlagen eine, die mit Sicherheit den Schlaf hintanzuhalten vermag:

die Angst. Daß ein Wesen, das Angst hat, weil es gefährdet ist, nicht schläft, ist biologisch sinnvoll. Denn im Schlaf ist man wehrlos. So bilden gewisse somatische Angstsymptome, insbesondere Spannungszustände der Muskulatur, Zittern, motorische Unruhe, lebhafte Herztätigkeit, gesteigerte Empfänglichkeit der sensorischen Apparate, einen konstanten Weckreiz. Durch ihn kann jene Aufhebung des physischen Kontakts mit der Umwelt, jene Isolierung, die der Schlaf darstellt[2], nicht zustande kommen.

Stellt somit der Symptomenkomplex der Angst gerade dort, wo er zur Schlafstörung führt, einen sinnvollen Mechanismus innerhalb der biologischen Finalität dar, so vermag er unter Lebensbedingungen, die ihn überflüssig machen, im Wege der Umfinalisierung ein Mittel zu anderen Zwecken zu werden. Es ist leicht ersichtlich, daß jede parabulische Haltung irgendwo in Angst einmündet. Die Bereitschaft zum Symptomenkomplex der Angst ist, wenn auch graduell und qualitativ verschieden, bei allen Menschen gegeben. Es handelt sich ja um normale Reflexmechanismen. Insofern also, als eine der Angst analoge vegetative Erregung den Schlaf zu stören vermag, gehört also die Schlaflosigkeit zu den wenigen neurotischen Symptomen, deren eigentlich alle Menschen fähig sind. Dabei ist es durchaus nicht erforderlich, daß jene vegetative Erregung, die als Weckreiz wirkt und den Schlaf stört, dem Individuum als Angst bewußt wird. Überhaupt stellt ja das einer Affektspannung entsprechende bewußte Erlebnis, das man in der Psychologie als Affekt beschreibt, wahrscheinlich den Ausnahmefall dar.

Das Normale dürfte es sein, daß nichts anderes erlebt wird als die dem Affekt zugeordneten somatischen Erscheinungen. Nur dort, wo es sinnvoll ist, wird der Affekt nicht nur als somatisches Geschehen, sondern auch als bewußter psychischer Akt erlebt. Die Vieldeutigkeit der vegetativen Symptome ermöglicht jeweils die Interpretation, die der persönlichen Finalität entspricht. In der Weihnachtsnacht 1914 wurden wir an der russischen Front durch einen Feuerüberfall des Gegners brüsk aus dem Schlaf geweckt. Während wir uns eilig marschbereit machten, zitterten wir alle »vor Kälte« am ganzen Körper. Es war tatsächlich eine kalte Winternacht. Aber es war immerhin

2 Siehe meine Arbeit: Über Hypnose und Suggestion, Internationale Zeitschrift für Individualpsychologie, Bd. 5, S. 81, 1927

merkwürdig, daß wir durchaus nicht mehr zitterten, als der Feuer-überfall vorüber war, obwohl es auch dann noch kalt war. In Wahrheit hatten wir einfach Angst, die eben der gefahrvollen Situation entsprach, wollten sie aber nicht wahrhaben. So deuteten wir mit überraschender Gleichartigkeit das Angstzittern in Kältezittern um.

Ähnliches gilt wohl auch für den ängstlichen Schlaflosen. Die irritierende motorische Unruhe, die Unfähigkeit, eine bestimmte Körperlage beizubehalten, die Tendenz, immer wieder den einen oder anderen Muskel, sei es auch nur einen Mundwinkel oder ein Augenlid zu innervieren, die Überwachheit, die das kleinste Geräusch apperzipieren läßt – so wälzt sich der Schlaflose in seinem Bett, bewußt nur von dem einzigen Wunsch beherrscht, endlich einzuschlafen, und doch unbewußt ständig damit beschäftigt, den Schlaf hintanzuhalten. Die parabulische Zielsetzung, die sich der somatoneurotischen Mechanismen bedient, um die Schlaflosigkeit herbeizuführen, wird sich im einzelnen Fall aus der Analyse ergeben: Um sich für den nächsten Tag arbeitsunfähig zu machen, um durch Unausgeschlafenheit und Müdigkeit und die Klage, daß man kein Auge geschlossen habe, die Rolle des Leidenden innerhalb der Familie spielen zu können, um eine bestimmte Beziehungsperson durch das eigene Leiden zu bestrafen, vollzieht der Parabuliker die Umfinalisierung seiner Angst, bezieht eine Minderwertigkeitsposition, die ihn mit einem durchaus nicht kleinen Opfer sein gemeinschaftswidriges Ziel erkaufen läßt.

Eine große Gruppe von Symptomen läßt sich unter dem Begriff der Überarbeitung zusammenfassen. Nun gibt es wahrscheinlich in der Tat einen somatoneurotischen Symptomenkomplex, der als unmittelbarer Ausdruck der Ermüdung durch übermäßige Arbeitsleistung gelten kann. Dies wäre vielleicht nicht der Fall, wenn das Gehirn imstande wäre, seine intellektuellen Funktionen sozusagen auf kaltem Wege, als reiner Mechanismus zu produzieren. Menschen, die diesem Ideal kühler Sachlichkeit im geistigen Tun nahekommen, können sich kaum überarbeiten. Aber dieses Ideal – als Wert genommen, wäre es gar keines – kann man nie erreichen. Tatsächlich arbeiten wir alle unter einem mehr oder minder beträchtlichen Ausmaß von Affektspannung. Das ist selbstverständlich dort, wo man am Ergebnis der Arbeit persönlich interessiert ist, etwa beim Geschäftsmann, beim Künstler, beim Politiker. Jenes Ausmaß von innerer Unsicherheit, das jeder von uns in sich trägt, bewirkt es, daß der Erfolg der Arbeit, an der wir innerlich beteiligt sind, mit einer Art ängstlicher Spannung erwartet wird, die nicht bewußt werden muß, auch nicht bewußt werden kann, wenn man mit »leidenschaftlicher« Sachlichkeit dem Arbeitsziel zugewendet ist. Einer so selbstlosen Sachlichkeit, daß uns nur die Sache und gar nicht im geringsten unser persönlicher Erfolg oder Mißerfolg wichtig ist, sind wir alle nicht fähig. Rein mechanische Arbeit aber, etwa die des subalternen Beamten oder des Fabrikarbeiters, beteiligt die Affektivität des Arbeitenden wieder von einer ganz anderen Seite her: durch den begreiflichen Überdruß, den die Last der Sklavenarbeit mit sich bringt, der bis zum ausgesprochenen Widerwillen gegen das tägliche Arbeitspensum gehen kann. Wie immer dem sei: Ein gewisses Ausmaß an Affektspannung ist stets am Arbeitsprozeß beteiligt, und die macht es begreiflich, daß vegetativ-neurotische Erscheinungen die Folge sind, wenn die Toleranzgrenze der Leistungsfähigkeit erreicht ist. Dabei ist bemerkenswert, daß die Variationsbreite der Leistungsfähigkeit durchaus der persönlichen Finalität untersteht. In Fällen, wo mit Erfolg und infolgedessen mit Freude gearbeitet wird, wird Überarbeitung viel später, vielleicht auch gar nicht eintreten. Denn gerade der aus innerstem Antrieb und um der Sache willen fleißige Arbeiter wird ganz von selbst soviel Ruhepausen einschalten, wie erforderlich sind, um die Kontinuität der Leistung zu garantieren. Dagegen sieht man Überarbeitungssymptome am raschesten bei Mißerfolgen und bei jenem inneren Protest gegen die Arbeit auftreten, der mit mechanischer Arbeit so oft in begreiflicher Weise verbunden ist. Aber auch die zwar erfolgreiche, doch von einem parabulischen Ehrgeiz angestachelte, »fieberhafte« Arbeit führt infolge der intensiven Affektspannung, mit der sie einhergeht, verhältnismäßig rasch zur Übermüdung. Diese Form der Überarbeitung ist ganz gut individualpsychologisch deutbar. Sie erscheint wie eine Art nachträglichen Lampenfiebers, dient derselben Zielsetzung wie dieses: Geht es gut, dann ist die Leistung in Anbetracht der unerhörten Intensität, mit der sie geleistet wurde, um so bewundernswerter. Mißlingt sie, dann mag man sich darauf berufen, daß man durch Übermüdung nicht weiter konnte. Auf jeden Fall wird die Leistung durch die Überarbeitungssymptome erst ins rechte Licht gestellt und persönlich-final ausgewertet (»Heldentum der Arbeit«).

Überarbeitung als Protest gegen eine verhaßte Tätigkeit ist ohne weiteres verständlich. Hier spielt ein charakterologischer Typus von

Menschen eine Rolle, deren gedrücktes Persönlichkeitsgefühl ständig in Angst vor Versklavung durch die Arbeitspflicht schwebt. Der Urlaub des Angestellten ist auch dort, wo er durch das Ausmaß an Arbeit nicht unbedingt notwendig gemacht wird, aus psychischen Gründen unentbehrlich, um dem Angestellten für einige Wochen das Gefühl freien Menschentums zu geben, nach dem er sich in der Arbeitsfront sehnt. Gerade bei der Überarbeitung des »Sklavenarbeiters« wird die Symptomatologie aus diesem Gesichtspunkt auch psychologisch verständlich: Reizbarkeit und Empfindlichkeit, das, was man im Alltagsleben als »Nervosität« bezeichnet, spielen die Hauptrolle. Handelt es sich hier einerseits um eine somatoneurotisch erklärbare Herabsetzung der Reizschwelle des vegetativen Apparats, so ist andererseits gerade diese Reizbarkeit als parabulische Haltung eines Menschen zu verstehen, der zur Wiederherstellung seines Persönlichkeitsgefühls das Dressat entwickelt: »Ich darf mir nichts gefallen lassen.« Wieder ein kennzeichnendes Beispiel der somatopsychischen Konvergenz, von der wir sprachen. Daß das Symptom demnach von beiden Seiten determiniert erscheint, ist weder Zufall noch prästabilierte Harmonie. Sondern es liegt einfach in der unendlichen Fülle von Ausdrucksmöglichkeiten seelischer Haltung begründet, daß jedes somatisch gegebene Material final verwertbar ist, in den Dienst gestellt werden kann. Aber wieder wird hier ersichtlich, daß die Symptomwahl durchaus nicht in erster Linie von der psychischen Seite her erfolgen kann. Sind das angeborene Temperament und das Ausmaß der Arbeitsleistung eines Menschen so geartet, daß sie das somatoneurotische Symptom der Reizbarkeit zu produzieren vermögen, so ist es für die parabulische Zielsetzung nicht schwer, sich des fertig gelieferten Materials zu bedienen. Aber der Parabuliker könnte dasselbe durch Depression, durch Schlaflosigkeit, durch sonstige, etwa körperlich-neurotische Symptome oder ganz ohne Neurose, rein charakterologisch, erreichen. Hier führt jeder Weg nach Rom. Welcher Weg gewählt wird, hängt von den somatischen Faktoren ab. Sind mehrere verschiedene Möglichkeiten gegeben, dann wird die persönliche Zielsetzung gewiß die zweckmäßigste und diejenige, die am ehesten Unverantwortlichkeit garantiert, aussuchen.

Für die Gruppe der Angstneurosen im eigentlichen Sinne erübrigt es sich nachzuweisen, daß eben die Angst als Kernproblem im Mittelpunkt steht. Die vermutlich nahe Verwandtschaft der somatoneurotischen Vorbedingungen zur Angst- und zur Zwangsneurose bringt es mit sich, daß auch in der parabulischen Sinngebung bei beiden Erkrankungsgruppen weitgehende Analogien bestehen. So spielt zweifellos auch bei den Angstzuständen nicht selten eine Tendenz zur Selbstbestrafung eine Rolle. Das Märtyrertum des Angstkranken ist ja vielleicht noch mehr als das des Zwangskranken geeignet, ihn vor sich selbst und vor der Umwelt zu rehabilitieren und auf eine höhere moralische Stufe zu heben. Eben dies ist ja das Finale der Selbstbestrafungstendenz. Aber die Einengung des Aktionsradius, die sich als natürliche Folge der Angstneurose ergibt, schafft wieder reichlich Material für neue Erlebnisse der Minderwertigkeit und damit neue Quellen parabulischer Exzesse. Wieder ein Fall von innerer Dialektik, die den Angstkranken mehr und mehr in die Krankheit hineinführt. Wird die Angst, die nur ein Auftakt einer Rettungsaktion sein sollte, zum souveränen Mittel der Sicherung umfinalisiert, so erweist sich der Retter aus der Not selbst als die größere Not. Wie sichert man sich vor der Angst, wenn die Angst selbst die stärkstmögliche Sicherung darstellen soll?

Von der somatoneurotischen Seite her ist eine Determination der Angstneurose in den meisten Fällen nachweisbar. In vielen Fällen von Platzangst liegt der Störung eine vegetative Überempfindlichkeit des Gleichgewichtsorgans im inneren Ohr zugrunde. Dafür spricht u. a. der Schwindel, von dem der Agoraphobe im Augenblick der pathogenen Situation erfaßt wird. In Fällen, wo die Unsicherheit der Gleichgewichtsregulierung durch die Schwäche des zugeordneten Apparats gegeben ist, muß sich die Tendenz entwickeln, Stütze und Rückhalt zu suchen und z. B. beim Überqueren freier Plätze zum mindesten die Stütze einer Begleitperson nicht zu entbehren. Aber es liegt auf der Hand, wie sehr dem Gesetz der somatopsychischen Konvergenz entsprechend dieses Bedürfnis nach Begleitung infantilen Zielsetzungen entgegenkommt. Vegetativ bedingte Störungen des Atemrhythmus, wie sie dem nervösen Asthma zugrunde liegen, bilden den somatoneurotischen Kern von Psychoneurosen, die parabulisch deutbar sind. Anderseits vermag parabulisch verständliche Angst ihren Ausdruck in einer »affektiven Hypopnöe« zu finden, die automatisiert als physisches Leiden – Beklemmung, Präcordialangst – empfunden wird. In anderen Fällen ist es allgemeine Angstbereitschaft, die somatoneurotisch aktualisiert wird und die sich sodann an situativ bedingte Anlässe knüpft. Ist der erste Angstanfall durch die mit jeder längeren Eisenbahnfahrt verbundene Erregung ausgelöst worden, so kann sich die Angstneurose monosymptomatisch als Eisenbahnangst weiterentwickeln. Hier könnte wohl auch eine vegetative Überempfindlichkeit des Vestibularapparats eine determinierende Rolle spielen. Aber auch die Eisenbahnangst konvergiert zu psychischen Zielsetzungen: Ein Patient, der an Eisenbahnangst litt, verriet durch seine sonstige Haltung im Leben, daß er die stärkste Sicherung seines Persönlichkeitsgefühls – seine Stellung als *Pater familias*, betreut von Mutter und Gattin – nicht entbehren wollte. Unter diesen Umständen durfte er natürlich nicht allein reisen, und auch die Reise in Begleitung schien ihm angesichts der symbolhaften Bedeutung des eigenen Herdes eine erhebliche Schwierigkeit. War er bei Freunden zu Gast, so bekam er unbedingt einen Anfall. Denn da war es zu deutlich, daß nicht er, sondern der Gastgeber die überlegene Position des Hausherrn beanspruchen durfte. Dieser Patient hatte seit seiner Kindheit an der Dürftigkeit seiner äußeren Erscheinung gelitten und hatte den körperlich und geistig imposanten Vater als unerreichbares Ideal vor sich gesehen. Sein durchaus bewußtes Ideal war »Stattlichkeit«. Die Angstneurose ermöglichte ihm ein Leben unter den für ihn günstigsten Bedingungen: Er verließ die vier Wände seines Hauses nur, um den Betrieb aufzusuchen, dessen Inhaber er war und in welchem er sich als »Herr im Hause« fühlte. Dieser selbe Angstneurotiker aber vermochte ziemlich weite Autoreisen zu unternehmen – unter der einen Bedingung: daß er selbst am Volant saß. Und je schwieriger die Straße, um so ferner war ihm die Angst. Der Kampf gegen eine Gattin, die mit einem an sich berechtigten, aber doch auch parabulisch betonten Eigenwillen ihre innere und äußere Selbständigkeit wahrte, gab den aktuellen Rahmen der Neurose ab, die nach einigen Monaten bloßer Psychotherapie zur Heilung führte. Dabei hatten die Angstanfälle durchaus den Charakter somatoneurotischer Krisen auf der Basis einer nachweisbaren Sympathicotonie. Und wieder läßt sich sagen: Der Patient hätte ganz dasselbe mit Hilfe einer Depression, neurasthenischer Beschwerden, hysterischer Zustände oder durchaus neurosefreier charakterologischer Haltungen erreichen können. Aber die Produktion anderer Symptome war ihm nicht gegeben. Dagegen bot sich als nächstliegendes Material zur parabulischen Umfinalisierung der vegetative Anfall, zu dem er »begabt« war. Die Vieldeutigkeit und Plastizität des somatoneurotischen Materials ermöglichte es der zentralen Persönlichkeit, ein deutbares und unbedingt zielgerechtes Krankheitsbild zu formen.

Demgegenüber soll auch nicht verschwiegen werden, daß ich vereinzelte Fälle von Angstneurose – etwa von Eisenbahnangst – sah, bei denen ein parabulisches Moment trotz eifrigsten Suchens nicht zu finden war. Das beweist freilich nicht, daß es keines gab. Sieht man aber einen Patienten, der in seiner Lebenssituation und Lebenshaltung vollkommen dem gesunden Durchschnitt entspricht, der kein schwererziehbares Kind war, der mit recht gutem Erfolg und ohne wütenden Ehrgeiz einen bürgerlichen Beruf ausfüllt, der in einer ganz guten Ehe lebt und der sich schließlich durch die aus heiterem Himmel einsetzenden Angstzustände so wenig als möglich stören läßt, sieht man eine durchaus nicht überängstliche Frau daneben, die diese Anfälle mit freundlicher Besorgnis, aber ohne jede Übertriebenheit zur Kenntnis nimmt und die der Patient so wenig wie möglich in Anspruch zu nehmen bemüht ist – dann ist man ernstlich in Verlegenheit, den Hebelpunkt zu finden, wo eine individualpsychologische Therapie einsetzen könnte. Ich habe denn auch in dem konkreten Fall, an den ich denke, den psychotherapeutischen Versuch bald aufgegeben – es war geradezu langweilig, mit dem Mann zu sprechen; wir wußten bald nicht mehr, wovon wir reden sollten – und den Patienten mit einem beruhigenden Medikament und der Versicherung, die Sache werde vorübergehen, entlassen. Der Mann war denn auch nach einer Krankheitsdauer von einigen Monaten ohne irgendeine nennenswerte Behandlung genauso gesund wie zuvor, und seine Lebenssituation hatte sich weder während noch nach der Krankheit irgendwie geändert. Hätte man diese Zeit der Krankheit mit irgendeiner Psychotherapie ausgefüllt, so wäre man sicher geneigt gewesen, die Heilung als Verdienst der Behandlung in Anspruch zu nehmen.

Angesichts solcher – freilich seltener – Grenzfälle muß man etwa zu der Formulierung gelangen, daß es sich mit den Neurosen ganz allgemein ungefähr so verhalte wie mit den funktionellen Psychosen, also etwa mit dem manisch-depressiven Irresein. Von der (fast) rein endogenen Melancholie führt über die Fälle mit sichtlich endogener Komponente und parabulisch verständlichen Depressionen, die doch wieder ganz ohne eine zyklothyme, schizothyme oder endokrine, also im vegetativen Apparat lokalisierte Grundlage nicht möglich wären, weil nicht jedermann nach Belieben eine Depression zu produzieren vermag. Ganz dasselbe gilt offenbar auch für die Neurosen, unter denen es eben auch Grenzfälle gibt, bei denen das somatoneurotische Moment stark im Vordergrund steht, die Parabulie relativ belanglos ist, während die große Mehrzahl der Fälle der Parabulien deutbar und demgemäß zu behandeln sind. Die Souveränität der Psychotherapie erleidet also nur bei jenen wirklich seltenen Grenzfällen, wie bei dem oben dargestellten Fall von somatoneurotischer Eisenbahnangst, eine Ausnahme.

Aber wenn somit eigentlich praktisch alles beim alten bleibt, so ist doch die theoretische Bedeutung der Tatsache nicht zu übersehen, daß nach unserer Darstellung die Neurose durchaus nicht psychogen ist, daß demnach die Individualpsychologie zur Pathogenese der Neurosen nichts Wesentliches beizutragen vermag. Die Individualpsychologie ist einzig und allein zuständig zur Aufklärung und Beeinflussung der Parabulien, in deren Dienst etwa vorhandene somatoneurotische Mechanismen stehen. Charakterlehre und Charakterbehandlung sind das ureigenste Gebiet unserer Methode. Es ist die Großtat Alfred Adlers, daß er den Weg gewiesen hat, wie man durch eine innere Umwandlung des Menschen, durch die radikale Änderung seiner Zielsetzung den *Circulus vitiosus* der Psychoneurose zu durchbrechen und das Rad der pathologischen Entwicklung umzukehren vermag. Aber unbeschadet des in der individualpsychologischen Betrachtungsweise unbedingt gültigen teleologischen Prinzips, sind wir verpflichtet, uns über das naturwissenschaftliche Geschehen der Neurosenentstehung und Neurosenwahl nach naturwissenschaftlichen Methoden, also gemäß dem Gesetze der Kausalität, Rechenschaft zu geben. So besteht neben dem unbestrittenen ontologischen Monismus unserer Persönlichkeitspsychologie ein bewußter Dualismus der Betrachtungsweise, dem sich schließlich keiner von uns entziehen kann. Gewiß läßt sich ein metaphysischer Finalismus konsequent vom physikalisch-chemischen Geschehen bis hinauf zur rationalen Finalität des menschlichen Denkens durchführen. Aber innerhalb der Hierarchie der Finalitäten erweist sich jeweils die Finalität niederer Ordnung als Kausalität in der höheren Stufe, und eben diese sekundäre Kausalität ist es, die die Grundlage des naturwissenschaftlichen Denkens ausmacht.

Die Frage nach der Entstehung der Neurose und nach der Determination der Symptomenwahl ist eine Frage nach der Genese eines Naturgeschehens. Als solche kann sie nur in dem Sinne beantwortet werden, wie ich es hier versucht habe. Aber sehen wir näher zu, so müssen wir bemerken, daß sie für die Individualpsychologie im eigentlichen Sinne transzendent ist. Das bedeutet keine Einengung ihres Aktionsradius. Für unsere Fragestellung ist immer nur wichtig, was geschieht. Wie aber das Ziel der Persönlichkeit erreicht wird – ob mit den uns allen zugänglichen Mitteln charakterologischer Haltung oder auf dem Wege der Neurose –, das ist einer Wissenschaft, deren Interesse ausschließlich der Zielsetzung gilt, gleichgültig. Sie bleibt nur konsequent, wenn sie sich für die Frage der Pathogenese neurotischer Störungen und der Neurosenwahl unzuständig erklärt.

Was ist wirklich eine Neurose?

»Es ist eine Krankheit und ist doch keine!« sagte mir ein Patient in jener Phase der Behandlung, wo er schon ein Stück Einsicht gewonnen, aber noch nicht den Mut hatte, seine neue Lebensanschauung nicht nur zu denken, sondern auch zu leben. Es verlohnt sich, diese aus persönlichstem Leid gewonnene Kennzeichnung der Neurose näher ins Auge zu fassen.

Ist eine Neurose eine Krankheit? Man könnte sagen: Die Frage aufwerfen, heißt sie verneinen. Denn wer würde bei sonst einer Erkrankung auf den Gedanken kommen, ihren Krankheitscharakter in Frage zu stellen? So ergibt sich schon aus der Möglichkeit dieser Fragestellung, daß die Neurose gegenüber dem klinischen Krankheitsbegriff zum mindesten eine Sonderstellung einnimmt. Man könnte sich auf das Bewußtsein des Laienpublikums beziehen, welches im Neurotiker meistens so gut einen Kranken sieht wie in einem Herzleidenden oder Magenleidenden. Aber erstens unterliegt der Krankheitsbegriff des Publikums sehr beträchtlichen Schwankungen im Laufe der Zeit. Die »nervösen« Kinder von heute waren noch vor 30 Jahren einfach »schlimme« Kinder und wurden nicht ärztlich, sondern disziplinär behandelt. Hysterische Frauen wurden vor 200 Jahren als Hexen verbrannt. Noch heute aber wird vielen unseren Patienten von wohlmeinenden Angehörigen und Freunden immer wieder der Rat zuteil, sie mögen sich bloß zusammennehmen, dann würden die nervösen Symptome schon verschwinden. Nervosität sei nichts als Disziplinlosigkeit und Willensschwäche, und wenn man sich beherrschen lerne, sei man nicht nervös. Andererseits erliegt der Laie wehrlos dem erschütternden Eindruck eines nervösen Erregungszustandes, sobald dieser nur ein wenig über das Alltägliche hinausgeht. Ein Mensch, der im Zustande höchster Erregung, die wohlmotiviert sein mag, krampfhaft zu schreien oder zu schluchzen beginnt, wirres Zeug redet oder in Ohnmacht fällt, hat der heute herrschenden volksmedizinischen Auffassung zufolge einen »Nervenzusammenbruch« erlitten, wird ins Bett gebracht und empfängt den Besuch des Arztes.

So fällt der Krankheitsbegriff des Publikums in gewisser Hinsicht mit dem Begriff der Fürsorgebedürftigkeit zusammen. Da jeder ernsthaft Kranke auf die Fürsorge seiner Umgebung angewiesen ist, wird nun jeder, der sich so verhält, daß die Hilfeleistung der Umgebung nicht ausbleiben kann, als krank betrachtet.

Aber Krankheit und Hilfsbedürftigkeit sind nicht dasselbe. Unsere Erfahrungen zeigen, daß zwischen einem aggressiven Neurotiker, der seine Umgebung mit Wutanfällen, Launen oder unerträglichen Gewohnheiten belästigt, und jenem passiven Typen, der dasselbe durch das Arrangement seiner Hilfsbedürftigkeit erreicht, kein grundsätzlicher Unterschied besteht. Es ist ein Unterschied in der Taktik, nicht im Wesen. Er wird belanglos, wenn wir von der Maske des äußeren Verhaltens absehen und die Zielsetzung in Betracht ziehen.

Ebenso unbrauchbar ist der subjektive Maßstab, den der Patient selbst anlegt. Er betrachtet sein Leiden als das wesentliche Kennzeichen der Krankheit, wieder aufgrund eines Fehlschlusses: Weil alle Kranken leiden, müssen Leidende eben krank sein. Aber auch so geht es nicht. Jeder Mensch, der in einer ungünstigen Lebenssituation zu verharren gezwungen ist, leidet. Darum ist er noch nicht krank. Und wie ist es z. B. mit seelischem Leid von der Art der Gewissensqualen? Man kann doch Leiden und Krankheit nicht identifizieren.

So bleibt das Kriterium für die klinische Bewertung der Neurose der objektive Befund des Arztes. Wir kennen eine lange Reihe von körperlichen, zweifellos objektiv nachweisbaren Symptomen, die bei Neurosen auftreten: Vasomotorische Störungen, Unregelmäßigkeiten, Beschleunigung und Verlangsamung des Herzrhythmus, Zittern, Tics und Zwangsbewegungen aller Art, Hypersekretion der Magenschleimhaut, herabgesetzte und gesteigerte Darmtätigkeit, Funktionsveränderungen im Bereiche des weiblichen Geschlechtsapparats von der einfachen Dysmenorrhöe bis zu jahrelanger Amenorrhöe, und zahlreiche andere. Wir haben Beispiele dafür, daß nicht nur die vegetativ innervierten Funktionen, sondern auch die Regulation des inneren Stoffwechsels und die Funktion der Drüsen mit innerer Sekretion auf neurotischer Basis schwer gestört sein können. Dabei beschränken wir uns hier auf Beispiele, bei welchen die Möglichkeit einer Simulation oder einer – sei es auch unbewußt – absichtlichen Produktion des Symptoms gar nicht in Betracht kommt, wie es etwa bei hysterischen Lähmungen, Gang- oder Sprachstörungen oder Krampfanfällen möglich wäre. Der Kliniker, der jene und ähnliche unzweifelhaft objektiven Symptome konstatiert, muß sich, wenn er nicht die Grundsätze der menschlichen Pathologie, die sonst allgemein anerkannt sind, verleugnen will, zum mindesten in den Fällen dieser Art dafür entscheiden, die Neurose als Krankheit gelten zu lassen. Aber zwischen den Fällen mit zweifellosem objektivem Befund und jenen anderen, die nichts dergleichen aufweisen, bestehen fließende Übergänge, jede grundsätzliche Trennung wäre künstlich. Man kann auch nicht behaupten, daß Neurosen mit objektiven Symptomen die schweren Fälle seien. Eine leichte »Herzneurose« oder »Magenneurose«, die nicht einmal Anlaß zur Behandlung gibt, weist objektive Zeichen auf, eine schwere Zwangsneurose dagegen nicht, obwohl diese unter Umständen zur Internierung des Patienten in einer geschlossenen Anstalt führen kann. Ob die Neurose mit unseren heutigen Untersuchungsmethoden objektiv nachweisbar ist oder nicht, kann Zufall sein. Durch eine Verbesserung der Methoden kann sich dies von einem Tag auf den anderen ändern. Auch sind die Meinungen geteilt. Französische Neurologen behaupten, daß alle Zwangsneurotiker Vagotoniker seien. Die deutsche Neurologie hat diese Befunde nicht bestätigt. Die Glorifizierung der objektiven Symptome war vor allem das unrühmliche Ergebnis der Simulantenjagd, wie sie von der Kriegsneurologie betrieben wurde. Heute, zu – wenigstens in militärischem Sinne – friedlicheren Zeiten, wird auch das subjektive Symptom des Nervösen wieder beachtet. Man versucht es einzubeziehen in den Aufbau pathophysiologischer Syndrome, die sich als Ausdruck bestimmter Veränderungen des Stoffwechsels, der Hormonproduktion und der vegetativen Innervation deuten lassen und die an die Stelle der verschwommenen Begriffe von Neurasthenie, Hysterie, Zwangs- und Angstneurose, Organneurosen treten sollen.

Die Ergebnisse dieser klinischen Forschung, der es um die Ermittlung der biologischen Determinanten konkreter pathophysiologischer Erscheinungen zu tun ist, sind einwandfrei. Dem kausal-konditionalen Denken der naturwissenschaftlichen Betrachtung entsprechend, müssen sich grundsätzlich für jede Naturtatsache – und auch das neurotische Symptom ist eine Naturtatsache – geschlossene ätiologische Zusammenhänge nachweisen lassen, und insoweit man in dieser Ebene verharrt, müssen diese Zusammenhänge auch lückenlos sein. Die Frage ist nur, ob es eine andere als die kausale Betrachtungsweise nicht gibt und ob, wenn es eine gibt, diese nicht für das in Rede stehende Problem wesentlicher ist als jene. Ein Vergleich aus der Mathematik liegt hier nahe: Wie kann man zwei symmetrische Dreiecke zur Deckung bringen? Im zweidimensionalen Raum niemals. Dreht man jedoch das eine Dreieck um die Symmetrieachse im dreidimensionalen Raum, so ist die Aufgabe gelöst. Es ist wie das Ei des Kolumbus. Wie sich die Ebene zum dreidimensionalen Raum verhält, so verhält sich der Bereich der kausalen Determination in der Naturbetrachtung zur finalen Determination im personalen Bereich. Gewiß muß eine in sich logische und geschlossene Neurosentheorie aufgrund rein kausaler Zusammenhänge möglich sein. Auch die Tatsache der psychischen Beeinflußbarkeit neurotischer Erscheinungen, über die ja auch der Kliniker nicht hinwegsehen kann, muß sich kausal interpretieren lassen. Das gelingt unschwer durch entsprechende Berücksichtigung des psycho-physiologischen Zwischenbereichs der Gemütsbewegungen, die gleichzeitig seelisches und körperliches Geschehen sind. Auf die kausale Ebene projiziert, erscheinen die Gemütsbewegungen als physikalisch-chemische Vorgänge im Bereich des vegetativen Nervensystems, der endokrinen Drüsen und des inneren Stoffwechsels. Sie vermögen sehr wohl pathophysiologische Prozesse aufzulösen, die dann in ihrer Gesamtheit das neurotische Syndrom darstellen. Fragt man weiter nach der kausalen Bedingtheit der Gemütsbewegung, so kann man diese – bzw. die ihr zugeordneten physiologischen Vorgänge – sehr wohl als Reflexerscheinungen deuten, etwa im Sinne der behaviouristischen oder der reflexologischen Schule. Das Gehirn als hochdifferenziertes Reflexzentrum empfängt und verarbeitet Reize von der Außenwelt – unsere »Erlebnisse« – und produziert den zentrifugalen Impuls, der, von den vegetativen Zentren im Zwischenhirn ausgehend, in den Erfolgsorganen an der Peripherie jene Vorgänge hervorruft, die wir Affekte nennen. Die Wiederholung dieses Vorgangs führt dann zur Ausbildung bedingter Reflexe, die man neurotische Symptome nennt.

So betrachtet ist die Neurose eine Krankheit, und wir zweifeln nicht, daß es möglich ist, jedes neurotische Syndrom in dieser Weise behaviouristisch zu analysieren. Nicht nur die psychogene Auslösung des Symptoms, sondern auch seine psychotherapeutische Beeinflußbarkeit – Herstellung neuer bedingter Reflexe an Stelle der im Symptom verkörperten – läßt sich auf diese Weise erklären. Auch durch eine personalistische Psychotherapie, wie sie die Individualpsychologie ist, kann die Geschlossenheit der Kausalbetrachtung nicht erschüttert werden. Auf die Ebene der Kausalität projiziert, erscheint die individualpsychologische Umstellung – wie übrigens auch die psychoanalytische Therapie – eben als neuer Reiz zur Bahnung neuer bedingter Reflexe. Beseitigung des Minderwertigkeitsgefühls durch individualpsychologische Interpretation der Kindheitsgeschichte, der irrtümlichen Apperzeptionen, der neurotischen Fiktionen und Arrangements bewirkt neue Affekterlebnisse und eben dadurch Änderung der bedingten Reflexe. Wir nennen das Ermutigung.

Wer grundsätzlich nur Planimetrie betreiben will, kann durch logische Argumente nicht zur Stereometrie bekehrt werden. Denn jene Fragestellungen, die planimetrisch nicht zu lösen sind – wie etwa das oben erwähnte Problem der Deckung symmetrischer Dreiecke –, sind für das planimetrische Denken sinnlos und ohne Interesse. In der Fragestellung ist der Bereich, innerhalb dessen die Antwort möglich ist, schon enthalten. Auf die Neurosenfrage angewandt, heißt das: Die Neurose als Naturtatsache – also als Krankheit – betrachtet, ist restlos kausal erklärbar. Die Frage nach ihrem finalen Sinn aber, die der individualpsychologischen Betrachtung geläufig ist, setzt das »kategorische Novum« (N. Hartmann) der personalen Betrachtungsweise, innerhalb deren sie sich beantworten läßt, schon voraus. Wer den Menschen nicht als personale Einheit, sondern als Mechanismus zur Auslösung von Reflexen betrachtet, wird niemals nach dem Sinn eines neurotischen Symptoms fragen. Es interessiert ihn nicht.

Nun ist es aber unverkennbar, daß auch der unentwegte Naturwissenschaftler personal und final denkt. Nur hat er diese Form des Denkens seinem Privatleben vorbehalten. Hier erlaubt er sich, »unwissenschaftlich« zu sein – denn wissenschaftliches und kausales Denken sind ihm eins. Daß dieses höher steht als das Denken des *common sense*, ist ihm nicht zweifelhaft – und doch vollzieht er alle Entscheidungen seines persönlichen Daseins aufgrund des letzteren, was ja gewiß nicht verwunderlich ist, da jede Entscheidung die Freiheit der Entscheidung voraussetzt und da für Freiheit auf der Ebene der kausalen Bindung schlechterdings kein Raum ist. Freilich kann er, kaum daß er entschieden hat, den ganzen Vorgang rasch auf die kausale Ebene zu projizieren, zeigen, daß der Satz vom zureichenden Grunde auch da stimmt – was wir ja gar nicht bestritten haben. Daß Freiheit im kausalen Bereich nur eine Selbsttäuschung sein kann, ist selbstverständlich. »Wenn der fallende Stein ein Bewußtsein hätte, würde er glauben, daß er fallen wollte«, sagt Spinoza. Er hätte recht, glauben wir; denn für ihn als vernunftbegabtes Wesen, das er dann wäre, würde eben der Vorgang, der uns nur unter dem Aspekt der kausalen Notwendigkeit erscheint, Ergebnis seiner freien Entschließung sein. Es ist ein anderer Aspekt, aber darum nicht weniger »richtig« als der kausale. Das erscheint uns nur im ersten Augenblick absurd, aber nur, weil wir anderen vernunftbegabten Wesen Menschen und nicht Steine sind. Hätten wir Gründe, den Stein als unsersgleichen anzuerkennen, so würden wir ihn ohne weiteres in die stillschweigende Konvention, die den Wesen gleich uns die Fähigkeit des Handelns zuspricht, mit einbeziehen, und das wäre sofort daran zu erkennen, daß wir den Stein für sein Fallen verantwortlich machen würden.

Es ist richtig, die personale Freiheit nicht wegzuinterpretieren – denn das geht zwar, aber es ändert nicht das geringste am Tatbestand –, sondern diesen Tatbestand, so wie wir ihn subjektiv und objektiv – am Handeln der Wesen gleich uns – erleben, möglichst exakt zu beschreiben. Wir sehen dann, daß sich die personale Determination in einer bereits durchgängig kausal determinierten Welt gleichsam als Überdetermination (N. Hartmann) durchsetzt, daß sie Zwecke setzt, rückläufig die zur Verwirklichung dieser Zwecke geeigneten Mittel bestimmt und sodann, unter Benutzung der kausalen Determination, jene Zwecke durch diese nunmehr als Ursachen fungierenden Mittel verwirklicht. Natürlich ist die Auswahl der Mittel nicht unbegrenzt, sondern naturgesetzlich beschränkt. Es wird mir nie gelingen, daß Wasser dazu zu bewegen, daß es aufwärts fließt. Aber ich kann ein Pumpwerk anlegen und auf diese Weise, unter Benutzung naturgesetzlicher Zusammenhänge, den Aufwärtstransport des Wassers auf einem Umweg erreichen. Hier habe ich einen Zweck verwirklicht, und doch wurde der Satz vom zureichenden Grunde nicht durchbrochen. Im Gegenteil: Ohne jene Kausalzusammenhänge, die den Mechanismus des Pumpwerks bestimmen, hätte ich mein Ziel niemals erreichen können.

Nun ist es nicht allzu schwer, sich über diese Fragen zu einigen, soweit es um zweckbewußtes Handeln geht. Aber die Anwendung der finalen Kategorie stößt auf Widerspruch, sobald Verhaltensweisen in Frage kommen, die durch Affekte bestimmt zu sein scheinen. Zu diesen gehört offenbar auch die Neurose. Tatsächlich läßt uns in diesem Bereich der *common sense* einigermaßen im Stich. Man ist seit alters her gewohnt, den Menschen nur dort, wo er zweckbewußt handelt, als frei zu betrachten, dagegen seine Passivität und Kausalgebundenheit dort anzuerkennen, wo er sich subjektiv unfrei fühlt, also im Affekt. Freilich besteht hier ein bemerkenswerter Unterschied der Grenzbestimmung in der Selbst- und in der Fremdbeurteilung. Wir sind im allgemeinen geneigt, den Bereich der personalen Verantwortlichkeit beim andern viel weiter zu erstrecken als bei uns selbst. Wir verurteilen eine antisoziale Affekthandlung beim andern, etwa mit der landläufigen Begründung, daß er sich hätte beherrschen können, und haben doch nicht das Gefühl der Verantwortung, wenn wir selbst diese selbe Handlung begehen. Das ist verständlich aus der Tatsache, daß wir, um unser sittliches Persönlichkeitsgefühl zu schützen und uns das Gefühl der moralischen Überlegenheit über den andern zu verschaffen, gern geneigt sind, den Splitter im Auge des Nächsten, nicht aber den Balken im eigenen Auge zu sehen (Gretchen am Brunnen: »Wie konnt ich sonst so tapfer schmälen...«). Hier von Selbsttäuschung zu sprechen, hätte nur dann einen Sinn, wenn wir ein objektives Kriterium hätten, das uns die exakte Abgrenzung des personalen Bereichs der Verantwortung ermöglichen würde. Das gibt es aber für das Individuum nicht. Wo immer ich im einzelnen Fall die Grenze zwischen Finalität und Kausalität ziehe, man wird mich nicht widerlegen können. Geschützt durch diese Unkontrollierbarkeit, werde ich jeweils das als wahr unterstellen, was meiner Leitlinie gemäß ist.

Und doch gibt es ein überindividuelles Bezugssystem, das die Entscheidung des Verantwortlichkeitsproblems im einzelnen Fall meiner individuellen Willkür weitgehend entzieht. Den Spielregeln des gesellschaftlichen Seins vermag ich mich keinesfalls zu entziehen, und durch diese wird der Geltungsbereich der persönlichen Finalität sehr beträchtlich bestimmt. Es gibt typische Lebenssituationen, in welchen eine bestimmte Affektäußerung als kausal notwendige Reaktion angesehen wird – etwa die Trauer über den Tod eines Angehörigen;

andere, in welchen sie als »begreiflich« gilt, in denen aber das Ausmaß und die Form der Reaktion der persönlichen Verantwortung unterliegt – etwa Eifersucht; wieder andere schließlich, wo die im einzelnen Fall auftretende Affekthandlung vom gesellschaftlichen Bewußtsein als falsch empfunden und verurteilt wird – etwa unbegründetes Mißtrauen. Im ersten Falle, dem Falle des »legitimen« Affekts, wird der einzelne geradezu für das Ausbleiben des Affekts verantwortlich gemacht, im letzten Falle für sein Auftreten, im zweiten schließlich für etwaige antisoziale Form der Äußerung. Man sieht also: Das – nach Zeit und Kulturraum veränderliche – gesellschaftliche Bewußtsein, das uns allen als Gemeinschaftsgefühl innewohnt, erstreckt seine an unser Verantwortungsgefühl gerichteten Forderungen durchaus auch auf den Bereich des Gefühlslebens, aber derart, daß es nicht etwa unbedingte Beherrschbarkeit der Gemütsbewegung, sondern gerade das Ausmaß der Beherrschbarkeit oder Unbeherrschbarkeit vorschreibt. Wer einer Gemeinschaft innerlich verbunden ist – und das bedeutet, daß er in seiner Zielsetzung die Spielregeln dieser Gemeinschaft bejaht –, der wird ganz von selbst auch Affekten freien Lauf lassen, wie es diesen ungeschriebenen Regeln entspricht, und ebenso sie beherrschen oder gar nicht empfinden, wo dies gefordert ist. Die Paradoxie, daß man für ein Verhalten verantwortlich ist, das man direkt weder herbeiführen noch verhindern kann, besteht zu Recht. Die Frau, die ihrem Freund den bitteren Vorwurf »Du liebst mich nicht!« ins Gesicht schleudert, und der Mann, der diesen Vorwurf als solchen empfindet und sich schuldig fühlt, handeln und urteilen aus diesem Gesetz ihrer Gemeinschaft heraus.

Die Einheit der Persönlichkeit, die durch die kausale Motivation der Affekte durchbrochen schien, ist also durch die Feststellung der Tatsache wiederhergestellt, daß das Ausmaß unserer kausalen Bestimmbarkeit eine Funktion unserer Gemeinschaftsbezogenheit und daher selbst wieder Material unserer personalen Determination ist. Noch in dem Erlebnis des seelischen Konflikts, wenn wir etwa »uns der Tränen nicht erwehren können«, liegt die verantwortliche Entscheidung in der zentralen Persönlichkeit – sei es mit der Gemeinschaft, sei es gegen sie –, und auch die Konflikthaftigkeit des Erlebnisses ist zielbestimmt. Zu den kausalen Determinanten, die die Möglichkeiten personaler Entscheidung umgrenzen, gehören außer den physikalischen und biologischen auch die sozialen. Auf den Gebrauch, den die Persönlichkeit von diesem Material macht, kommt es an.

Indem wir diese grundsätzliche Betrachtungsweise auch auf das Problem der Neurose anwenden, gewinnen wir jene Gesichtspunkte, die dem Individualpsychologen geläufig sind. Für die klinische, grundsätzlich nur nach der kausalen Kategorie orientierte Betrachtungsweise mag die Neurose eine Erkrankung des vegetativen, hormonalen und Stoffwechselapparates sein, gekennzeichnet durch das Fehlen anatomischer Veränderungen in den Organen und durch ihre weitgehende psychische – das heißt affektive – Beeinflußbarkeit. Durch den zweiten Teil dieser Kennzeichnung wird sie gleichzeitig Gegenstand der psychologischen Betrachtung, und als solcher ist sie keineswegs »Krankheit«, denn der biologische Begriff der Krankheit hat im Bereiche der personalen Determination keinen Sinn. Ihre Stellung im System der personalen Einheit ist, was die Frage der Beziehung zwischen kausaler und finaler Determination anbelangt, grundsätzlich dieselbe wie die der Affekte. Die Autonomie der Persönlichkeit erstreckt sich auch auf das neurotische Symptom. Die Persönlichkeit ist auch noch für ihr Nichtanderskönnen verantwortlich.

Diesen Tatbestand kann man allerdings nur dann richtig verstehen, wenn man den Menschen nicht isoliert, sondern in seiner Bezogenheit auf die überindividuelle Realität der Gemeinschaft betrachtet. Und umgekehrt: Nur der Neurotiker vermag vermöge seiner individualistischen Abgegrenztheit gegenüber der Gemeinschaft die Fiktion aufrechtzuerhalten, als würde seine Verantwortlichkeit durch das Nichtanderskönnen, das in jedem neurotischen Symptom enthalten ist, aufgehoben. Er tut so, als gehörte er nicht dazu. Als isolierter Mensch, der er nun zu sein glaubt, vermag er die Spaltung der Persönlichkeit in ein Ich, das will, und ein anderes, das nicht anders kann, durchzuführen. Der subjektiv erlebte seelische Konflikt wird verdinglicht und zum Tatbestand erhoben; das neurotische Symptom, stets dazu geeignet, die Kooperation in irgendeinem Lebensbereich hintanzuhalten, erhält die Autonomie eines Staates im Staate. So wird es stets als »Zwang« erlebt, sei es als Zwang einer körperlichen Erkrankung, sei es als »ichfremder Zwang in ichnaher Sphäre«, wie bei der Zwangs- und der Angstneurose. Solange der Neurotiker aus der irrtümlichen Anschauung heraus, als wäre er den Lebensaufgaben nicht gewachsen, die Kooperation ablehnt, und solange er die Tatsache seiner unverbrüchlichen Gemeinschaftsbezogenheit nicht zur Kenntnis nimmt, muß er an der Fiktion der seelischen Spaltung, an der Neurose und dem mit ihr verbundenen Leiden festhalten.

Die Behandlung hat demnach diesen zwei Anzeigen gerecht zu werden: einerseits der Beseitigung des Gefühls der Minderwertigkeit durch sachliche Interpretation der Vorgeschichte, die dem Patienten zeigt, daß seine Mißerfolge nicht das Ergebnis tatsächlicher Unfähigkeit, sondern seines Irrtums und seiner Mutlosigkeit waren; andererseits die Demonstration jener Tatsache, von der der Patient hartnäckig absehen mußte, um sich den Weg in die Neurose freizuhalten: seiner Gemeinschaftsbezogenheit.

Diese Auffassung der Neurose kann naturgemäß niemals der Neurose immanent sein. Insoweit, als der Neurotiker Symptome produziert, vermag er die Tatsache seiner Gemeinschaftsbezogenheit und die daraus sich ergebende Konsequenz – daß er auch für sein Nichtanderskönnen verantwortlich ist – nicht zu sehen; und insoweit, als er dies sieht, vermag er weiterhin Symptome nicht mehr zu produzieren. Das Wesen der Neurose, wie es hier dargestellt ist, ist also ihr Aspekt, aus einem sozialen Lebensraum betrachtet. Der von der Individualpsychologie festgestellte Gegensatz zwischen neurotischem Individualismus als Schein und Gemeinschaftsbezogenheit als überindividueller Realität setzt die Dominanz der sozialen Kategorie voraus. Und so läßt sich die Behauptung rechtfertigen: Die Neurose selbst ist eine Form des sozialen Seins, ein Versuch der Selbstbehauptung des Einzelmenschen, unternommen mit Hilfe von Arrangements und Kunstgriffen, die scheinbar geeignet sind, die personale Verantwortlichkeit dort aufzuheben, wo das neurotische Symptom beginnt.

Literaturverzeichnis

(zum Vorwort des Herausgebers)

Adler, A. (1913): Individualpsychologische Behandlung der Neurosen. In: Adler, A., Furtmüller, C. (Hg.): Heilen und Bilden (1914). Fischer, Frankfurt am Main 1973; Fischer Taschenbuch 6220.

Adler, A., Furtmüller, C. (Hg.): Heilen und Bilden. Reinhardt, München 1914 (1. Auflage. Reinhardt); München 1922 (2. neubearbeitete und erweiterte Auflage, redigiert von Dr. Erwin Wexberg, Bergmann); München 1928 (3. neubearbeitete Auflage, redigiert von Erwin Wexberg, Bergmann); Fischer Taschenbuch 6220.

Allers, R.: Grundformen der Psychotherapie. In: Schwarz, O. (Hg.): Psychogenese und Psychotherapie körperlicher Symptome. Springer, Wien 1925, S. 427–451.

Beland, H.: Was ist und wozu entsteht psychoanalytische Identität? Jahrb. Psychoanal. 15, 36–67, 1983.

Brocher, T.: Die Bedeutung der psychoanalytischen Fachgesellschaften für die Entwicklung des Psychoanalytikers und der Psychoanalyse. Forum Psychoanal. 1, 143–156, 1985.

Bruder-Bezzel, A.: Alfred Adler – Die Entstehungsgeschichte einer Theorie im historischen Milieu Wiens. Vandenhoeck & Ruprecht, Göttingen 1983.

Bruder-Bezzel, A.: Zur Geschichte der Individualpsychologie Alfred Adlers. In: Grünwald, H., Geuter, U., Miller, R., Rechtien, W. (Hg.): Sozialgeschichte der Psychologie. Leske und Buderich, Opladen 1987.

Cremerius, J.: Die Bedeutung der Dissidenten für die Psychoanalyse. Psyche 36, 481–514, 1982.

Ellenberger, H. F.: Die Entdeckung des Unbewußten. Diogenes, Zürich 1985.

Ermann, M.: Identität und Geschichte. Anmerkungen zur Krise des psychoanalytischen Selbstverständnisses in der DPG. Forum Psychoanal. 2, 69–76, 1986.

Fürstenau, P.: Zur Theorie psychoanalytischer Praxis. Klett, Stuttgart 1979.

Furtmüller, C.: Geleitwort zu Adler, A., Furtmüller, C. (Hg.): Heilen und Bilden. Reinhardt, München 1914; Fischer Taschenbuch 6220.

Furtmüller, C.: Denken und Handeln. Schriften zur Psychologie 1905–1950. Von den Anfängen der Psychoanalyse zur Anwendung der Individualpsychologie. Reinhardt, München 1983.

Gough, H.G.: Erwin Wexberg as teacher. Individual Psychology News Letter 36, 21, 1988.

Handlbauer, B.: Die Entstehungsgeschichte der Individualpsychologie Alfred Adlers. Geyer, Wien 1984.

Heisterkamp, G.: Zur Dialektik der Beziehung zwischen Patient und Therapeut. Beiträge zur Individualpsychologie, Bd. 5. Reinhardt, München 1984.

Hillman, J.: Die Heilung erfinden. Schweizer Spiegel Verlag, Zürich 1986.

Holtz, A.: Alfred Adler, Sigmund Freud und die Protokolle der Wiener Psychoanalytischen Vereinigung. Z.f.Individualpsychol. 6, 19–39, 1981.

Huttanus, A.: Nicht krampfhaft an Gewohntem festhalten! Z.f.Individualpsychol. 11, 55–57, 1986.

Huttanus, A.: Anmerkungen zum Artikel von Dieter Tenbrink: Zum Verständnis der persönlichen Finalität in der Neurose bei Adler und Künkel. Z.f.Individualpsychol. 15, 69–70, 1990.

Jacoby, R.: Soziale Amnesie. Eine Kritik der konformistischen Psychologie von Adler bis Laing. Suhrkamp, Frankfurt am Main 1978.

Janus, L.: Zur verdeckten Tradierung Adlers durch Schultz-Hencke. Z.f.Individualpsychol. 11, 148–160, 1986 a.

Janus, L.: Zur Geschichte der psychoanalytischen Behandlungstechnik. Forum Psychoanal. 2, 1–19, 1986 b.

Laforgue, R.: Jean Jacques Rousseau. Imago 16, 145–172, 1930.

Lehmkuhl, G.: Einführung in Wexbergs »Individualpsychologie«. Hirzel, Stuttgart 1987, S. V–XXI (3. Aufl.).

Lehmkuhl, G., Lehmkuhl, U., Huttanus, A.: Bedeutung und Verständnis der Lehranalyse in der Individualpsychologie. Z.f.Individualpsychol. 15, 17–31, 1990.

Lehmkuhl, U., Lehmkuhl, G.: Editorial. Zum 50. Todesjahr von Alfred Adler. Praxis Psychotherapie Psychosomatik 43, 115–118, 1987.

Lehmkuhl, U., Lehmkuhl, G.: Der Beitrag der Individualpsychologie Alfred Adlers zum Verständnis der frühen Störungen. Praxis Psychotherapie Psychosomatik 32, 119–127, 1987 b.

Lehmkuhl, U., Lehmkuhl, G.: Die Auswirkungen der Institutionalisierung der Individualpsychologie nach dem Zweiten Weltkrieg auf ihre theoretische Entwicklung. Individual Psychology News Letter 38, 7–10, 1990.

Lockot, R.: Erinnern und Durcharbeiten. Zur Geschichte der Psychoanalyse und Psychotherapie im Nationalsozialismus. Fischer, Frankfurt am Main 1985.

Neuer, A.: Über den III. allgemeinen ärztlichen Kongreß für Psychotherapie. Z.f.Individualpsychol. 6, 325–333, 1928.

Nunberg, H., Federn, E. (Hg.): Protokolle der Wiener Psychoanalytischen Vereinigung. Bd. III, 1910–1911. Fischer, Frankfurt am Main 1979.

Prinzhorn, H.: Krisis der Psychoanalyse, Bd. 1. Auswirkungen der Psychoanalyse in Wissenschaft und Lehre. Der Neue Geist Verlag, Leipzig 1928.

Reichmayr, J.: Spurensuche in der Geschichte der Psychoanalyse. Nexus, Frankfurt am Main 1990.

Rohde-Dachser, C.: Feindbilder in der Psychoanalyse und in psychoanalytischen Gesellschaften. Forum Psychoanal. 6, 135–146. 1990.

Schmidt, R.: Die Entwicklung der Individualpsychologie im deutschsprachigen Raum nach dem Zweiten Weltkrieg. Z.f.Individualpsychologie 12, 244–257, 1987.

Skopec, M.: Zur Gechichte des Österreichischen Vereins für Individualpsychologie. Z.f.Individualpsychol. 9, 52–63, 1984.

Thomä, H.: Identität und Selbstverständnis des Psychoanalytikers. Psyche 31, 1–42, 1977.

Thomä, H.: Psychohistorische Hintergründe typischer Identitätsprobleme deutscher Psychoanalytiker. Forum Psychoanal. 2, 59–68, 1986.

Thomä, H., Kächele, H.: Lehrbuch der psychoanalytischen Psychotherapie, Bd. 1: Grundlagen. Springer, Berlin 1985.

Titze, M.: Geschichte der Individualpsychologie. In: Brunner, R., Kausen, R., Titze, M. (Hg.): Wörterbuch der Individualpsychologie. Reinhardt, München 1985.

Wexberg, E.: Zwei psychoanalytische Theorien. Z.f.Psychoth.Med.Psychol. 4, 96–109, 1912.

Wexberg, E.: Rousseau und die Ethik. In: Adler, A., Furtmüller, C. (Hg.): Heilen und Bilden. Reinhardt, München 1914; Fischer Taschenbuch 6220.

Wexberg, E. (Hg.): Handbuch der Individualpsychologie. Bergmann, München 1926a.

Wexberg, E.: Die psychologische Struktur der Neurose. In: Wexberg, E. (Hg.): Handbuch der Individualpsychologie. Bergmann, München 1926b.

Wexberg, E.: Die individualpsychologische Behandlung. In: Birnbaum, K. (Hg.): Die psychischen Heilmethoden. Thieme, Leipzig 1927.

Wexberg, E.: Vorwort zur dritten Auflage. In: Adler, A., Furtmüller, C. (Hg.): Heilen und Bilden. Bergmann, München 1928a.

Wexberg, E.: Die Einwände gegen die Individualpsychologie. Intern.Z.f.Individualpsychol. 6, 433–442, 1928b.

Wexberg, E.: Individualpsychologie. Eine systematische Darstellung. Hirzel, Leipzig 1928c (1987[3]).

Wexberg, E.: Einführung in die Psychologie des Geschlechtslebens. Hirzel, Leipzig 1930.

Wiegand, R.: Organisierte Menschenkenntnis. Z.f.Individualpsychol. 15, 2–16, 1990.

Verzeichnis der Schriften Erwin Wexbergs

Die Bibliographie wurde u. a. mit Hilfe folgender Quellen erstellt:

Int. Z.f.Individualpsychol. 1 – 20. Jahrg. 1914–1951.

Wexberg, E. (Hg.): Handbuch der Individualpsychologie. Bergmann, München 1926 (Nachdruck: Bonset, Amsterdam 1966).

Mosak, H. H., Mosak, B.: A Bibliography for Adlerian psychology. Hemisphere Publ., Washington 1975.

Mosak, B., Mosak, H. H.: A Bibliography for Adlerian psychology: vol. 2 Hemisphere Publ., Washington 1985.

Wexberg, E.: Zwei psychoanalytische Theorien. Z. f. Psychother. 4, 96, 1912.

–: Kritische Bemerkungen zu Freud: Über neurotische Erkrankungstypen. Z. Psychother. med. Psychol. 5, 373–377, 1914.

–: Ängstliche Kinder. In A. Adler u. C. Furtmüller (Hg.): Heilen und Bilden. Bergmann, München, 267–277, 1914, Fischer, Frankfurt am Main 1973.

–: Zur Verwertung der Traumdeutung in der Psychotherapie. Int. Z. f. Individualpsychol. 1, 16–20, 1914.

–: Die Arbeitsunfähigkeit des Nervösen. Int. Z. f. Individualpsychol. 1, 105–110, 1914.

–: Rousseau und die Ethik. In A. Adler u. C. Furtmüller (Hg.): Heilen und Bilden, 187–206, 1914, Fischer, Frankfurt am Main 1973.

–: Über einen Fall von Spättetanie gastritischen Ursprungs. Wien, klin. Wchnschr. 17, 1427–1429, 1914.

–: Die Überschätzung der Sexualität. Z. Sexualwiss. 1, 450–463, 1915.

–: Indirekte Gehirnverletzung durch Schädelschuß. Wiener klinische Wochenschr. 25, 418–419, 1916.

–: Das Problem der Homosexualität. Bergmann, München 1917.

–: Heilen und Bilden: Grundlagen der Erziehungskunst für Ärzte und Pädagogen. (mit A. Adler u. C. Furtmüller (Hg.), 2. neu bearbeitete und erweiterte Auflage, Bergmann, München 1922, Fischer, Frankfurt am Main 1973.

Furtmüller, C., Wexberg, E.: Zur Entwicklung der Individualpsychologie. In: A. Adler u. C. Furtmüller (Hg.): Heilen und Bilden, Bergmann, München 1922/2, 215–228.

Wexberg, E.: Verzogene Kinder. In: A. Adler u. C. Furtmüller (Hg.): Heilen und Bilden. Bergmann, München 1922/2, 173–177, Fischer, Frankfurt am Main 1973.

–: Ängstliche Kinder. In: A. Adler u. C. Furtmüller (Hg.): Heilen und Bilden. Bergmann, München 1922/2, 182–188, Fischer, Frankfurt am Main 1973.

–: Ein Fall von Dementia Paranoides. Int. Z. f. Individualpsychol. 2, 10–22, 1924.

–: Erziehung der Erzieher. Int. Z. f. Individualpsychol. 2, 41–45, 1924.

–: Zur Psychogenese des Asthma nervosum. Int. Z. f. Individualpsychol. 2, 7–15, 1924.

–: Alfred Adlers Individualpsychologie und ihre Bedeutung für die Kinderforschung. Z. Kinderforsch. 30, 239–264, 1925.

–: Die Angst als Kernproblem der Neurose. Deutsche Z. Nervenheilkunde 88, 271–285, 1925.

–: Zur Frage nach dem Sinn des Lebens. Int. Z. f. Individualpsychol. 3, 106–110, 1925.

–: Zur Psychopathologie der Weltanschauung. Z. gesam. Neurol Psychiat. 96, 295–311, 1925.

–: Seelische Entwicklungshemmungen. Perles, Wien u. Leipzig 1926.

–: Das ängstliche Kind. Am anderen Ufer, Dresden 1926.

–: Das nervöse Kind. Ein Leitfaden für Eltern und Erzieher. Perles, Wien und Leipzig 1926.

–: (Hg.): Handbuch der Individualpsychologie, Bergmann, München 1926 (Nachdruck: Bonset, Amsterdam 1966).

–: Die psychologische Struktur der Neurose, In: Wexberg, E. (Hg.): Handbuch der Individualpsychologie, Bergmann, München 1926, 419–459. Nachdruck: Bonset, Amsterdam 1976.

–: Die Rezeption der Individualpsychologie durch die Psychoanalyse. Int. Z. f. Individualpsychol. 4, 153–156, 1926.

–: La théorie du »caractère nerveux« selon Alfred Adler. L'Encéphale 5, 391–398, 1926.

–: Noch einmal: »Zur Psychopathologie der Weltanschauung.« Z. gesam. Neurol. Psychiat. 102, 322–323, 1926.

–: Organminderwertigkeit, Angst und Minderwertigkeitsgefühl. Int. Z. f. Individualpsychol. 4, 174–182, 1926.

–: Über Gemütsbewegungen. In Neumann, J. (Hg.): Du und der Alltag: Eine Psychologie des täglichen Lebens. Warneck, Berlin 1926.

–: Zur Beurteilung der Individualpsychologie in der psychiatrischen Literatur. Int. Z. f. Individualpsychol. 4, 156–157, 1926.

–: Zur Biologie und Psychologie der Affekte. Int. Z. f. Individualpsychol. 4, 227–235, 1926.

–: Your nervous child. A. & C. Boni, New York 1927.

–: Die individualpsychologische Behandlung. In: Die psychischen Heilmethoden. Thieme, Leipzig 1927.

–: Über Hypnose und Suggestion. Int. Z. f. Individualpsychol. 5, 81–93, 1927.

–: Alfred Adlers Lehre von der Organminderwertigkeit in ihrer Bedeutung für die innere Medizin. Allg. ärztl. Z. Psychother. 1, 201–207, 1928.

–: Ausdrucksformen des Seelenlebens. Kampmann, Celle 1928.

–: Die Diskussion ist eröffnet. Z. f. Individualpsychol. Päd. u. Psychohyg. 1, 88–90, 1928.

–: Die Einwände gegen die Individualpsychologie. Int. Z. f. Individualpsychol. 6, 433–442, 1928.

–: Individualpsychologie: Eine systematische Darstellung. Hirzel, Leipzig 1928, Hirzel, Stuttgart 1974.

–: Individualpsychologie als Religion und als Wissenschaft. Int. Z. f. Individualpsychol. 6, 228–236, 1928.

–: Adler, A.: Mord, Mörder und Todesstrafe. Z. f. Individualpsychol. Päd. u. Psychohyg. 1, 62–63, 1928.

–: Sexuelles und erotisches Problem. In: Lazarsfeld, S. (Hg.): Technik der Erziehung, Hirzel, Leipzig 1928, 237–268.

–: Sozialpädagogik und Heilpädagogik. Z. f. Individualpsychol. Päd. u. Psychohyg. 1, 97–99, 1928.

–: Vorwort zur dritten Auflage. In: Adler, A., Furtmüller, C. (Hg.): Heilen und Bilden. Bergmann, München 1928/3, V–VI.

–: Zur Frage der Psychosen. Int. Z. f. Individualpsychol. 6, 280–289, 1928.

–: Zur Klinik und Pathogenese der leichten Depressionszustände. Z. gesam. Neurol. Psychiat. 112, 548–575, 1928.

Knopf, O. u. Wexberg, E.: Arzt und Erziehungsberatung. Int. Z. f. Individualpsychol. 7, 170–176, 1929.

Wexberg, E.: Individual Psychological Treatment. Daniel, London 1929. Revised and annotated by B.H. Shulman, Chicago: Alfred Adler Inst., 1970.

–: Die Grundstörung der Zwangsneurose. Z. gesam. Neurol. Psychiat. 121, 236–244, 1929.

–: Über Pflichtgefühl. Int. Z. f. Individualpsychol. 7, 329–343, 1929.

–: Individual Psychology. Cosmopolitan, New York 1929; Allen u. Unwin, London 1929; Rinehart, New York 1929.

–: Alfred Adler, der Arzt. Int. Z. f. Individualpsychol. 8, 234–236, 1930.

–: Einführung in die Psychologie des Geschlechtslebens. Hirzel, Leipzig 1930.

Knopf, O. u. Wexberg, E.: The physician and educational guidance. In: Adler, A. (Hg.): Guiding the child. Allen u. Unwin, London; Greenberg, New York 1930, 28–46.

Wexberg, E.: Über die Faulheit. Int. Z. f. Individualpsychol. 8, 132–141, 1930.

–: Neurosenwahl. Int. Z. f. Individualpsychol. 9, 88–105, 1931.

–: Sorgenkinder. Hirzel, Leipzig 1931.

–: The psychology of sex. Farrar u. Rinehart, New York 1931.

–: Arbeit und Gemeinschaft. Hirzel, Leipzig 1932.

–: Individual psychology and psychoanalysis in practice. Individual Psychology Medical Pamphlets 6, 7–21, 1932.

–: Naturwissenschaft und Individualpsychologie. Int. Z. f. Individualpsychol. 10, 230, 1932.

–: The relationship between neurosis and virginity. Individual Psychology Medical Pamphlets 3, 19–21, 1932.

–: Der Mensch in der Krise. Int. Z. f. Individualpsychol. 11, 124–137, 1933.

–: Lebensstufen der Erotik. Int. Z. f. Individualpsychol. 11, 377–394, 1933.

–: Über Verwahrlosung im bürgerlichen Milieu. Vjschr. Jugendk. 3, 47–66, 1933.

–: Was ist wirklich eine Neurose? Int. Z. f. Individualpsychol. 11, 185–192, 1933.

–: The curse of family life. Modern Psychologist 4, 5–7, 1934.

–: What price superiority complex? Modern Psychologist 4, 7–12, 1934.

–: Individual Psychology and vocational guidance. Int. J. Indiv. Psychol. 2, 73–82, 1936.

–: Concerning laziness. Int. J. Indiv. Psychol. 2, 104–113, 1936.

–: Nervous disease and nutritional deficiency. Southern med. J. 30, 334–342, 1937.

–: Fritsch, H. E.: Our children in a changing world: An outline of practical guidance. Macmillan, New York 1937.

–: Problems of adolescence. Ment. Hyg. 23, 594–600, 1939.

–: Enuresis in neglected children. Amer. J. Dis. Children 59, 490–496, 1940.

–: Alexander Neuer. Indiv. Psych. News 1, 9–10, 1941.

–: Testing methods for the differential diagnosis of mental deficiency in a case of arrested brain tumor. Am. J. ment. Defic. 46, 39–45, 1941.

–: Nutritional deficiencies as factors in mental disorders. Publ. Hlth. Rep. Wash., Suppl. No. 168, 53–63, 1942.

–: The future progress of Individual Psychology. Indiv. Psychol. Bull. 2, 58–59, 1942.

–: Introduction to medical psychology. Grune u. Stratton, New York 1947; W. Heinemann, London 1948.

–: Outpatient treatment of alcoholics. Amer. J. Psychiat. 104, 569–572, 1948.

−: Insomnia as related to anxiety and ambition. J. clin. Psychopathol. 4, 373–375, 1949.

−: A critique of physiopathological theories of the etiology of alcoholism. Quart. J. Stud. Alcohol. 11, 113–118, 1950.

−: After care. In: Harms, E. (Hg.): Handbook of child guidance. Child Care Public., New York 1951/3, 315–330.

−: Alcoholism as a sickness. Quart. J. Stud. Alcohol. 12, 217–220, 1951.

−: Ursachen und Symptome der Arzneimittelsucht und des Alkoholismus. Z. Psychother. med. Psychol. 1, 217–235, 1951.

Quellenverzeichnis

Zwei psychoanalytische Theorien. Aus: Zeitschrift für Psychotherapie und Medizinische Psychologie 4, 96–109, 1912

Kritische Bemerkungen zu Freuds »Über neurotische Erkrankungstypen«. Aus: Zeitschrift für Psychotherapie und Medizinische Psychologie 5, 373–377, 1914

Zur Verwertung der Traumdeutung in der Psychotherapie. Aus: Internationale Zeitschrift für Individualpsychologie 1, 16–20, 1914

Die Überschätzung der Sexualität. Aus: Zeitschrift für Sexualwissenschaft 1, 450–463, 1915

Zur Entwicklung der Individualpsychologie (zusammen mit C. Furtmüller). Aus: Adler, A., Furtmüller, C. (Hg.): Heilen und Bilden. Grundlagen der Erziehungskunst für Ärzte und Pädagogen. Bergmann, München 1922, 2. neu bearbeitete und erweiterte Auflage; Fischer Taschenbuch 6220

Erziehung der Erzieher. Aus: Internationale Zeitschrift für Individualpsychologie 2, 41–45, 1924

Organminderwertigkeit, Angst und Minderwertigkeitsgefühl. Aus: Internationale Zeitschrift für Individualpsychologie 4, 174–182, 1926

Zur Biologie und Psychologie der Affekte. Aus: Internationale Zeitschrift für Individualpsychologie 4, 227–235, 1926

Die Einwände gegen die Individualpsychologie. Aus: Internationale Zeitschrift für Individualpsychologie 6, 433–442, 1928

Neurosenwahl. Aus: Internationale Zeitschrift für Individualpsychologie 9, 88–105, 1931

Was ist wirklich eine Neurose? Aus: Internationale Zeitschrift für Individualpsychologie 11, 185–192, 1933

Sachregister

Alfred Adler
Werkausgabe

Herausgegeben von Oliver Brachfeld (†), Wolfgang Metzger (†),
Heinz L. Ansbacher und Robert F. Antoch

**Studie über Minderwertig-
keit von Organen (1907; 1927)**
Band 6349

**Über den nervösen Charakter
(1912; 1928)** · Band 6174

**Heilen und Bilden
(1914; 1928)** · Band 6220

**Praxis und Theorie der
Individualpsychologie
(1920; 1930)** · Band 6236

**Menschenkenntnis
(1927; 1947)** · Band 6080

**Die Technik der
Individualpsychologie**
Teil 1: **(1928)** · Band 6260
Teil 2: **(1930)** · Band 6261

**Individualpsychologie
in der Schule (1929)**
Band 6199

Lebenskenntnis (1929; 1978)
Band 6392

**Psychotherapie
und Erziehung
Ausgewählte Aufsätze**
Band   I.: **(1919–1929)** · Band 6746
Band II.: **(1930–1932)** · Band 6747
Band III.: **(1933–1937)** · Band 6748

Neurosen (1929; 1981)
Band 6735

**Das Problem der Homosexualität
(1930)** · Band 6337

Kindererziehung (1930; 1976)
Band 6311

Das Leben gestalten (1931; 1979)
Band 6393

Wozu leben wir? (1931; 1979)
Band 6708

Der Sinn des Lebens (1933)
Band 6179

**Alfred Adler / E. Jahn
Religion und
Individualpsychologie**
Band 6283

Fischer Taschenbuch Verlag

Sigmund Freud
Einzelbände im Taschenbuch

Fischer Taschenbuch Verlag

Sigmund Freud Studienausgabe
in zehn Bänden mit Ergänzungsband
Revidierte Neuausgabe – in der ursprünglichen Ausstattung

Herausgegeben von
Alexander Mitscherlich · Angela Richards · James Strachey
Mitherausgeber des Ergänzungsbandes
Ilse Grubrich-Simitis

An der großen Freud-Rezeption der siebziger Jahre hatte die *Studienausgabe* einen bedeutenden Anteil. Als sie 1969–75 erstmals erschien, erhielt sie begeisterte Pressestimmen:

»Ein Freud für alle. Diese Ausgabe ist wirklich eine Tat.«

Kölner Stadtanzeiger

»... sorgfältig und hervorragend ediert.«   *Die Zeit*

Der umfangreiche kritische Apparat dieser ersten kommentierten deutschen Freud-Ausgabe umfaßt editorische Vorbemerkungen zu den einzelnen Schriften, zahlreiche Fußnoten sowie Anhänge. Die Vorbemerkungen und Fußnoten informieren u.a. über Entstehungszeit und -umstände des betreffenden Werks, über Textveränderungen, die Freud bei Neuauflagen einführte, sie erläutern die vielen literarischen und historischen Anspielungen, machen auf Parallelstellen aufmerksam, wenn Freud ein und dasselbe Thema in unterschiedlichen Zusammenhängen und in verschiedenen Perioden seines langen Forscherlebens behandelte, und regen den Leser durch ein Netz von Querverweisen zu weiterem Studium an. Der Anhang eines jeden Bandes ist mit Bibliographie, Abkürzungsliste, ausführlichem Namen- und Sachregister sowie einem Gesamtinhaltsplan der *Studienausgabe* ausgestattet.

Die *Studienausgabe* – zunächst im Rahmen der Buchreihe *Conditio humana; Ergebnisse aus den Wissenschaften vom Menschen* veröffentlicht – war vorübergehend nur in Taschenbuchform lieferbar. Jetzt wird sie auf vielfachen Wunsch wieder in der ursprünglichen Ausstattung vorgelegt. Gleichzeitig wurden die editorischen Begleittexte und die Bibliographien um Hinweise auf in der Zwischenzeit publizierte Freud-Neuerscheinungen ergänzt. Außerdem wurde das Querverweissystem der bei Erstpublikation nacheinander erschienenen Bände durch Angabe der konkreten Seitenzahlen vervollständigt, was den Gebrauch der *Studienausgabe* zusätzlich erleichtert.

S. Fischer Verlag

Sigmund Freud Studienausgabe
in zehn Bänden mit Ergänzungsband
Revidierte Neuausgabe – in der ursprünglichen Ausstattung

Die Bände sind nach Themen geordnet, wodurch dem Leser eine rasche
Orientierung im vielgestaltigen Werk Freuds ermöglicht wird. Innerhalb
der Bände gilt das chronologische Gliederungsprinzip.

S. Fischer Verlag

Geist und Psyche
Begründet von Nina Kindler 1964

Neuere Psychotherapien

Fischer Taschenbuch Verlag